Caroline Labusch

Ich hatte gehofft, wir können fliegen

Die Geschichte
einer tragischen Flucht
im Frühling 1989

PENGUIN VERLAG

Nach einer Idee von: Ernst Schmid
Ein Teil der in diesem Buch geschilderten Recherchen wurde
im Rahmen der Theaterproduktion *Der Ballon – ein Deutscher Fall*
des Instituts für künstlerische Forschung Berlin (!KF) durchgeführt.
www.artistic-research.de

Verlagsgruppe Random House FSC® N001967

PENGUIN und das Penguin Logo sind Markenzeichen
von Penguin Books Limited und werden
hier unter Lizenz benutzt.

1. Auflage 2019
Copyright © 2019 Penguin Verlag, München,
in der Verlagsgruppe Random House GmbH,
Neumarkter Str. 28, 81673 München
Covergestaltung: Favoritbüro
Covermotiv: © Ullstein Bild – Zentralbild/Reinhard Kaufhold;
Shutterstock/AR Pictures; privat: Sabine Freudenberg
Satz: Greiner & Reichel, Köln
Druck und Bindung: CPI books GmbH, Leck
Printed in Germany
ISBN 978-3-328-10411-7
www.penguin-verlag.de

Dieses Buch ist auch als E-Book erhältlich.

Inhalt

1

Im November

Ungefähr so:

Es war sechs Uhr abends und längst dunkel. Sabine stieg zwischen graugesichtigen Fremden die schummrig beleuchtete Treppe der U-Bahn-Station Schönhauser Allee hinab. Sie hatte einen anstrengenden und trotzdem angenehmen Arbeitstag hinter sich gebracht. Sie mochte, dass man in ihrer Gruppe einen freundlichen Umgang pflegte und dabei nicht vertraulich werden musste. Über Vergangenes wurde selten gesprochen.

Sabine hatte sich in den paar Monaten einen Ruf als hilfsbereite, sachkundige Mitarbeiterin verdient. Sie durfte zwar keine eigenen Forschungsideen umsetzen, aber der Gruppenleiter hatte ihr die Verantwortung für die Durchführung der Halbleiter-Experimente mit Silizium übertragen. Grundlagenforschung zur Weiterentwicklung der Solartechnik – eine Tätigkeit, die sie ausreichend forderte, ohne sie zu überfordern. Ermüdend waren nur die verlängerten Arbeitszeiten, mit 47 statt 43¾ Wochenstunden, denn das Institut für Physikalische Chemie setzte den Betrieb zwischen Weihnachten und Neujahr aus. Die verlorenen Tage mussten vorgearbeitet werden. Dabei herrschte gar kein Zeitdruck. Nicht nur Sabine wusste, dass der Vorsprung des Westens nicht aufzuholen war. Ob die behäbige Innovation der DDR, für die Solartechnik ohnehin keine Rolle spielte, ein paar Tage früher oder später eingeläutet wurde, war bedeutungslos.

Sabine war froh, dass sie unbehelligt in die Greifenhagener Straße einbiegen konnte. Vor nur wenigen Wochen war der Gehweg voller Menschen gewesen. Demonstranten, die sich mit Kerzen vor der Gethsemanekirche versammelt hatten, um gegen polizeiliche Willkür, Wahlbetrug, staatliche Einmischung in die Justiz und für mehr Freiheit zu demonstrieren. Das hatte Sabine verängstigt. Wie leicht hätte die Polizei sie für eine Oppositionelle halten können – und daraufhin verhaften. Nur weil sie vielleicht zufällig hinter einer Gruppe schreiender Menschen lief, die ungefähr im selben Alter waren wie sie.

Jetzt war es still auf dem Kirchplatz, und Sabine konnte ihren Gedanken nachhängen. Immer wieder tauchte Stefan darin auf. Er lachte viel, kam ihr intelligent vor und unkompliziert. Zufällig hatte sie auf der Geburtstagsfeier der Kollegin Seidel neben ihm gesessen. Sabine hatte gegen ihre Gewohnheit beschwipst herumgealbert, was ihn nicht verschreckt hatte, sondern im Gegenteil amüsiert. Er hatte sie nach ihrer Arbeit ausgefragt und sie damit überrascht, dass er verstand, was sie ihm erklärte. Selbstironisch hatte er von seinen eigenen »wichtigen Aufgaben« bei der *Messe der Meister von Morgen* erzählt und ernsthaft bedauert, dass sie nicht zufällig auch vorhatte, dort zu sein. Er wollte sich gleich nach seiner Rückkehr aus Leipzig bei ihr melden.

Wenn Sabine an ihn dachte, fühlte es sich an wie Verliebtsein. Es wäre ungehörig, sich auf einen neuen Mann einzulassen, das war ihr bewusst, aber die Gefühle konnte ihr niemand verbieten. So sehr sehnte sie sich danach, ihre Vergangenheit hinter sich zu lassen.

In der Wohnung war es so kalt wie draußen. Sabine beeilte sich, den Kachelofen im Wohnzimmer anzufeuern. Bevor sie die Jacke auszog, setzte sie in der Küche Wasser auf. Das immergrüne Elefantenohr auf der Fensterbank hatte seine letzte Blüte verloren.

Sabine hob sie auf, drückte sie behutsam in die Erde, wusch sich die Hände und bestrich eine Scheibe Mischbrot mit dem süßlichen Schmelzkäse. Die Eltern hatten ihr beim letzten Besuch gleich zwei Päckchen davon mitgebracht, obwohl es ihn überall zu kaufen gab. »Den hast du doch so gern!« Sie meinten es gut mit ihr, nur half es nicht.

Die Zeit, bis der Ofen warm wurde, überbrückte Sabine mit heißem Tee und ihrer Wolldecke auf dem Sofa im Wohnzimmer. Zuverlässig spielte der Fernseher um neunzehn Uhr dreißig die Fanfare der *Aktuellen Kamera*. Angelika Unterlauf präsentierte die Ereignisse des Tages. Die politisch gefärbten Berichte würden nicht viel Aufschluss über das tatsächliche Geschehen geben, das wusste Sabine, so ließ sie den Bericht über die neuesten Entscheidungen des Zentralkomitees an sich vorbeirieseln: »Über den heutigen Beratungstag informierte Günter Schabowski am Abend die internationale Presse. Dabei gab er auch einen Beschluss des Ministerrates zu neuen Reiseregelungen bekannt. Demzufolge können Privatreisen nach dem Ausland ab sofort ohne besondere Anlässe beantragt werden.«

Sabine horchte auf. Nach dem Ausland?

»Die zuständigen Abteilungen der Volkspolizei sind angewiesen, auch Visa zur ständigen Ausreise unverzüglich zu erteilen. Ständige Ausreise könne über alle Grenzübergangsstellen der DDR zur BRD beziehungsweise zu Berlin-West erfolgen.«

Was war damit gemeint? Ständige Ausreise? Man soll die DDR verlassen dürfen? In die BRD reisen können? Sabine hörte das Blut in ihrem Kopf rauschen. Es folgten Meldungen aus aller Welt: die Ablösung Deng Xiaopings durch Jiang Zemin – Johannes Raus Besuch bei Egon Krenz, der seine hässlichen Zähne zeigt – BRD-Kanzler Kohl reist nach Polen. Ein leises Pfeifen betäubte ihr linkes Ohr. Sabine stand auf und trat ans Fenster: Ein älterer Herr ließ sich von seinem Dackel über die Straße ziehen. Er sah zufrieden zu, wie das Hündchen sich an einem kahlen

Baum erleichterte. Auf dem Balkon der Mietskaserne gegenüber schnipste ein Mann im Bademantel gelassen seine Zigarette weg, sah sich um und zündete sich noch eine an. War die Meldung eine Halluzination gewesen?

Beinahe eine Minute zu spät wechselte sie das Programm, um sich mit den Acht-Uhr-Nachrichten der ARD *Tagesschau* Gewissheit zu verschaffen.

»Die abendliche Pressekonferenz von Politbüro-Mitglied Günter Schabowski plätscherte über eine Stunde so dahin ...«, kommentierte der West-Reporter die Aufnahmen gelangweilt plaudernder Journalisten, »... dann, ganz am Ende, plötzlich das Thema Flüchtlingswelle und diese Mitteilung ...« – Schnitt auf Schabowski – »Äh, haben wir uns dazu entschlossen, heute, äh ...« – er sah unsicher zu seinem Sitznachbarn – »... eine Regelung zu treffen, die es jedem Bürger möglich macht, über Grenzübergangspunkte der DDR auszureisen.«

Der Kommentator wiederholte: »Auch die Berliner Mauer soll über Nacht durchlässig werden.«

Die Mauer ging auf? Sabine wagte kaum, es zu denken. Für alle? Heute? Längst verbannte Bilder aus der Zeit mit Winfried tauchten auf. Sie auszublenden, kostete Kraft.

»Ich muss morgen wieder früh raus«, sagte sie zu sich selbst. Mechanisch trug sie ihre Tasse zum Waschbecken, schloss die Ofenklappen und ging ins Bad, wo sie ihr Nachthemd anzog und sich eilig die Zähne putzte. Sie kroch in ihr Bett, löschte das Licht ihrer gelben Plaste-Lampe und vergrub das Gesicht unter der kalten Decke. »Das kann nicht sein. Das darf nicht sein.«

2

Ein Mann fällt vom Himmel

Mai. Es ist einer dieser ersten warmen Tage, die man im April so sehnsüchtig vermisst. Ich fädele mein wendiges neues Klapprad durch den Feierabendverkehr in der Friedrichstraße, radle mit geradezu ignoranter Selbstverständlichkeit von Ost-Berlin nach West-Berlin, am Kanzleramt vorbei zur Straße des 17. Juni, durchkreuze den zart blühenden Tiergarten zwischen Joggern, Strichern, Obdachlosen, Studenten und fröhlichen Großfamilien zum Zoo rüber, wo mir träge Linienbusse den Weg nach Wilmersdorf versperren.

Ernst will etwas mit mir besprechen. Bei sich zu Hause. Es gehe weder um ihn noch um mich.

Wir treffen uns selten. Unsere Freundschaft ist eine Reliquie aus den Wendejahren. Damals waren wir beide unlängst nach Berlin-Mitte gezogen – ich aus Niedersachsen, er aus West-Berlin. Neue Wessis im wilden Osten: selbst ernannte Lifestyle-Pioniere, die DDR-Möbel von den Sperrmüllbergen zerrten, um ihre WG-Küchen damit einzurichten. Morgens im Bademantel zum Bäcker; DDR-Münztelefone knacken und Ferngespräche nach Amerika führen; Cocktails trinken in Kellerbars unter Ruinen – ich im Secondhand-Lackmantel, Schlaghosen zu goldenen Sandalen; Ernst, als Wirtschaftsstudent, damals schon im Anzug. Für billige Mieten und das Aufbruch-Ost-Gefühl nahmen wir lange Wege zur Uni, zum Arzt oder Supermarkt in Kauf. Mehr Freiheitsgefühl ging nicht.

Die Stadt veränderte sich rasant: Lenin wurde in Friedrichshain geköpft, aus Filterkaffee wurde Cappuccino, aus dem staubigen Kohleofen eine knackende Zentralheizung.

Ernst wohnt längst wieder im Westteil der Stadt, wo er als Partner einer großen Beraterfirma arbeitet. Ich blieb dem Künstlerleben im metamorphischen Ost-Berliner Zentrum treu, blicke heute aus dem Küchenfenster meiner sanierten Altbauwohnung auf unbewohnte Luxus-Penthäuser und kann auf der anderen Seite zuschauen, wie sich uniformierte Privatschulkinder auf dem Spielplatz die Knie aufschlagen. Keine Spur mehr vom »Berlin, Hauptstadt der DDR«.

»Du bist zu spät …«

Angedeutete Küsse links, rechts. Ernst, in dunkler Anzughose zum gebügelten weißen Hemd, macht sich hervorragend vor der groß gemusterten Edeltapete im Wohnzimmer. Stünde da nicht wandfüllend das vollgestopfte Bücherregal und wüsste ich nicht, dass hinter dem Wohnzimmer eine selbst gebaute Küche liegt, in der ich schon Krümel gesehen habe, wäre mir Ernst suspekt. Die Krawatte hat er für mich abgelegt.

»'tschuldigung«, sage ich. »Die Busse in der Kantstraße …«

Faule Ausrede. Er überspringt sowieso den Small Talk, holt alkoholfreies Bier aus der Küche und will, dass ich mich gleich an den großen Tisch im Wohnzimmer setze, wo eine verblichene Schnappgummi-Mappe bereitliegt.

»Ich hab eine Geschichte gefunden«, sagt er. »In meiner Schublade.«

Er öffnet die Mappe mit Samtfingern und schiebt sie zu mir rüber.

»Vorsicht …«

Frechheit.

»… die bröseln schon.«

In der Mappe liegt ein Stapel vergilbter Zeitungsseiten, obenauf eine *B.Z.* vom 9. März 1989. Ich falte sie vorsichtig auseinander:

Der Ballontote!

»Da geht's um eine Flucht. März 89. Ahnte man damals nicht, aber das war der letzte Berliner Mauertote. Du wirst den nicht erinnern.«

»Nie gehört.«

Es gab eine Familie in den Siebzigern, auch im Ballon geflohen. Mit Kindern in meinem Alter. Das weiß ich noch. Ich mochte den bunten Stoff, aus dem er genäht war. Und das Happy End. Ernst breitet die Artikel auf dem Tisch aus:

»Dieser Mann hatte es in der Nacht vom 7. auf den 8. März 1989 in seinem selbst gebauten Ballon über die Mauer geschafft. Erst mal unbemerkt. Der muss über die ganze Stadt gefahren sein. Und dann ist er abgestürzt. Das war's. Acht Monate vor Mauerfall.«

»Tragisch«, sage ich, obwohl ich das nicht empfinde. Zu weit weg.

»Nachdem ich den Bericht in der SFB *Abendschau* gesehen hatte«, erzählt Ernst, »habe ich in alle Zeitungen reingelesen. Jeden Tag. Und wenn was drin war, gekauft.«

»Wieso?«

»Weiß ich nicht. Irgendwas hat mich irritiert. Und berührt. Willst du's lesen?«

Die *Berliner Morgenpost* schrieb:

Als der Morgen dämmerte, beobachteten Augenzeugen den vermeintlichen Wetterballon, beschrieben ihn als etwa so groß wie die Sonne.[1]

Die *taz*:

Anwohner hatten beobachtet, dass der Ballon aus südöstlicher Richtung gekommen war, bevor er sich kurz vor acht Uhr morgens in dem dörren Geäst der Eichenbaumreihe auf der Mittelinsel der Potsdamer Chaussee nahe der Spanischen Allee verfing.[2]

Der Ballon war nachts über West-Berlin geschwebt. Die Stadt hatte geschlafen, Ernst hatte geschlafen, die amerikanischen Soldaten auf dem Teufelsberg hatten geschlafen. Der Berliner Luftraum war ja gut überwacht, nur befand sich wohl zu wenig Metallisches am Ballon, als dass der Radar ihn hätte erfassen können.[3] Eine Passantin hatte die Überreste am frühen Morgen im Baum hängen sehen und der *taz* das Objekt beschrieben:

… eine aus vielen Einzelstücken zusammengeklebte Plastikplane, wie man sie hier zum Renovieren benutzt.[4]

Kriminaldirektor Dieter Piethe, Leiter des Staatsschutzes, verurteilte das Gebastel, obwohl er kaum etwas über die Herkunft oder die Verwendung des Objekts wusste:

Er war dilettantisch angefertigt.[5]

Auf einem Tatortfoto in der *B. Z.* sieht man zwei uniformierte Polizisten, die mit zwei weiteren Herren im Trenchcoat ins Gespräch vertieft sind.[6] Lagebesprechung. Im »dörren« Geäst eines eigentlich ganz normalen Baums hängt die schlaffe Ballonhülle, verbunden mit einem langen Seil, an welches Bündel, Taschen, Tüten und eine Lederjacke geknotet wurden.

»Fällt dir was auf?«, fragt Ernst.

Eine Tüte trägt den Schriftzug des Bekleidungsgeschäfts *Exquisit*. Dort konnten DDR-Bürger zu überteuerten Preisen die etwas besseren Klamotten kaufen. Eine andere Tüte ist mit dem Logo von *Dual*-Plattenspielern bedruckt und kam offensichtlich nicht aus der DDR, wahrscheinlich eine Trophäe. Wo hatte er die ergattert? Meine Schwestern und ich haben damals auch Marken-Tüten gesammelt; ein herabgesetztes T-Shirt bei Marc O'Polo gekauft und die bedruckte Plastiktüte monatelang spazieren getragen. Trotzdem deprimiert mich irgendwie, dass ein toller West-Plattenspieler zum Symbol für ein besseres Leben wird.

Die Polizei vermutete, dass es sich bei den Fundgegenständen um Spuren einer DDR-Flucht handelte, nur fehlte der Flüchtling. Ballon, Tüten und Taschen wurden zur Analyse in die polizeitechnische Untersuchungsstelle gebracht. Weitere hilfreiche Puzzlesteine trudelten auf den Dienststellen ein:

Gegen Mittag las eine Bürgerin vor ihrem Haus unweit der Spanischen Allee den Personalausweis eines DDR-Bürgers auf und gab ihn pflichtbewusst bei der Polizei ab. Laut *Tagesspiegel* hatte ein Anwohner der Zehlendorfer Limastraße am Morgen des 8. März, gegen sieben Uhr dreißig, ein »plumpsendes Geräusch« gehört, dem aber weiter keine Bedeutung beigemessen.[7] Dazu passend machte ein Zehlendorfer Professor gegen fünfzehn Uhr dreißig hinter seinem Haus einen entsetzlichen Fund: Er entdeckte in seinem Garten die Leiche eines unbekannten Mannes.

Zerschmettert in einem Gebüsch auf dem Hammergrundstück Limastraße, in unmittelbarer Nähe des Waldsees.[8]
Die Aufprallwucht war so groß, dass der Körper des schlanken mittelgroßen Mannes eine tiefe Delle im Erdreich zurückließ.[9]

Der Professor rief die Polizei. Alles passte zusammen: Das Passbild im Personalausweis zeigte den Toten, und unter den Fundgegenständen am Ballon befanden sich Dokumente, die ebenfalls dieser Person zugeordnet werden konnten: Winfried Freudenberg, geboren am 29.8.1956 in Osterwieck, 1,61 Meter groß, gemeldet in Lüttgenrode-Halberstadt, DDR. In mehreren Zeitungen wurde sein Passbild abgedruckt: ein sympathischer Mann mit dunklen Augen, dunklen Haaren, einem sinnlichen Mund und Vollbart.

Am Abend des 8. März 1989 wurde die Öffentlichkeit darüber informiert, dass der DDR-Bürger Winfried Freudenberg in einem selbst gebauten Ballon von Ost- nach West-Berlin geflohen und dabei abgestürzt war.

»So einsam«, sagt Ernst. »Und so real. Die Situation hinter der Grenze plötzlich ins Bewusstsein gerückt.«

Ernst ist in West-Berlin geboren und aufgewachsen. Er sagt, er habe die Teilung der Stadt im Alltag oft vergessen. Man konnte sich ja nicht tagtäglich daran stoßen. Man richtete sich ein. Und im Gegensatz zu den Ost-Berlinern waren die West-Berliner zwar eingemauert, aber frei. Mit etwas Zeitaufwand konnten sie die Stadt verlassen und reisen, wohin sie wollten; mit dem Mehrfachberechtigungsschein sogar vergleichsweise unkompliziert in die DDR. Das hat er als junger Erwachsener wahrgenommen:

Dostojewski-Romane in der Karl-Marx-Buchhandlung geshoppt, eine megalomane Friedrichstadt-Palast-Revue besucht oder sich bis Mitternacht durch bohemes Partyvolk im Prenzlauer Berg gedrängelt und die verbliebenen Münzen seiner zwangsumgetauschten 25 Ostmark in Berliner Bürgerbräu investiert. Ernst schildert »seine« DDR gerne wie einen skurrilen Freizeitpark, der 24/7 geöffnet hatte.

Ich selbst wohnte in den Achtzigerjahren im West-Harz, das war auch nicht weit von der Grenze entfernt. Ich kann mich an einen Ausflug mit Freunden zum Grenzstreifen hinter Bad Harzburg erinnern, das dürfte etwa zehn oder zwanzig Kilometer von Winfried Freudenbergs Heimatort Lüttgenrode entfernt gewesen sein. Wir stießen im Wald auf eine Lichtung mit ungemähter

Wiese, voller rosa Lupinen, dahinter ein Schotterweg nach Osten, symbolisch versperrt mit einer rot-weißen Schranke und dem Schild: »Halt. Hier Zonengrenze«. Hinter den Bäumen sah man auf einem Wachturm zwei bewaffnete Soldaten. Bei aller politischen Ignoranz war uns bekannt, dass die BRD-Regierung eine Sicherung der »unrechtmäßigen« Grenze auf »unserer Seite« ablehnte. Es war eine unsichtbare Linie, die wir nicht zu überqueren wagten. Was wir uns trauten, war – drei Schritte zurück –, die Grenzer anzupöbeln. Sie reagierten nicht. Vielleicht waren es Roboter. Was sich hinter dieser Grenze befand, lag jenseits unserer Vorstellungskraft und war uns genau darum so merkwürdig egal.

Auf dem Rückweg holten wir uns eine Packung Erdnussflips und zwei Tafeln Yogurette an der Tankstelle, fläzten uns zum *Wetten, dass …?*-Gucken vor die Glotze auf das neue Ikea-Sofa und vergaßen nicht nur die Zonengrenze, sondern gleich die ganze DDR, auf die wir in pubertärer Überheblichkeit herabschauten, weil die da hässliche Jeans hatten.

Hinter jener unheimlichen Grenze hatte Winfried Freudenberg sein Leben verbracht und es als so defizitär empfunden, dass er sich unter Einsatz seines Lebens zu der gefährlichen Ballonflucht entschied.

Um zu erfahren, warum, nahm die *Berliner Morgenpost* zu Winfrieds Bruder Reinhold Freudenberg Kontakt auf. Er war der einzige Verwandte oder Vertraute, den Journalisten sowohl ermitteln als auch erreichen konnten, unter anderem weil er – das war in der DDR keine Selbstverständlichkeit – ein Telefon besaß. Die Zeitung berichtete stolz, dass nicht die Behörden der Familie die Hiobsbotschaft überbrachten, sondern die *Berliner Morgenpost*. Die Zusammenfassung des Telefonats bestand in nur vier Sätzen:

Der Bruder des ums Leben gekommenen Flüchtlings erfuhr gestern Abend von der *Berliner Morgenpost*, welche Tragödie über die Familie hereingebrochen ist. Wie der Angehörige sagte, hatte Winfried Freudenberg im Oktober vergangenen Jahres die Chemikerin Sabine, die Mitte zwanzig ist, geheiratet. Das Ehepaar wohnte aber nicht in Lüttgenrode, sondern in der Christburger Straße im Ostberliner Bezirk Prenzlauer Berg. Freudenberg war als Diplomingenieur beim Energie-Kombinat beschäftigt. Er war Besitzer eines Trabant.[10]

»Komisches Telefonat«, sage ich.

»Der Bruder wusste bestimmt, dass er abgehört wird«, sagt Ernst.

Ich überlege: »Trabant heißt, Winfried hatte Geld. Oder war sonst irgendwie begünstigt. Berliner heißt, er war vielleicht ein bisschen weltoffener?«

»Weltoffen, weil aus Ost-Berlin …!?«

Okay, nein, weiß man nicht. »Aber er kann kein Vollidiot gewesen sein. Sonst hätte ihn niemand geheiratet.«

Ernst lacht. »Ich war auch schon mal verheiratet.«

»Und du bist kein Idiot«, sage ich, »nur ein Spinner.«

Das findet er nicht lustig.

»Ein perfektes Team«, sagt er. »Ingenieur und Chemikerin.«

»Aber er ist ohne sie geflogen.«

»Vielleicht«, sagt Ernst, als wüsste er's nicht längst. Er will, dass ich selbst weiterlese.

In einem weiteren Artikel der *Berliner Morgenpost* wurden Gegenstände aufgezählt, die man in Freudenbergs Gepäck gefunden hatte: ein Sparbuch, hohe Bargeldbeträge in Ost- und Westmark, eine Musikkassettensammlung mit Rock- und Pop-Mainstream der Achtzigerjahre: Dire Straits, Pink Floyd, Phil Collins, Sade; allerhand merkwürdiger Kleinkram wie ein Fahrschein, 20 Pfennige, eine Schachtel Pfefferminzbonbons aus dem Westen.

Allerdings wurden die Beamten des inzwischen eingeschalteten polizeilichen Staatsschutzes misstrauisch, als sie unter den Kleidungsstücken auch Strumpfhosen und Damenpullover fanden.[11]

Nicht nur das. Man hatte auch persönliche Dokumente von Winfrieds Ehefrau Sabine zwischen den Sachen entdeckt. Die Vermutung lag nahe, dass sie ihren Mann auf dem Flug begleitet hatte.

Die *Bild*-Zeitung titelte:

Ballonflucht! Einer tot. Wo ist Sabine?[12]

Man fürchtete, dass sie mit ihm abgestürzt und dabei ebenfalls gestorben war. Sollte sie überlebt haben, musste sie dringend gefunden werden. Die Gegend um den Waldsee hinter der Limastraße wurde durchkämmt, die Bevölkerung zur Mithilfe aufgerufen. Bei der *Bild*-Zeitung war ein Hinweis eingegangen:

Zeugen wollen beobachtet haben, dass Grenzposten mittwochfrüh mit Leuchtkugeln und Schnellfeuergewehren auf den Ballon schossen. Dabei soll Sabine Freudenberg abgestürzt und auf einer Trage weggebracht worden sein.[13]

Die *Morgenpost* dementierte das:

Derartige Erkenntnisse liegen der Polizei nicht vor.[14]

Sabine war spurlos verschwunden, Reinhold Freudenberg verstummt. Man wusste nichts über das Ehepaar. Und doch herrschte unter Politikern und Pressevertretern Einhelligkeit über Fluchtmotiv und Bedeutung der Tat. *Die Welt* schrieb:

19

Ein Mensch ist von Ost nach West in den Tod geflogen. Ein Drama am Himmel über Berlin. Wie viel Verzweiflung muss in ihm geherrscht haben, wenn er sich einem so primitiven Fluggerät wie diesem selbstgebastelten Ballon anvertraut, um die Mauer zu überwinden.[15]

Die *Deutsche Presse-Agentur* meldete, dass das Ministerium für innerdeutsche Beziehungen bestürzt sei:

Die Regierung der DDR trage auch für diesen Fall die volle Verantwortung. In ihrer Hand liege es, die Situation der DDR so zu gestalten, dass Menschen sich nicht gezwungen sähen, ihre Heimat zu verlassen.[16]

Walter Momper, damals Berliner Bürgermeisterkandidat kurz vor den Wahlen, erzählte der *Morgenpost*, dass er Konsequenzen fordere:

Die DDR-Führung müsse sich fragen lassen, was für soziale und politische Verhältnisse in ihrem Land herrschen, wenn Menschen sich zu einem solch gefährlichen Schritt entschließen.[17]

Die Welt schloss sich dem Vorwurf an:

Der Tote von Zehlendorf ist nur die sprichwörtliche Spitze des Eisberges von Ausreisewünschen.[18]

Die *Morgenpost* sang ein Klagelied:

Das Ziel schon dicht vor Augen, noch den Tod zu finden, erfüllt dieses Schicksal zwischen Himmel und Erde, zwischen Ost und West, zwischen Diktat und Freiheit mit besonderer Tragik.[19]

Ich denke an die vielen Menschen, die heute unter Einsatz ihres Lebens nach Europa fliehen. Dort, wo sie herkommen, sind viele Menschen so existenziell bedroht, dass es beim Verlassen der Heimat oft ums nackte Überleben geht. Überall ist es besser als dort, wo man umgebracht wird oder verhungert.

Existenzielle Bedrohung gab es auch in der DDR, das ist bekannt, aber nicht in dem Ausmaß, dass sich die gesamte Bevölkerung im Alltag bedroht fühlte. Einzelpersonen erlebten aus verschiedensten Gründen stärkere Einschränkungen und Demütigungen als die breite Masse. Was genau hatte Winfried Freudenberg wohl erlebt, dass die Notwendigkeit, seine Heimat zu verlassen, so groß wurde, dass er sein Leben dafür aufs Spiel setzte?

Diese Frage hätte die westdeutsche Presse gerne beantwortet. Nur war der Flüchtling tot, seine Frau vom Erdboden verschluckt, und aus dem Osten kam erwartungsgemäß keine Stellungnahme. Die Polizei konnte nur versuchen, sich anhand der gefundenen Gegenstände ein Bild zu machen, zum Beispiel über die Analyse des Ballons:

Dessen 38,2 Kilogramm schwere Hülle bildete eine Kugel, eigentlich ein Ellipsoid, von ungefähr elf mal elf mal dreizehn Metern, montiert aus durchsichtiger Plastikplane und Klebefilm.[20] Eine Füllung mit Heißluft wurde nicht nur wegen des fehlenden Brenners ausgeschlossen, sondern auch, weil die Plastikfolie einer Erhitzung nicht standgehalten hätte. Der Ballon musste mit Gas gefüllt worden sein, nur mit welchem?

»Hast du einen Taschenrechner?«, frage ich Ernst, weil ich das Volumen ausrechnen will und mein Handyrechner kein Pi kennt. Ernst geht zu seinem kleinen Schreibtisch am Hoffenster und zieht aus dessen Wunderschublade, in der er schon die alten Zeitungen gefunden hatte, einen Texas Instruments T6974S. Er geht sogar. Produkt aus den drei Halbachsen mal 4/3 Pi …

»824!«

»824 was?«, fragt Ernst.

»Da passten 824 Kubikmeter Gas rein.«

»Ja und?«

»Das ist viel. Oder nicht?«

Genau aus diesem Grund hatten Polizei und Presse eine Füllung mit Helium verworfen, denn Helium ist so leicht, dass es einem Ballon dieser Größe unnötig viel statischen Auftrieb verliehen hätte. Außerdem ist Helium irre teuer und war in der DDR schwer zu beschaffen. Die *Morgenpost* brachte Wasserstoff und Acetylengas ins Spiel, weil Freudenberg das selbst hätte herstellen können.[21] Allerdings ist Wasserstoff noch leichter als Helium und hochexplosiv – ein Schuss, und Freudenberg wäre sein komplettes Gefährt um die Ohren geflogen. Acetylengas, das man zum Schweißen verwendet, ist hochgiftig und viel zu schwer. Das hätte allenfalls gereicht, den Ballon und die Strippen zu tragen, ohne Last.

Es blieb auch unklar, wie Freudenberg hatte landen wollen. Sogar ein Kind weiß, dass man die Füllung ablassen muss, um einen Gasballon zu landen. Man konnte nicht erkennen, wie das hätte erfolgen sollen. Sollte Freudenberg, der Ingenieur, daran nicht gedacht haben?

Das Ballon-Ellipsoid war zur Stabilisierung von einem handgeknüpften Netz aus Plastikschnüren umspannt. Dieses Netz mündete in ein festes Seil, an welches Freudenbergs Gepäck, also die Bündel, Tüten und die Lederjacke, geknotet waren.

In der polizeitechnischen Untersuchung wurde am Ende des Seils auch ein Sitz entdeckt. Er bestand aus einem vierzig Zentimeter langen, abgesägten Besenstiel. Darauf hatte Freudenberg sitzen können, das Seil zwischen den Beinen. Die Füße baumelten frei, fast wie bei einem Zirkusartisten. Unter ihm war also kein Korb, sondern nichts als die Tiefe. Als Sicherung hatte man die Lederjacke identifiziert, weil diese fest mit der Schnurkonstruktion verknotet war. Da musste Freudenberg irgendwie herausgerutscht sein.

Ernst rekapituliert, wie ein Ballon angetrieben wird:
»Das Gas lässt ihn nach oben fliegen. Und in der Horizontalen bewegt er sich mit dem Wind. Der Fahrer kann die Richtung nur indirekt beeinflussen, indem er durch Auf- oder Absteigen versucht, die richtige Luftströmung zu erwischen.«
»Man kann den nicht lenken?«, frage ich.
»Die Physikertochter«, spottet Ernst. Das Arztsöhnchen.
Zufällig war auf dem Gelände des West-Berliner Flughafens Tegel eine Tasche mit Geldscheinen und Münzen gefunden worden, die man Freudenberg zuordnete. Nach dem Auffinden dieser Tasche wusste man, dass der Ballon irgendwann vom nördlich gelegenen Stadtteil Tegel ins südlich gelegene Zehlendorf getrieben war. In Bodennähe gab es aber in der Nacht vom 7. auf den 8. März keinen Wind, der nach Süden wehte, sondern nur ganz weit oben.[22] Ein hinzugezogener Meteorologe hielt es für erwiesen, dass Freudenberg mindestens diese letzte Teilstrecke in 3000 Meter Höhe zurückgelegt hatte, und zwar bei minus sechs Grad Celsius. Die *B. Z.* schlussfolgerte:

Ballonflüchtling in 3000 Meter Höhe vom Frost gelähmt.[23]

Dabei wurden laut *Tagesspiegel* in der Obduktion keine Erfrierungen festgestellt.[24]

Ich stelle mir Winfried Freudenberg vor, den netten bärtigen Mann, wie er mutterseelenallein über die nächtliche Stadt Berlin fliegt. Der Traum von Schwerelosigkeit ist in Erfüllung gegangen, doch die Euphorie darüber schnell verflogen. Winfried sitzt steif vor Kälte auf seiner Schaukel, wagt den Blick nach unten, sieht die Lichter von West-Berlin kleiner und kleiner werden.

Mir fällt dieser Hollywood-Film *Gravity* ein, mit Sandra Bullock als Astronautin Dr. Ryan Stone und George Clooney in der Rolle ihres Kollegen Matt Kowalski. Bei einer Mission im Weltall geht ihr Raumschiff kaputt. Die beiden fliegen aneinander gegurtet in Raumanzügen durchs All und versuchen, sich in eine andere Raumstation zu retten. Von dort aus könnten sie vielleicht zurück auf die Erde geholt werden. Die Chancen schwinden, als Kowalskis Raumanzug keinen Treibstoff mehr hat. Er löst die Gurtverbindung zu Stone und lässt sich frei im Weltraum treiben, genießt die letzten Momente größtmöglicher Freiheit, bevor er unweigerlich sterben wird. Stone hingegen kämpft mit letzten Kräften um ihr Leben. Schließlich gelingt es ihr, in eine Raumkapsel zu klettern, die nach dem Durchbrechen der Atmosphäre mit ungeheurer Geschwindigkeit Richtung Erde saust. Die Kapsel schlägt auf. Stone überlebt.

Was für ein Typ war Winfried Freudenberg? Ein Kowalski oder eine Dr. Stone? Aufgeben und fallen lassen? Oder ums Überleben kämpfen? Darüber wurde auch in den Zeitungen spekuliert:

Etwa 40 Minuten nach dem Passieren des Flughafens Tegel muss [...] die Hoffnung in Verzweiflung umgeschlagen sein. Zu diesem Zeitpunkt befand sich Freudenberg östlich der Krummen Lanke. Dort konnte er in der weit fortgeschrittenen Morgendämmerung die Grenze zum Kreis Potsdam sehen. Auf sie trieb er unaufhaltsam zu.[25]

Handelte er in Panik angesichts der vor ihm auftauchenden DDR-Grenze [...]? Glaubte er schon tief genug zu sein, um abspringen zu können?[26]

»Was würdest du tun, wenn du merkst, du kommst nicht mehr runter?«, fragt Ernst.

»Ich würde mich gar nicht erst an so einen Ballon hängen!«

Und wenn ich dranhinge, in 3000 Metern Höhe, bei minus sechs Grad, dann würde es für mich keine Rolle mehr spielen, ob ich dort lande, wo es geplant war. Hauptsache, lebend. Allerdings bin ich nicht Freudenberg.

B. Z.: Es kann sein, dass der Flüchtling in den Waldsee springen wollte, ihn aber verfehlte.[27]

Bild: In seiner Angst versagten die Kräfte. Er ließ die Halteseile los, rutschte von der kleinen roten Plastikstange, auf der er gesessen hatte.[28]

Berliner Morgenpost: Seine einzige Chance auf eine Landung im Westen bestand darin, ein Loch in die Ballonhülle über ihm zu stoßen, damit Gas entweichen konnte. Dabei muss er den Halt verloren haben, aus seiner mit dem Trag-Geschirr verbundenen Lederjacke gerutscht und in die Tiefe gestürzt sein.[29]

Am 11. März glaubte die *B. Z.*, dass die Konstruktion in letzter Sekunde versagte:

Der Ballon platzte und riss den Mann zur Erde.[30]

Während Ernst auf Google Maps den Waldsee sucht und feststellt, dass er direkt an das Grundstück in der Limastraße grenzt, zappe ich auf meinem Telefon durch verrauschte Amateuraufnahmen der weltbesten Klippenspringer: Blick in die Tiefe – oben der Springer, unten, winzig klein, das Wasserbecken eines gestauten Wildbachs. Dann der Sprung: sprudelndes Eintauchen, Anspannung unter den Schaulustigen. Endlich taucht er auf und taumelt ans Ufer. Er hat den Rekord geknackt: fünfzig Meter. Nicht 3000.
Die Physikertochter in mir googelt nach Geschwindigkeit im freien Fall: Wurzel aus dem Produkt von 2 mal Strecke mal Erd-

beschleunigung wäre bei 3000 Metern: Wurzel aus 6000 mal 9,81 … – der schwächelnde Taschenrechner kriegt das mit seinen halb blinden Solarzellen gerade noch hin.

»242,61 Meter pro Sekunde, oder in Stundenkilometern: 873,396!«

»Im Vakuum«, sagt Ernst. »Du musst die Reibung einpreisen.«

»Ja, ja, klar«, sage ich chefig, dabei hatte ich's vergessen. Ich werde eine E-Mail an meinen Freund Larry Boyle* schicken, ein Kollege meines Vaters, der dessen Platz als mein persönliches Mathe-Physik-Kompendium eingenommen hat. Mir ist nämlich so, als basierten die Spekulationen in den Zeitungen auf ziemlich oberflächlich zusammengestoppeltem Fachwissen.

Der *Tagesspiegel* brachte die Möglichkeit ins Spiel, dass Freudenberg auf den letzten Kilometern seiner Ballonfahrt Symptome von Höhenkrankheit entwickelt hatte: euphorische Zustände und Nachlassen des Reaktionsvermögens. Die *Morgenpost* glaubte, ein Indiz dafür gefunden zu haben, dass Winfried der Panik bewusst vorgebeugt hatte:

Im Sand steckten zwei angebrochene Folien mit dem Beruhigungsmittel Bromhexin – Winfried Freudenberg hatte vor dem Start vermutlich mehrere der blauen Pillen eingenommen.[31]

»Er hat Ostblock-Drogen geschmissen«, sage ich.

»Alles Spekulation«, murmelt Ernst vor sich hin.

Endlich kam der Hinweis auf Sabine. Die staatliche DDR-Nachrichtenagentur ADN veröffentlichte zwei Tage nach Winfrieds Absturz eine Meldung, die auch in den westdeutschen Tageszeitungen abgedruckt wurde:

* zu allen * siehe Anmerkungen Seite 293

wie westliche medien melden, wurde in berlin (west) ein buerger tot aufgefunden. Die ehefrau des betroffenen hat gegenueber den behoerden der ddr bestaetigt, dass ihr mann mit einem selbstgefertigten ballon aufgestiegen und offensichtlich abgestuerzt sei.[32]

»Mehr wurde über die Frau damals nicht berichtet«, sagt Ernst.

»Die wurde abgeschottet«, vermute ich. »Lebt sie noch?«

»Wenn sie Mitte zwanzig war, ist sie jetzt fünfzig plus. Ich weiß es nicht. Willst du noch ein Bier?«

»Och, nö. Danke.«

Seine Maßnahme, Alkohol trinken nicht zur Routine werden zu lassen, ist ja nicht schlecht. Nur muss man sich an den Geschmack von Jever Fun erst gewöhnen. Ich wüsste auch gar nicht, wo ich's abstellen soll. Über den ganzen Tisch sind die Zeitungsseiten verteilt. Ernst schwenkt mit der Hand über die Titelseiten vom 9. und 10. März:

»Hier ist Freudenberg noch Titelstory. Dann rutscht die Geschichte langsam nach unten, verschwindet von der ersten Seite – und nach einer Woche kam gar nichts mehr.«

»Ähm … ist das nicht immer so? Bei allen Meldungen?«

Der Fall Freudenberg konnte ja nicht monatelang Titelstory bleiben.

Er überlegt. »Ja, vielleicht.« Und überlegt weiter.

»Aber ich habe das Gefühl, die Geschichte ist schneller verschwunden als andere. Und man hat nie wieder über den gesprochen.«

»Antiheld«, tippe ich. »Die Leute stehen mehr auf gelungene Fluchten.«

»Chris Gueffroy hat's auch nicht geschafft. Den kennt man. Den halten ja viele für den letzten Mauertoten. Obwohl Freudenberg danach kam.«

Na ja, letzter Mauertoter zu sein, ist kein Statussymbol.

»Identifizierst du dich mit ihm?«, frage ich.

27

»Überhaupt nicht«, sagt Ernst. Was ich lustig finde. Es steht außer Frage, dass er wie der Held seiner Zeitungsmeldungen ungewöhnliche Herausforderungen liebt. Vor vier Jahren hat er zu einer Milchtüten-Sammelaktion aufgerufen. Daraus wollte er ein Floß bauen und im Herbst über den Teufelssee rudern. Nur so. Ausgestattet mit einem Neoprenanzug und vor einem Publikum aus ungefähr dreißig Freunden versank er an einem kalten Herbsttag mit seinem kunstvoll zusammengeknoteten Milchtütenfloß erst einmal knietief im See. Dann schaffte er es, in einer halb liegenden Position gute hundert Meter zu rudern, um sich am Zielort trocken reiben und ausgiebig feiern zu lassen. Es schien nicht mal die Sonne, gleichwohl war es ein wunderbarer Nachmittag.

»Ich habe bei der Pressestelle der Polizei angerufen«, sagt Ernst. »Die waren ausgesprochen freundlich. Ich natürlich auch. Und jetzt kommt's: Die Kommissarin, die den Fall damals betreut hat, ist noch im Dienst: Marianne Teichmann*. Die versuchen, ein Treffen zu organisieren.«

»Ein Treffen mit dir.«

»Ja. Mit mir.«

»Du hilfst ihr, den Fall noch einmal aufzurollen und die Lücken zu schließen«, spotte ich und grinse blöde.

Ernst bleibt völlig gelassen: »Kommst du mit?«

3

Die Kommissarin

Die DDR ging mir damals am Arsch vorbei. Denke ich nur. Sage ich nicht. Ist beschämend, ja, aber es war so. Während Ernst, der nur ein paar Jahre älter ist, sich in regelmäßigen Abständen unter die Ost-Berliner Bevölkerung mischte und gebannt das Schicksal von Menschen wie Winfried Freudenberg verfolgte, war ich länger als vorgesehen in der Spätpubertät verkeilt. Ich schmiegte mich verliebt an meinen ersten Freund, wenn er auf seiner XT500 Crossroad durch den Tannenwald raste; erfand Haschkeksrezepte; schaute *Denver-Clan* und las Hermann Hesse. Kalter Krieg war Stoff für *Rocky I V*. Meine Eltern waren friedensbewegt, das reichte für die ganze Familie.

Heilfroh, das Abi hinter mich gebracht zu haben, verließ ich rein zufällig am 9. November 1989 mein verregnetes Heimatdörfchen und trampte mit meinem besten Freund, einem halb iranischen Buddhisten, Richtung Fernost. Unser erster Stopp war eine Studenten-WG in München. Gegen neunzehn Uhr dreißig klingelte das Telefon, und die Schwester unserer Gastgeberin meldete aus Berlin: »Die Mauer ist auf.« Im Fernsehen sah man Bilder der Menschenmassen. Wie sie sich gegenseitig über die Mauer hievten und sich tränenüberströmt in die Arme fielen. Spektakulär. Und hatte gar nichts mit mir zu tun. Weitertrampen bis Istanbul, Bus nach Ägypten, Flug nach Indien, wo die Menschen freudestrahlend gratulierten: »Germany, now happy?« – »Yes, yes«, sagte ich, weil ich wusste, dass das die richtige Antwort ist.

29

Als ich zurückkam, war die Mauer längst in kleine Stücke gehackt worden und auf die Bauchläden der Souvenirverkäufer verteilt. Ernst hatte unterdessen eine sensationelle Veränderung seiner Lebensbedingungen in West-Berlin erfahren, wobei die Sensation natürlich nicht im Geringsten an die Veränderungen für die Menschen in der DDR heranreichte.

Vielleicht habe ich Ernst versprochen, mich dem Treffen mit Frau Teichmann anzuschließen, weil ich was nachzuholen habe. Vielleicht, weil ich merkwürdige Geschichten mag. Fest steht, dass ich auf keinen Fall die Gelegenheit verpassen will, mich mit einer echten Mordkommissarin zu unterhalten. Egal, worum es geht. Sie hat den Loretta-Biergarten am Wannsee vorgeschlagen, weil der auf ihrem Heimweg liegt.

Biertische im Halbschatten riesiger Kastanienbäume; Kellnerinnen rascheln über den Kies und verteilen Brezen, Bier und Weißwurst an fröhliche Gäste, die »Bayern in Berlin« spielen. Ernst, direkt vom Büro in die S-Bahn, trägt wie immer Anzug und Krawatte; ich ein kurzärmliges Sommerkleid, weil ich auf meiner winterbleichen Haut so viel Sonne wie möglich einfangen will. Auf Ernsts dringenden Wunsch hin sind wir viel zu früh da – ich bestelle Eiskaffee, er Fanta – und überbrücken das Warten mit belanglosem Small Talk über die Öffentlichkeitsarbeit der Verkehrsbetriebe und den Ausbau des Berliner Telefonnetzes, was Ernst weniger zu quälen scheint als mich.

»So unwahrscheinlich das auch scheint«, sagt er plötzlich, »ich glaube, es ist die Brünette da.«

Eine hell gekleidete Dame Mitte fünfzig sieht sich suchend um. Er hebt die Hand, sie nickt und steuert auf uns zu.

Marianne Teichmann ist silberdurchwirkt: Strasssteinchen funkeln auf der geschwungenen Brille; schillernde Bluse; die braunen Haare silbergrau durchsetzt; überall Schmuck; der glitzernde Lack ihrer Fingernägel reflektiert das Grün des Kastanienbaums, unter dem wir sitzen. Sie begrüßt uns förmlich, bestellt einen großen Milchkaffee und demonstriert bei aller Gesprächsbereitschaft eine gewisse Reserviertheit. Eine Mordkommissarin ist keine Plaudertasche.

»Erinnerung darf man nicht mit der Realität verwechseln«, sagt sie in durchsetzungsstarkem Tonfall. »Ich will hier keine falschen Angaben machen.«

Darum hat sie auch die Kopie einer Akte aus der Polizeihistorischen Sammlung dabei.

»Sie gucken da bitte nicht rein!«

Ich klebe an ihren leuchtend rot geschminkten Lippen.

»Ist ja nicht der einzige Tote, den ich in meinem Leben gesehen habe. Trotzdem! Der war ungewöhnlich. So was vergisst man nicht. Der war ja runtergefallen. Sah aber nicht aus wie einer, der vom Hochhaus gesprungen ist.«

»Der wie aussieht?«, fragt Ernst, während ich so gucke, als wüsste ich's.

»Na, da sind die Glieder so verdreht. Weil die Gelenke überdehnt sind. Und alle Knochen gebrochen. Das war bei dem nicht. Also, man sah es von außen nicht.«

Teichmann erinnert einen kalten, hellen Tag. Das Grundstück in der Limastraße grenzte auf der einen Seite direkt an den Waldsee, auf der anderen an ein Gebüsch. Davor lag der Tote, in die Erde gedrückt, das Gesicht zum Boden.

»Die Arme nach unten«, sagt sie, »am Körper. Ganz kompakt. Und mit der ganzen Fläche in den Boden gerammt, mindestens fünfzehn Zentimeter. Der muss gefallen sein wie 'n Stein.«

»Ein Anwohner hat das Plumpsen gehört«, sage ich.

»Aha.«

»Stand in der Zeitung. Damals.«

»Dann frage ich mal die Bundesanstalt für Materialprüfung, was passiert, wenn die 'n Siebzig-Kilo-Sack vom Turm schmeißen. Das hört der Nachbar nicht.«

»Aus 3000 Meter Höhe?«

»Na, wenn Sie schon alles wissen.«

Ich bin jetzt schon eingeschüchtert. Umso mehr blüht Ernst auf:

»Gibt's mehr Erinnerungen? An den Tatort?«

»Wir haben die Leiche vorsichtig umgedreht. War nicht so demoliert, wie man jetzt denken würde. 'n ganzer Mensch. Wenig Blut. Pättie* hat den identifiziert. Mein Kollege.«

Sie sucht hinter der glitzernden Brille nach Bildern.

»'ne Cordhose hat er angehabt. Und 'n rosa Hemd. An die abgerissene Armbanduhr erinnere ich mich.«

»Keine Jacke?«, frage ich.

»Wieso?«

»Die Lederjacke, mit der er gesichert war.«

»Der hatte keine Jacke an!« Sie blättert in der Akte nach Tatortfotos. Ich versuche unauffällig, einen Blick zu erhaschen, woraufhin sie den Ordner leicht nach oben kippt.

»Die hing ja am Ballon«, sagt Ernst.

»Ganz genau.« Sie hat ein Foto gefunden.

»Ging mit dem restlichen Krempel in die PTU. Und er in die Blechwanne zu Professor Weber*.«

»Professor Weber?«, fragt Ernst.

»Na, Professor Dr. Dr. Weber. Sagt Ihnen nichts?«

Ihre Verachtung ist nicht zu überhören.

»Solche Fälle hat der höchstpersönlich untersucht.«

Sie rührt mit funkelnden Nägeln ihren Kaffee um.

»Und wir wollten die Frau finden. Die Amerikaner sind mit dem Hubschrauber los, wir durften ja selber nicht fliegen. Ich weiß nicht mehr, ob wir Taucher geschickt haben. Durchsagen haben wir gemacht.«

»Mit welchem Text?«, frage ich.

»Wollen Sie den jetzt aufgesagt haben?«

Ich lache. Sie lässt sich nicht lumpen:

32

»›Achtung, Achtung, hier spricht die Polizei!‹ Dann warten. Bis die Küchenfenster auf sind. ›Gesucht wird eine Frau, Mitte zwanzig, die möglicherweise bei einem Fluchtversuch abgestürzt ist. Die Polizei bittet um Hinweise.‹ Das spricht sich dann schon rum. Die Leute melden sich ... – vor allem, wenn sie nichts gesehen haben.«

Sie blättert in der Akte und bleibt an einem der Dokumente hängen.

»Schmauchspuren. Genau. An den Plastiktüten. Kam natürlich der Verdacht auf, dass Schüsse gefallen sind. Dann hier, so 'n Zeuge: ›Ein Herr Koschel gibt an, dass er von seinem Balkon aus einen bewaffneten sowjetischen Hubschrauber beobachtete. Zirka fünf Minuten später, nachdem der sowjetische Hubschrauber wieder abgedreht hatte, beobachtete er an gleicher Stelle einen britischen Hubschrauber. Über diesem erkannte er einen Ballon. Er sah die Hülle des Ballons in der Sonne silbrig aufleuchten.‹«[33]

Ernst sieht sie fassungslos an. »In West-Berlin?«

»Na klar«, sagt Frau Teichmann. »Ihr Nachbar da will um sieben Uhr dreißig einen Aufprall gehört haben. Und dieser Herr Koschel sieht den Ballon noch silbrig aufleuchten, wenn er schon längst in der PTU liegt. Bewaffneter Sowjet-Hubschrauber über Berlin West! Geht's noch!? Es könnte sein, dass er die Amis gesehen hat – hier: ›Hubschrauberstart der amerikanischen Schutzmacht: zehn Uhr, Flughafen Tempelhof. Es herrschte diesiges Wetter; leichter Sonnenschein. Gegenstände bis Menschengröße konnten klar erkannt werden.‹«[34]

Sie blättert weiter und liest:

»›Ein anonymer Anrufer übermittelte der Ständigen Vertretung folgende Mitteilung: Am Dienstag, den siebten März, lief ich im Friedrichshainer Wald herum und sah, wie ein Polizeihubschrauber einen Ballon anleuchtete und ohne Warnung drei Schüsse abgab. Ich hörte einen weiblichen Schrei. Ich lief dann weiter, wurde von einem Polizisten angehalten und musste mich ausweisen. Dann fragte er mich, ob ich etwas gesehen hatte. Ich verneinte es, und daraufhin sagte er, ich solle die Klappe halten, sonst würde ich Ärger bekommen. Ich sah noch, wie ein Polizeiwagen und ein Krankenwagen eine weibliche Person abtransportierten.‹ Darunter der Vermerk: ›Der Wahrheitsgehalt dieser Mitteilung kann nicht überprüft werden.‹«[35]

Ich frage Frau Teichmann, was man als ermittelnde Kommissarin mit solchen Informationen macht.

»Aufnehmen«, sagt sie. »Die Zusammenhänge und den Wahrheitsgehalt erkennt man erst später ...«, sie schnipst eine Kastanienblüte vom Tisch, »... oder auch nicht. Hier hab ich übrigens das Gutachten. Steht der Weber gar nicht drauf: ›Verletzungen durch Schüsse wurden ausgeschlossen. Diagnose: Schädeltrauma, massives Brustkorbtrauma, massives Rumpftrauma mit Organzerreißungen, multiple Knochenbrüche.‹ Relevant ist hier, dass es sich um ›vitale Verletzungen‹ handelte. Das heißt: Freudenberg hat zum Zeitpunkt des Aufpralls gelebt.«

Sie blättert weiter und betrachtet kopfschüttelnd ein weiteres Dokument.

»Was der für einen Krempel dabeihatte! Das habe ich überhaupt nicht zusammengebracht. Wertgegenstände, Geld, Münzen. Das ist normal. Kleidung ist auch klar. Für ihn. Für sie. Damengarnitur Brasilien mit BH, steht hier. Humor hatten sie da drüben. Nach Brasilien durfte man ja gar nicht. Eine Thermohose, grau, getragen und geändert – hätte er mal lieber angezogen –, Schlafanzüge, Unterwäsche – na gut. Handtücher wurden gefunden. Kassettenbox mit zehn Kassetten, dreiundsiebzig persönliche Fotos. Muss sein. Wogegen dieser Kleinkram: ›Eine Schieblehre, eine leere Geldbörse, eine angebrochene Tube Augensalbe, eine Büchse atrix Handcreme, eine Pinzette, ein Blitzlicht B 120 mit Tasche, Streichholzschachtel mit Transistoren, ein Taschenrechner Firma Sanyo – nicht funktionsfähig, Ansichtskarten über Porzellanstücke aus Dresden, zwei Nagelfeilen im Etui, eine zerbrochene Gabel – in Klammern: Inge, Chemiebücher, das kleine Sprichwörterbuch …‹ – besonders wichtig, wenn man in zweitausend Meter Höhe an einem Ballon hängt! ›Ein Heft: Autogenes Training‹ – das könnte ja noch helfen –, ›ein Stoffrest, blau-weiß, mit weißem Knopf‹.«

Sie blättert eine Seite weiter.

»In der Hosentasche befand sich ›ein dunkelrotes Taschenmesser, zwei gebrauchte Taschentücher‹ und ›eine Uhrmacherrechnung‹ …«

»Er hat seine Uhr reparieren lassen, bevor er losflog!«, unterbreche ich begeistert.

»Der war vorbereitet«, sagt Ernst. »Ich bin mir sicher, dass er auch wusste, wie er wieder runterkommt!«

Teichmann sieht uns kopfschüttelnd an, uns zwei Micky-Maus-Detektive. Ich wische mir mit einer scheinbar zufälligen Handbewegung die Sahne von der Oberlippe.

Auf der nächsten Seite findet sie eine Liste mit Wertgegenständen, die Freudenberg dabeihatte:

»60 000 Ostmark und irgendwelche Sparbücher. Wieso hatte der so viel Geld? Forint waren dabei. War vielleicht mal in Ungarn gewesen, da durften die ja hin.«

»In den Zeitungen stand was von Westmark«, sagt Ernst.

»Ihre Zeitung da, die war ja äußerst gut informiert.«

»Und Sie?«, frage ich.

Sie sieht mich erstaunt an, aber ich meine das nicht frech.

»Ich meine: Wie kam die West-Berliner Polizei überhaupt an Informationen?«

»Eben. Schwierig. Wir durften ja nicht mal an der S-Bahn ermitteln. Die Alliierten musstest du auch immer fragen: Kann ich mal? Darf ich mal? Von den DDR-Behörden bekamst du nichts. Der Staatsschutz hatte seine Kanäle, na klar. Aber nicht so, wie Lieschen Müller sich das vorstellt.«

Bisher hatte ich, das Lieschen, gar keine Vorstellung:

»Dass vielleicht einer von der West-Berliner Kripo Verwandtschaft oder Bekanntschaft im Osten hatte, die sich drüben ein bisschen umgehört hat. So was?«

»Also, Sie wären die ideale Polizeibeamtin!«

Ich habe schon gemerkt, dass Frau Teichmann mich unterschätzt. Und Ernst, der Schuft, solidarisiert sich noch mit ihr, indem er zustimmend lächelt. Er lehnt sich zurück wie ein routinierter Moderator:

»War Ihr erster Gedanke: DDR-Flucht?«

»Ganz ehrlich«, sagt sie, »als ich am Vormittag diesen Ballon gesehen habe, aus so 'ner Knisterfolie zusammengeklebt, und unten dran hängt ein abgesägter Besenstiel – wie verzweifelt muss einer sein, in so ein Gerät einzusteigen? Ich konnte mir nicht vorstellen, dass man damit jemanden hätte transportieren können. Aber das war im geteilten Berlin. Hier können Sie das nachvollziehen: ›Achter März, 7 Uhr 57, Potsdamer Chaussee 28, Mittelstreifen, es hängen Überreste von einem Fallschirm in den Bäumen. Acht Uhr zehn: In einem Plastikbehälter sollen Bücher in russischer Sprache liegen, eventuell mit Einschuss oder Durchschuss.‹[36] Der handschriftliche Vermerk hier! Da sehen Sie, dass die Mitteilung bereits um acht Uhr dreißig an den Innensenator ging. Ich meine, es gab ja noch keine Leiche. War das Kewenig? Oder schon Pätzold?«

»Kewenig«, sagt Ernst. »Da war Diepgen noch Bürgermeister. Pätzold kam ein, zwei Wochen später. Unter Momper.«

Er lächelt in sich hinein. Musterschüler. Frau Teichmann gefällt das. Er gewinnt wieder Boden bei ihr.

Sie liest: »›15.27 Uhr – Im Garten des Hauses eines Professors wurde eine männliche Person aufgefunden. Eventuell identisch mit dem Lichtbild im aufgefundenen Personalausweis des Ballonfahrers. Anforderung Personalausweis. Gerichtsmediziner zum Ort.‹ Also, der Teil war wasserdicht.«

»Und was war nicht wasserdicht?«, fragt Ernst.

»So ungefähr alles andere. Von der Frau wurde nichts mehr vermeldet, außer dass sie sich in der DDR befindet. Heißt: Wir wussten gar nichts über die Umstände. Bis zum Schluss. Wo ist der losgeflogen? Warum? Womit? Gab es Mitstreiter? Jetzt muss ich allerdings klarstellen, dass die Mordkommission, die zu der Zeit noch Direktion Verbrechensbekämpfung M I hieß, vor allem die Leichensache Freudenberg zu bearbeiten hatte: herausfinden, wie der gestorben ist. Natürlicher Tod, Suizid, Unfall oder Fremdeinwirkung. Die Hintergründe von diesem Fall zu ermitteln, oblag dem Staatsschutz.«

»Und Sie konnten Fremdeinwirkung ausschließen?«, fragt Ernst.

»Nee.«

Sie erzählt von den berühmten Mauerschützenprozessen, in denen DDR-Fluchtversuche mit Todesfolge noch einmal vor Gericht aufgerollt wurden. Was wir beide nicht wussten, ist, dass man im Rahmen dieser umstrittenen Prozesse auch Fälle diskutierte, bei denen die Fremdeinwirkung indirekt zum Tode führte. Wenn ein Flüchtling aufgrund eines Waffeneinsatzes oder nur aufgrund der bloßen Androhung von Gewalt in Panik geriet und aus diesem Grunde überstürzt oder unüberlegt eine Handlung mit Todesfolge beging, zum Beispiel ins Wasser sprang und ertrank oder vor ein Auto lief, dann hätte man die Verursacher der Panikreaktion theoretisch zur Rechenschaft ziehen können.[37] Ob diese Art der Fremdeinwirkung im Fall Freudenberg eine Rolle gespielt hatte, konnte im März 89 durch die Polizei nicht ermittelt werden. Die West-Berliner Staatsanwaltschaft hätte das nach der Wende aber noch mal versuchen können.

»Den Fall hat keiner mehr angefasst«, glaubt Teichmann zu wissen. »Wenn es einen Prozess gegeben hätte, hätten sie einen von uns laden müssen. Das wüsste ich.«

Sie rührt mit dem Löffel im übrig gebliebenen Schaum ihres Milchkaffees und schiebt die Tasse plötzlich von sich.

»So.«

Eine Mordkommissarin löffelt keine Reste aus der Tasse.

»Womit der Ballon gefüllt war, haben Sie herausgefunden?«, fragt sie uns.

»Wir sind erst am Anfang«, sagt Ernst. Teichmann lächelt, klappt ihren Aktenordner zu und winkt den Kellner heran. Findet sie uns süß oder albern?

»Es gibt eine Möglichkeit, die Akte zu sichten«, sagt sie so beiläufig, als sei ihr nicht klar, dass uns das brennend interessiert.

»In der Polizeihistorischen Sammlung können Sie sich die Kopie ziehen. Sollte frei zugänglich sein.«

Sie erhebt sich, bevor der Kellner angeraschelt kommt. Einladen dürfen wir sie nicht. Dafür drückt sie Ernst beim Abschied eine Visitenkarte in die Hand, auf der ihre private Telefonnummer und E-Mail-Adresse stehen, verziert mit einem aquarellierten Ginkgo-Blatt.

»Wenn Sie etwas Neues zum Vorschein bringen, freue ich mich über den Bericht!«

Mit zielgerichtetem Schritt glitzert sie zwischen den Kastanien davon.

Wir sind beide tief beeindruckt. Und ich bin angefixt. Es handelt sich hier tatsächlich um einen halb gelösten Fall, der bald schon durch größere Ereignisse in Vergessenheit geriet.

Die Limastraße, Schauplatz von Freudenbergs unfreiwilliger »Beerdigung«, liegt an der S-Bahn-Route, nur ein paar Stationen Richtung Zentrum. Es ist noch hell. Wir haben beide Zeit, und es ist sofort klar, dass wir auf der Heimfahrt einen Stopover einlegen werden. Als wir in die S-Bahn eingestiegen sind, checke ich auf meinem Handy, ob mein Physikerfreund Larry schon geantwortet hat.

Von: <Chief Patrick Oladokun>
Betreff: your help needed

Hallo, Spam! Müsste man auch mal ermitteln, was da der Trick sein soll. Larry lässt sich Zeit.

»Nächster Halt: Mexikoplatz!«

Die Station, an der ich seit Jahren nicht ausgestiegen bin, ist ein kleines Schloss. Das war und ist das feine West-Berlin hier. Kaum sind wir in die Limastraße eingebogen, bestätigt sich der Eindruck von Herrschaftlichkeit durch riesige Villen mit großen Gärten voller Blumen und hoher Bäume. Das Haus des Professors ist ein zweigeschossiges Gebäude, vielleicht Bauhaus-Ära, überhaupt nicht protzig, eher subtil edel.

Diesmal bin ich die treibende Kraft, denn Ernst schleicht nicht gerne um fremde Häuser. Der Garten ist groß: eine gemähte Wiese, die bis ans Ufer des Waldsees reicht; hinten links das besagte Gebüsch. Von dort aus kann man das grünlich schimmernde Wasser sehen. Ein Graureiher breitet seine Schwingen aus und hebt wie in Zeitlupe ab.

»Wenn er wirklich während des Flugs mit der Lederjacke gesichert war«, flüstere ich, »und die Jacke beim Aufprall nicht anhatte, dann muss er sie doch selber ausgezogen haben.«

»Er kann rausgerutscht sein«, wendet Ernst ein.

Ich halte ihn mit beiden Händen hinten am Sakko fest.

»Wenn es hier zieht, wie kann man da bitte rausrutschen?«

Wir hören ein Knacken hinter dem Haus. Beide bleiben wir wie ertappte Einbrecher stehen. Jemand schließt auf der anderen Seite die Haustür auf. Ausgerechnet jetzt bimmelt eine E-Mail rein. Mit angehaltenem Atem hören wir, wie die Haustür des Professors von innen zugezogen wird. Ein stummes Zeichen genügt, um uns zu verständigen: leise Richtung Straße schleichen.

»Entschuldigung!«, sagt eine fremde Männerstimme. Der

Bungalow ist zweigeteilt, vor dem anderen Hauseingang steht ein wachsamer älterer Herr.

»Ähm … Guten Tag«, sage ich und lache gekünstelt. »Wir suchen den Eingang zu dem Professor … also den Bewohnern …«

Ich zeige auf den Eingang, hinter dem es noch klappert.

»Sie stehen davor?«

»Ja, genau«, sage ich. »Danke!« Und drücke die Klingel. Der Nachbar verschwindet erst in seinem Eingang, als sich die Tür, vor der wir stehen, öffnet. Eine etwa fünfzigjährige Frau im cremefarbenen Jogging-Outfit begrüßt uns ohne jeden Argwohn. Ernst stellt uns vor, ich gebe die *Tatort*-Kommissarin:

»Sagt Ihnen der Name Winfried Freudenberg etwas?«

Zu meiner Verwunderung bittet sie uns herein.

Das Haus des Professors ist auch innen eine Ode an den Geschmack: unebene alte Steinfliesen, historisch aufgearbeitete Zwanzigerjahretüren und -fenster. Unter einer stimmungsvollen Radierung sitzt ein antikes Nussbaumtischchen, auf dem sich sympathischer Krempel angesammelt hat. Die cremefarbene Dame ist die Tochter des Medizinprofessors, der Freudenbergs Leichnam in seinem Garten gefunden hatte. Er ist längst verstorben. Die Tochter erfuhr von dem Vorfall durch einen Anruf ihres damals dreiundsiebzigjährigen Vaters am Abend des 8. März. Er arbeitete nicht mehr und war an diesem Tag zu Hause gewesen.

»Kommen Sie mit«, sagt sie zu uns und öffnet die Tür zum Badezimmer. Tageslicht fällt durch eine gelbliche, geriffelte Glasscheibe.

»Mein Vater hat mittags geruht. Als er aufstand, ging er ins Bad und muss wohl das Fenster geöffnet haben, sonst hätte er nicht raussehen können. Und da lag der Mann im Gebüsch. Er dachte erst, es sei ein Betrunkener, und ging nachgucken. Er war selber Arzt. Internist. Und konnte sofort feststellen, dass er tot war. Ich kann Ihnen die Stelle zeigen.«

Sie führt uns über die neiderregende Seeblick-Terrasse zu dem Gebüsch, vor dem wir peinlicherweise eben schon ohne sie gestanden haben.

»Die Vertiefung konnte man jahrelang sehen«, sagt sie. Als wir alle drei schweigend auf diesen unschuldigen Fleck Erde schauen, ist mir plötzlich so, als sehe ich den dunkelhaarigen Mann dort liegen, in seinem rosafarbenen Hemd und der braunen Hose. Das Gesicht nach unten, die Arme dicht am Körper. Tot. Was mag dieser arme Mann wohl erlebt haben, bevor er starb?

4

Verhaftet

Die Polizisten hatten gelangweilt dagestanden und gewartet. Sie schienen überrascht, dass Sabine tatsächlich kam.

»Frau Freudenberg?«

Ihr Nicken genügte.

»Wir haben einen Haftbefehl gegen Sie erhalten und müssten Sie mit auf die Dienststelle nehmen.«

Sie entschuldigten sich beim Anlegen der Handschellen. Keiner rechnete damit, dass Sabine weglaufen würde. Wohin denn auch? Einer ging vor, der Zweite lief hinter ihr, als sie die Treppe hinunterstiegen.

Sabine bemühte sich, alle Sinne zu öffnen. Wo war Winfried? Hatte er es geschafft? Doch sie empfing kein Zeichen, keine telepathische Botschaft, die ihr verriet, was er in diesem Moment tat, fühlte oder dachte. Was für ein Blödsinn, plötzlich auf Übersinnliches zu hoffen.

Als sie durch die Tordurchfahrt geführt wurde, sah sie zu Boden und blickte erst recht nicht auf, als sie auf die Straße traten. Der Morgen graute. Es war Mittwoch – ein ganz normaler Tag für die anderen Bewohner des Prenzlauer Berg, die sich um diese Zeit zu ihren Arbeitsplätzen begaben. Keinesfalls wollte Sabine von ihren mitleidigen, vorwurfsvollen oder peinlich berührten Blicken getroffen werden.

Folgsam stieg sie in den Bus, wo eine kleine Gefängniszelle mit einer schmalen Holzbank auf sie wartete. Die Tür schlug zu. Sie war heilfroh, dass ein schwaches Innenlicht sie vor völliger

Dunkelheit bewahrte. Die Wand vor ihr war nicht einmal eine Armlänge entfernt. Sie rang nach Luft, wartete darauf, dass ihr die Brust eng wurde. Wenn sie hier einen Asthmaanfall bekäme, würde sie um Hilfe rufen müssen. Würde sie jemand hören? Die Tür knallte zu, der Bus fuhr los. Sabine atmete ein – und aus. Es ging besser als gedacht. Bei aller Furcht vor dem, was auf sie zukommen würde, beruhigte sie das Wissen, dass sie für den Moment keine Entscheidung zu fällen hatte.

Sabine versuchte trotzdem, wachsam zu bleiben: Der Bus hatte gewendet, musste also Richtung Winsstraße fahren, und bog schon bald rechts ab, also nach Süden, Richtung Alexanderplatz. Sie hielt ihre Armbanduhr ans Ohr, sodass sie die Sekunden hörte. Eins, zwei, drei, vier … zehn … zwanzig … Sie ballte die Fäuste und löste bei jeweils sechzig einen Finger heraus. Dann begann sie wieder bei eins. Lange würde sie das nicht durchhalten können, dachte sie, die Zahlen entglitten ihr immer wieder, doch bereits nach fünf ausgestreckten Fingern verlangsamte der Bus und bog rechts ein. Es ging nach links und gleich noch mal links, Bremsen, ein quietschendes Tor, der Bus holperte über eine Schwelle und kam zum Stehen. Sie mussten noch im Zentrum der Stadt sein. Sabine lauschte den Stimmen und Schritten, bis sich endlich die Zellentür öffnete. Morgenlicht drang durch die Bustür.

Einer der Polizisten war plötzlich verschwunden. Der andere führte sie durch ein Gebäude, das nicht aussah wie ein Gefängnis, mehr wie ein Amtsgebäude. Sie gingen mehrere Treppen nach oben und betraten einen langen neonbeleuchteten Flur mit vielen Türen. Eine wurde aufgeschlossen und Sabine in ein kleines Zimmer geschoben: sauber geputzter Linoleumboden, beige Mustertapete, Tageslicht schimmerte durch die gräulichen Gardinen. Unter dem Fenster war ein Arbeitsplatz mit Schreibmaschine, Telefon und einer Tischlampe eingerichtet. Quer dazu stand ein weiterer Tisch mit einem gepolsterten Stuhl. Der Polizist nahm ihr die Handschellen ab und wies sie an, sich neben diesen Stuhl zu stellen. Er entfernte sich erst, als ein weiterer Mann hereinkam, der keine Uniform trug, dem anderen gegenüber aber offensichtlich weisungsbefugt war:

»Danke dir!«

Stasi. Der Neue verschloss die Tür, setzte sich an den Arbeitsplatz, knipste die kleine Lampe an und holte aus einer Mappe ein Blatt, das er in die Schreibmaschine einzog. Jetzt erst sah Sabine, dass da auch ein Tonbandgerät stand.

»Setzen Sie sich!«

Er wies auf den roten Stuhl. Er war herrlich bequem, aber unangenehm positioniert, denn der Stasi-Offizier konnte sie von der Seite betrachten, während sie auf die tapezierte Wand sah: cremefarbene Blumen, die sich zu einem hässlichen Rautenmuster verdichteten. Sie hörte, wie er einen Schalter betätigte.

»Ich setze Sie hiermit davon in Kenntnis, dass das folgende Gespräch auf Tonband aufgezeichnet wird. Haben Sie das verstanden?«

»Ja«, sagte sie.

»Name!«

»Sabine Freudenberg.«

Er tippte fast synchron mit.

»Geburtsdatum, Ort ...«

»4. März* 1964 in Berlin.«

»Wohnhaft ...«

»Christburger Straße 57* in 1055 Berlin.«

»Gegen Sie wurde Haftbefehl erlassen wegen des dringenden Verdachts auf einen ungesetzlichen Grenzübertritt in schwerem Fall. Das Ermittlungsverfahren wurde eingeleitet. Gemäß Paragrafen 61 und 91 der Strafprozessordnung haben Sie als Beschuldigte das Recht, alles vorzubringen, was die erhobene Beschuldigung ausräumen oder strafrechtliche Verantwortlichkeit mindern kann. Sie haben das Recht, sich von einem Verteidiger vertreten zu lassen. Sie haben das Recht, jederzeit gegen die Maßnahmen des Untersuchungsorgans Beschwerde einzulegen. Haben Sie das verstanden?«

Sabine zögerte. Sie hatte nicht alles verstanden. Was für eine Beschwerde? Gegen was? Und wie?

»Sie werden sich vom Büro Professor Vogel vertreten lassen. Ist das richtig?«

»Professor Vogel? Nein. Den kenne ich nicht.«

»Er wird sich bereit erklären, die Verteidigung zu übernehmen.«

Gehört hatte sie den Namen vielleicht doch schon einmal. Hatten die Männer mit ihm gesprochen?

»Möchten Sie Beschwerde gegen Ihre Behandlung einlegen?«, fragte der Offizier.

»Nein«, sagte Sabine.

»Sie möchten das Büro des Rechtsanwalts Professor Vogel bezüglich Ihrer Verteidigung anschreiben?«

»Nein.«

»Das Büro Vogel kann die Verteidigung nur übernehmen, wenn Sie es anschreiben.«

»Ich werde es anschreiben«, sagte sie, obwohl es gerade schwer vorstellbar war, wie sie das tun sollte.

»Möchten Sie zu der Beschuldigung Stellung nehmen?«

»Ich bin sehr müde.«

»Möchten Sie das zu Protokoll geben?«

»Wenn das möglich ist?«

Er begann wieder zu tippen – einen längeren Text, obwohl sie doch kaum etwas gesagt hatte. Die Müdigkeit war nicht behauptet. Sie lag bleiern auf ihren Gliedern.

»Was wissen Sie über den Verbleib Ihres Mannes?«

Sie überlegte. War das eine Fangfrage?

»Er ist mit dem Ballon nach West-Berlin geflogen«, sagte sie, in der Hoffnung, dass sie aus der Formulierung seiner Antwort heraushören konnte, ob es stimmte. Ihn anzuschauen, getraute sie sich nicht.

»Woher wissen Sie das?«, fragte er.

»Ich vermute es.«

»Warum?«

»Weil er …«

Sie sah doch kurz zu ihm rüber.

»… mit dieser Absicht losgeflogen ist.«

»Sie wissen also nicht, wo er ist?«

»Nein.«

»Sind Sie sicher?«

»Ja.«

»Wo haben Sie ihn zuletzt gesehen?«

»In der Luft. Am Ballon.«

Das Bild von Winfrieds Gesicht bei seinem Abflug blitzte vor ihr auf. Entsetzen, Angst, Panik. Oder war es nur Einbildung, dass sie sein Gesicht gesehen hatte? War es nicht viel zu dunkel gewesen? Der Knall, den hatte es gegeben. Wie ein Schuss, sehr laut.

Während der Mann ihre Antwort in die Maschine tippte, beobachtete sie ihn noch einmal kurz und versuchte, irgendetwas aus seinem Gesichtsausdruck herauszulesen. Der verriet nichts. Gar nichts. Das hieß: Alles war möglich. Vielleicht hatte Winfried es geschafft.

»Darf ich mit dem Rechtsanwalt sprechen?«, fragte Sabine leise.

Der Offizier schwieg. Sie spürte, wie die Röte in ihr aufstieg, und richtete ihren Blick wieder an die Wand. Betrachtete er sie jetzt?

Er tippte wieder. Sie fühlte ihre Knie. Sie schmerzten, so wie ihre Handgelenke. Im Traum gibt es keinen Schmerz, dachte sie. Sie musste sich in der Wirklichkeit befinden. Sie hörte ein Rascheln, das schwer zu deuten war. Dann wieder die Stimme des Offiziers:

»Rauchen Sie?«

»Ich habe Asthma.«

Sie hörte ein Zischen und roch verbrannten Schwefel.

5

Das Grenzsperrgebiet

Von: <Prof. Dr. Larry Boyle>
Betreff: your questions concerning GDR refugee***

Liebe Caroline,
vielen Dank für deine E-Mail. Du fürchtest, ich könnte mit deinen Fragen nach dem Sturz des DDR-Flüchtlings unterfordert sein. Im Gegenteil. Die Sache ist so komplex, dass ich dir nur eine grobe Annäherung geben kann.

Um zu bestimmen, mit welcher Kraft der Körper des armen Flüchtlings aufprallte, müssen wir zunächst die finale Geschwindigkeit bestimmen. Diese wird beeinflusst von der Fallhöhe und der Reibung (die wiederum abhängig ist von den Wetterbedingungen und der Position des Fallenden). Die höchste Geschwindigkeit eines menschlichen Körpers im freien Fall ist (bedingt durch die ansteigende Reibung) im Mittel bei ca. 1500 Metern erreicht und bleibt dann mit ungefähr 190–290 Kilometern/Stunde konstant. Der Flüchtling dürfte übrigens knapp eine Minute lang gefallen sein.

Relevant ist nun der kurze Bremsweg von 10–15 cm durch die Kompression der Erde, plus ein paar Zentimeter Körperoberfläche, die beim Aufprall zusammengedrückt wird. Das ergibt eine Bremsverzögerung von ca. $10\,000$ m/s^2 und bei 63 Kilo Körpergewicht eine Aufprallkraft von rund $63\,000$ Newton. In verschiedener Literatur wird die Auffassung vertreten, dass man einen Sturz mit einer

Bremsverzögerung bis 2000 m/s^2 gut überleben kann, danach wird es kritisch. In Einzelfällen haben Menschen einen Sturz aus Höhen von über 1500 Metern überleben können, wenn sie etwa in Bäume oder in Schnee glitten, sodass die Geschwindigkeit über eine längere Strecke ausgebremst werden konnte.

Ein Sprung aus großer Höhe ins Wasser ist noch heikler, als auf bloßer Erde zu landen, da Wasser nicht komprimiert wird, sondern nur verdrängt. Es verhält sich dabei träge. Ist die Geschwindigkeit beim Eintauchen sehr hoch, wirkt diese Trägheit der Verdrängung so stark entgegen, dass das Wasser sich wie eine steinharte Fläche verhält.

Deswegen wird selbst bei routinierten Springern ein Sprung ins Wasser ab ungefähr 70 Metern mit hoher Wahrscheinlichkeit tödlich enden.

Zu deiner Frage, wie ich, als Physiker, versuchen würde, meine Überlebenschance im Falle eines Absprungs aus großer Höhe zu maximieren:

Den Sturz ins Wasser würde ich definitiv vermeiden. Stattdessen würde ich versuchen, über einem Baum oder einem Gebüsch abzuspringen. Um eine Verletzung von Wirbelsäule oder Schädel abzuwenden, würde ich eine horizontale Position einnehmen, die Arme seitlich, das Gesicht nach unten. Ich sähe allerdings keinen Grund, vom Ballon abzuspringen, solange er fliegt. Selbst wenn er kaputt ist, erhöht er noch meine Reibung im freien Fall und bremst den Sturz aus.

Melde dich gerne, wenn neue Fragen auftauchen. Beste Wünsche. Larry.***

»Weißt du, was ich schlimm finde«, sage ich zu Ernst, der sich irgendwie den besseren der zwei reservierten Tischplätze im IC nach Magdeburg gesichert hat. Wir fahren nach Lüttgenrode.

»Dass du rückwärts fährst?«

»Auch. Ja. Aber eigentlich wollte ich dir sagen, wie deprimierend ich es finde, dass die Ostler damals dem Westen nicht Bescheid gesagt haben, dass Freudenberg jetzt rüberfliegt. Dass ihn da keiner unterstützen konnte. Kein Sprungtuch. Notärzte. Vielleicht ein Helikopter, der noch irgendwie hätte helfen können ...«

»Musik spielen bei der Landung«, sagt Ernst und reißt eine Packung Weingummischlümpfe auf. Er findet meinen Vorwurf, dass die im Osten nicht Bescheid gegeben haben, ihnen sei leider einer abgehauen, der jetzt akut Hilfe brauche, absurd und naiv. Ist er aber nicht. Einzelne Beteiligte hätten sehr wohl wagen können, sich über die Regeln hinwegzusetzen, wenn es um ein Menschenleben geht. Wahrlich kein historischer Einzelfall.

Obwohl wir uns in fast jeder Diskussion uneinig sind, haben Ernst und ich beschlossen, dem Fall Freudenberg weiter nachzugehen. Die Reise in Winfried Freudenbergs Heimat haben wir effizient geplant. Die anderthalb Stunden Zugfahrt werden genutzt, um Ernsts unlesbare Tabelle mit relevanten Fakten und Vermutungen zu vervollständigen. Dann werden wir in den vorausgebuchten Mietwagen umsteigen und zu unserem Apartment fahren, dem Startpunkt unserer Spurensuche. Auslöser für dieses »Überengagement« waren die überraschend aufschlussreichen Dokumente in der Polizeiakte, die sich – Frau Teichmann sei Dank! – tatsächlich in der Polizeihistorischen Sammlung befand. Die Kopie liegt in Ernsts Koffer.

Da ist zum Beispiel das meteorologische Gutachten zur Bestimmung von Freudenbergs Flugroute. Ein Herr Wehry legte der Polizei die Messdaten der Luftströmungen in der Nacht vom 7. auf den 8. März 1989 vor:

Um Mitternacht herrschte in Bodennähe fast reiner Ostwind (80°), 8 km/h

50

In 1500 m 35°, fast windstill
In 2000 m Höhe Wind aus Richtung Nord-Ost, Geschwindigkeit
  3,6 km/h
In 3000 m Höhe Nordwind, Geschwindigkeit 12 km/h.
Gegen 07.00 Uhr kam in Bodennähe der Wind aus Richtung
  Süd-Ost (110–120°), Geschwindigkeit 12–15 km/h.[38]

Eine Bewegung des Ballons von Nord nach Süd konnte gemäß
diesem Gutachten in Flughöhen unter 2000 Metern ausgeschlossen werden. Winfried musste also in jedem Fall höher geflogen
sein als 2000 Meter, wahrscheinlich mehr als 3000, so wie die
Zeitungen es zusammengefasst hatten. Ernst, der dieses Alp-
traumszenario gerne widerlegen würde, hat angezweifelt, dass
Herr Wehry die Strömungen so genau bestimmen konnte. Also
haben wir im meteorologischen Institut der FU angerufen und
nachgehakt. Herr Wehry ist längst pensioniert, aber ein freund-
licher wissenschaftlicher Mitarbeiter konnte mir versichern, dass
man im Jahr 1989 in der BDR längst mit Wetterballons gearbeitet hat, die bis zu dreißig Kilometer hoch Daten erfassten und
alle vierundzwanzig Stunden zur Auswertung an die Station
funkten. Weil sich die Luftströmungen in großer Höhe nur langsam ändern, dürften wir die Berechnungen des im Institut hoch
angesehenen Herrn Wehry als verbindlich betrachten.

Einem anderen Experten, Herrn Reichard*, Ingenieur und pra-
xiserfahrener Ballonfahrer, wurde von der Kriminalpolizei die
Begutachtung der Ballonkonstruktion übertragen. Für Reichard
stand fest, dass es sich um einen Gasballon handelte. Mit welchem Gas er gefüllt war, konnte Reichard nicht bestimmen. Die
Landung des Ballons schien ihm theoretisch möglich, da er an
dessen oberem Ende einen Hinweis auf die Konstruktion einer
Reißleine gefunden hatte. Der Ballon bestand laut Reichard aus
14 spitz zulaufenden Bahnen durchsichtiger Plastikplane, die

mit tesafilmartigen Klebestreifen zu dem Ellipsoid aneinandergeklebt waren. Reichard hatte entdeckt, dass eines der zusammengesetzten Einzelteile an der oberen Spitze mit einem zusätzlichen Klebeband versehen war.

Wenn man dieses nach unten abzog, öffneten sich die beiden Bahnen, sodass das Gas hätte entweichen können. REICHARD und der Unterzeichner gehen davon aus, dass am oberen Teil dieses zusätzlichen Klebebandes eine Schnur als Reißleine befestigt war, welche bis zum unteren Teil des Ballons reichte. Es wurde festgestellt, dass sich am Einfüllschlauch des Ballons mehrere Tesafilmstückchen befanden, durch welche eine entsprechende Schnur hätte geführt werden können. Diese Schnur konnte jedoch am Ballon nicht mehr aufgefunden werden.

Ernst war erleichtert, dass Freudenberg überhaupt ein Ventil eingeplant hatte. Wäre das nicht so gewesen, hätten wir Freudenberg zum Irren erklären müssen. Sogenannte deutsche Ingenieurskunst fand Reichard allerdings nicht vor:

Es besteht die Möglichkeit, dass diese Schnur von FREUDENBERG abgezogen wurde, als er versucht hat, durch die Reißleine das Entweichen des Gases aus der Ballonhülle auszulösen, um so den Ballon zum Niedergehen zu veranlassen. Nach Ansicht des REICHARD wurden nach der Betätigung der Reißleine die beiden Ballonbahnen so weit geöffnet, dass das Gas sehr schnell entweichen konnte. Dadurch entsteht ein sogenannter Verpuffungseffekt, der dazu führt, dass der Ballon sehr schnell fällt. Durch eine Windböe hat sich die Ballonhülle wieder gefüllt. Durch das noch im Ballon vorhandene Gas und die schnelle Luftzufuhr entstand eine Bremswirkung, welche dazu geführt hat, dass FREUDENBERG aus seinen Halterungen gerissen wurde und zu Boden stürzte.[39]

Das hörte sich erst plausibel an, dann wieder nicht. Wenn Winfried Freudenberg die Reißleine erfolgreich betätigt haben sollte, hätte diese eine lösbare Bahn ja heruntergeklappt sein müssen. Davon war in dem Gutachten keine Rede. Ich habe bei einem Berliner Ballonfahrtverband angerufen und mir bestätigen lassen, dass die Klappe, wäre sie einmal geöffnet worden, in diesem geöffneten Zustand hätte aufgefunden werden müssen.

Wahrscheinlicher scheint also die Variante, dass Winfried an der Reißleine gezogen hat und sie dabei abriss. Eben noch halbwegs Herr der Lage, war der Landevorgang damit von einer Sekunde auf die andere nicht mehr kontrollierbar. Aus dem Traum wurde ein Alptraum.

Eine Möglichkeit, die Freudenberg in Betracht gezogen haben musste, war, ein Loch in die Hülle zu stoßen. Das allerdings hätte einen stuntartigen Kletterakt erfordert. Die Schaukel, auf der Winfried saß, hing schließlich etwa neun Meter unterhalb des Ballons. Freudenberg hätte sich mit eiskalten Fingern bei minus sechs Grad an den Seilen hinaufziehen müssen.

Sicher ist, dass die Ballonhülle irgendwie beschädigt oder geöffnet wurde, sonst hätte der Ballon nach Freudenbergs Absturz nicht innerhalb von zwanzig Minuten absinken können, um sich im »dörren Geäst« des Baumes in der Spanischen Allee zu verheddern. Wo und wie war die Ballonhülle verletzt worden? Es bleibt unklar.

Das Gutachten ist nicht nur in dieser Hinsicht lückenhaft. Reichard glaubte, dass Freudenberg durch plötzliches Absinken aus seiner Sicherung gerissen wurde, nämlich aus seiner Lederjacke, die ihn bis dahin fest mit dem Ballonnetz verbunden hatte. Ein abgeplatzter Knopf sollte diese Hypothese untermauern.

Wir haben eine volle Stunde mit mir als Winfried in verschiedenen Jacken herumprobiert. Die einzige Möglichkeit, aus den Ärmeln zu rutschen, war, dass Ernst die Jacke nach unten riss. Dabei war es unvermeidlich, dass sich die Ärmel der Jacke auf links drehten. Auf dem Tatortfoto mit dem Ballon im Baum sieht man allerdings, dass die Jacke richtig herum am Ballon hing. Wir mussten diese Theorie also verwerfen. Es bleiben zwei Möglichkeiten: Freudenberg hatte sie beim Start gar nicht an. Oder: Er zog sie freiwillig aus. Zum Beispiel weil er abspringen wollte.

Das Absprungszenario haben wir ebenfalls durchgespielt. Die Ballonhülle hätte – auch im kaputten Zustand – die Überlebenschancen erhöht, weil sie die Reibung beim Herabfallen deutlich vergrößert hätte. Hinzu kommt, dass er als Ingenieur gewusst haben muss, dass ein Sprung ins Wasser aus mehr als hundert Metern Höhe einem Sprung auf Beton gleichkommt. Auch einen Sprung ins Gebüsch würde er kaum gewagt haben. Und überhaupt: Wäre er wirklich freiwillig in den Tod gesprungen, nur weil er in zwei Kilometer Entfernung die Grenzlichter sah?

Der Ballon kam Reichard insgesamt zu voluminös vor, mit einer unnötig großen Auftriebskraft. Seine Schlussfolgerung ist interessant:

Es könnte sein, dass beim Starten des Ballons ein noch höheres Ballastgewicht (evtl. durch eine zweite Person) vorhanden war. Als dieses fehlte – ganz gleich aus welchen Gründen –, erhielt der Ballon sofort einen nicht vorhersehbaren Auftrieb.[40]

War es Sabine, die da überraschend fehlte? Die Frauenkleidung und die Dokumente von Sabine Freudenberg wiesen darauf hin, dass sie als Passagierin eingeplant war. Gegen diese Theorie sprach nur, dass sich kein zweiter Sitz am Ballon befand.

Natürlich verleitet so ein Gutachten dazu, Rückschlüsse auf die Persönlichkeit des Ingenieurs Freudenberg zu ziehen. So wie ein Kunstwerk etwas über die Persönlichkeit seines Schöpfers oder seiner Schöpferin verrät, sagt ein selbst gebauter Gasballon etwas über den Ingenieur aus, der ihn entworfen und hergestellt hat. Wie groß war sein technisches Know-how? Wie weitsichtig plante dieser Mensch? Unser Fazit ist an dieser Stelle: Der Ballon war gut durchdacht, doch nicht voll funktionstüchtig.

Weil sein Fluggerät, selbst nach allen Regeln der Kunst gebaut, keinen sicheren Überflug garantieren konnte, bleibt die andere zentrale Frage: Wie fand Freudenberg zu der Entscheidung, in einem derart gefährlichen Akt über die Mauer zu fliehen? Welchem politischen Druck war dieser Mensch höchstpersönlich ausgesetzt?

Bei der Suche nach Antworten stießen wir in der Polizeiakte auf ein hochinteressantes Dokument, das weder von der Presse zitiert noch von Frau Teichmann erwähnt worden war. Der Ballonflug war zu unserem großen Erstaunen nicht Winfrieds erste Reise in die BRD gewesen. Winfried Freudenberg hatte Westdeutschland nur sechs Monate vor seiner Flucht schon einmal besucht.

Belegt wird das durch die Aussage eines Herrn Ulrich Jäger*, der in der Nähe von Frankfurt am Main wohnte. Er meldete sich drei Tage nach Winfrieds Absturz bei der Wiesbadener Polizei:

betreff: ballonabsturz aus der ddr durch winfried freudenberg.

am 11.3.89 erschien der deutsche staatsbürger jäger, ulrich ludwig ingo herbert, geboren am 24.06.58 in Uthleben*, whft. in 6374 Steinbeck* […]

er erklärte, ein studienfreund des beim fluchtversuch aus der ddr abgestuerzten winfried freudenberg zu sein. dieser habe ihn anlaeszlich eines besuches in der bundesrepublik deutschland im september 1988 von seiner geplanten flucht erzaehlt.[41]

Diese Information hat uns extrem irritiert. Laut Aussage dieses Herrn Jäger hatte Winfried im Herbst 1988 die BRD bereisen dürfen. Statt einfach dort zu bleiben, kehrte er zurück in die DDR, um mit seinem selbst gebauten Ballon über die Berliner Mauer zu fliehen. Kaum zu glauben, dass Frau Teichmann diese

Information nicht mehr präsent hatte. War sie nicht entscheidend für das Verständnis seiner Tat?

Ernst hat sich überhaupt nicht mehr eingekriegt:

»Der war im September 88 im Westen! Und ist nicht dageblieben.«

»Es muss mit seiner Frau zu tun haben«, habe ich vermutet. »Er hat die einen Monat später in der DDR geheiratet. Die sollte mitfliegen. Ob mit Sitz oder ohne. Was weiß ich.«

am 8.3. gegen 13.30 uhr, habe seine ehefrau maria jäger*, geb. 11.05.66 in Spremberg*, einen anruf von einem herrn ahnert (phon.) erhalten, der sich nach ihrer beziehung zu freudenberg erkundigte und ob sie von einer geplanten flucht wisse. frau jäger ist der meinung, dasz sich der anrufer mit »bundeskriminalamt« meldete. er gab die rueckrufnummer 030 699 36 185 bzw. -83 an. dem anrufer gegenueber bestritt frau jäger jegliche kenntnis von dem fluchtversuch, da sie befuerchtete, dasz die telefonleitung nach berlin durch die ddr-behoerden abgehoert werden oder es sich um einen anruf aus der ddr handeln könnte. das paar jäger stammt selbst aus der ddr und rechnet mit moeglichen repressalien gegen die noch in der ddr befindliche frau freudenberg sowie gegen eigene verwandte.

herr jäger erklärte ausdrücklich, er und seine frau stuenden den bundesdeutschen behoerden bei ermittlungen in dieser sache jederzeit zur verfuegung.

jäger wurde zugesichert, dasz ueberprueft wird, ob es sich bei dem anrufer tatsaechlich um einen bundesdeutschen polizeibeamten gehandelt hat und dasz fuer den fall, dasz weitere ermittlungen in dieser sache erforderlich sein sollten, eine kontaktaufnahme durch die fuer seinen wohnort zustaendigen polizeibehoerden erfolgen wird.[42]

Ernst hat kurzerhand versucht, die Privatnummer von Ulrich Jäger aus dem Jahre 1989 anzurufen, aber sie existierte nicht mehr.

Ich habe herausgefunden, dass eine Frau namens Maria Jäger eine naturheilkundliche Arztpraxis im Raum Frankfurt führt, die leider gerade wegen der Ferien geschlossen ist. Ich habe aufs Band gesprochen, dass ich die Ärztin – ohne Angabe von Gründen – um Rückruf bitte.

Dank Ernsts halsbrecherischem Fahrstil sind wir schneller am Zielort, als das Navi ausgerechnet hat. Unsere Ferienwohnung liegt in einem Nachbardorf von Lüttgenrode. Gepflegte Fachwerkhäuser, umgeben von großen Gärten mit Blick in die Weite der Landschaft. Das also ist die andere Seite der Grenze, denke ich. Hier ist das Land dieser suspekten DDR-Bürger, die versteckt hinter den Zäunen und Selbstschussanlagen lebten. Beschämend, dass ich diesen Teil der ehemaligen DDR erst ein Vierteljahrhundert nach der Grenzöffnung besuche. Es ist schön hier. Schöner als im Westharz, den ich nie besonders mochte. Lieblicher und grüner.

Die Vermieterin unserer Ferienwohnung ist eine »Zugezogene«. Ihr Mann, Professor von Bruchhausen*, hat an der Universität Braunschweig Kulturwissenschaften unterrichtet und ist jetzt pensioniert. Frau von Bruchhausen* gibt eine stolze Professorengattin ab: schneeweiße Hose zu blau-weiß gestreifter Bluse. Blonder Pagenschnitt. Sie hat sich vor zwölf Jahren in das schöne Bauernhaus verliebt und konnte es für wenig Geld kaufen.

»Es wollte niemand hier rüberziehen.«

Mit einem obsessiven Faible für gemütliche Dekoration hat sie es zu einer gut gehenden Pension mit angeschlossenem Café ausgebaut. Unser verwinkeltes Zweizimmer-Apartment ist mit Antiquitäten und bequemen schwedischen Betten ausgestattet. Über meinem Nachttisch hängt ein Regal mit einer kleinen Ferienbibliothek: Commissario Brunetti, die Obama-Biografie und *Mord-Ost*, Krimi-Kurzgeschichten aus Sachsen. Vom Balkon aus schaue ich in den bunten Blumengarten, wo die Hummeln brummen. Frau von Bruchhausen serviert uns dort, im Schatten duftender Fliederbüsche, einen frisch gebrühten Begrüßungskaffee in goldumrandeten Sammeltassen.

»Es hat lange gedauert«, sagt sie, »bis die Leute aus der Umgebung mich angenommen haben. Die Touristen aus dem Westen waren sofort da. Hier war ja nichts zum Einkehren. Also, nichts Schönes.«

Ein bekanntes Problem des Nachwende-DDR-Tourismus: Besucher aus dem »Westen« klagen jetzt noch darüber, wie schwierig es sei, in der Ex-DDR ansprechende Restaurants mit zeitgemäßer Speisekarte zu finden. Umgekehrt das Unverständnis der Betreiber, mit welch überzogenen Ansprüchen die verwöhnten Westler ihnen entgegentreten.

»Inzwischen haben auch die Einheimischen eingesehen, dass zugezogene Wessis immerhin der Landflucht entgegenwirken. Wir bringen Geld mit. Ich habe zwei Minijobber in der Pension. Ich beschäftige Handwerker. Na, und es ist eben auch einfach ein wunderbarer Ort geworden, an dem man sich gerne aufhält. Finden Sie nicht?«

»Doch, natürlich. Wunderschön!«

»Der eine oder andere Dorfbewohner sitzt hier jetzt auch mal und freut sich über selbst gebackenen Kuchen. Mit Butter. Nicht mit Margarine.«

Nicht nur von Bruchhausens blühendes Idyll ist wunderschön, auch die Landschaft drum herum: sanfte Hügel, große Felder, helle Laubbäume. Die Bauernhäuser sind in auffallend gutem Zustand, oftmals denkmalgerecht aufgearbeitet. Der Ostharz kontert dem Vorurteil vieler Wessis, dass der ästhetische Verfall der DDR überall noch sichtbar ist. Frau von Bruchhausen findet es super, dass wir hier in der Gegend eine Recherchetour machen, und will sofort hilfreich mitmischen. Obwohl wir so bald wie möglich nach Lüttgenrode aufbrechen wollten, duldet sie keine Widerrede und zitiert mit ihrem kleinen weißen Klapptelefon einen Bekannten aus dem Dorf heran, der uns mit auf einen Spaziergang nehmen soll.

Jürgen Plassner ist ein hagerer kleiner Mann im karierten Hemd, weit über siebzig und kerngesund. Während wir mit ihm zum Grenzstreifen spazieren, erzählt er ein bisschen von sich. Er ist hier aufgewachsen, bewohnt mit seiner Frau einen der kleineren Bauernhöfe im Dorf, hält als Rentner aber nur noch ein paar Hühner und Hasen.

»Von der Seite da wurdest du schon kontrolliert, wenn du ins Dorf rein- oder rauswolltest«, sagt er und zeigt auf einen kleinen Platz mit Schlagbaum.

»Na, und in die andere Richtung war die Grenze. Konnteste drauf gucken. Hat aber keiner gemacht.«

Wir schauen auf einen breiten Streifen funktionsloser Wiese. Dahinter liegt das ehemalige Westdeutschland, damals unerreichbar hinter hohen Zäunen.

»In Wiedelah haben sie die Grenzanlagen stehen lassen«, sagt Plassner. »Da gab's so Leute, die wollten das unbedingt.«

Er erklärt uns die Besonderheiten der Region, in der wir uns befinden: Das war das Grenzsperrgebiet. Dazu zählte ein Landstreifen rings um die ganze DDR, der an die Bundesrepublik, Polen oder die Tschechoslowakei stieß. Diese Gebiete wurden noch einmal zusätzlich – zum Inland der DDR hin – abgesperrt. Das heißt: Um das Grenzsperrgebiet, in dem auch Freudenbergs Heimatort Lüttgenrode lag, betreten oder befahren zu dürfen, brauchte jeder DDR-Bürger einen Passierschein. Es gab mehrere Kontrollstellen mit Schlagbaum. Jedes Mal, wenn man eine solche Kontrolle passierte, musste man seine Berechtigung vorzeigen.

»Man kannte den einen oder anderen ja von abends in der Kneipe, oder man war zusammen in die Schule gegangen. Aber da wurde keine Ausnahme gemacht.«

Freunde, Verwandte, Bekannte, die die Bewohner des Grenz-sperrgebiets besuchen wollten, mussten einen Antrag stellen und erhielten nach einer Bearbeitungszeit, die mehrere Wochen dauern konnte, eine befristete Genehmigung.

Innerhalb des Sperrgebiets konnte man sich – auch als An-wohner – immer noch nicht frei bewegen. Der Passierschein galt jeweils nur für einen Kreis.

»Man gewöhnt sich an alles«, sagt Plassner. »Man war eben mehr so auf die Familie und die Nachbarn konzentriert. Raus-fahren durfte man ja, also hinter Osterwieck, ins Gebiet der DDR. Da konnte man sich frei bewegen.«

Anders als in beinahe allen anderen schönen Dörfchen und Städtchen der DDR findet man hier im Sperrgebiet keine Plat-tenbauten oder hässlich verbastelten Bauernhöfe, die zu Mehr-familienhäusern umfunktioniert wurden. Ziel der staatlichen Be- und Entsiedlungspolitik war, dass diese Gegend spärlich be-wohnt bleibt.

»Ursprünglich wollten sie wohl, dass ein Streifen mit einer Breite von fünf Kilometern mehr oder weniger leer gezogen wird. Das hat nicht so richtig geklappt. Hier jedenfalls nicht. Man war ja auf die Landwirtschaft angewiesen.«

Nun könnte man meinen, die Bewohnerschaft des Sperrgebiets bestand im Wesentlichen aus solchen Menschen, die aus ideo-logischen Gründen so staatstreu waren, dass sie niemals abhauen würden. Plassner sieht das anders: Die Bauernfamilien waren über ihre Höfe und das dazugehörige Land sehr heimatverbun-den, wahrscheinlich mehr als andernorts in der DDR, und zwar aus einem ganz besonderen Grund: Die Familien mussten zwar ihr Land an eine Landwirtschaftliche Produktionsgenossenschaft verpachten und sich der Kollektivierung unterwerfen, durften aber ihre Häuser behalten und einen kleinen Teil des Bodens selbst bewirtschaften. So fand man hier eine Auswahl an Be-wohnern vor, die über ihre Familientradition in der Region fest verwurzelt waren und nicht bereit gewesen wären, die Heimat leichtfertig aufzugeben.

Viele Bauern und Bäuerinnen renovierten liebevoll die von ihnen bewohnten Häuser, die ihren Familien jahrhundertelang gehört hatten, statt sie – so wie viele andere Mieter in der DDR – nur notdürftig zu reparieren. Dass die schönen Holzfenster aufgearbeitet wurden und das Fachwerk denkmalgerecht renoviert, geschah laut Plassner allerdings nicht unbedingt aus Liebe und Tradition, sondern aus Materialmangel:

»Es war ja alles schwer zu bekommen. Neue Fenster waren sehr begehrt. Also haben viele das Alte gelassen. Was Sie jetzt sehen, ist später schick gemacht worden.«

Dass so viele Häuser einer Ortschaft über mehrere Generationen in Familienhand blieben, ist für ehemalige DDR-Dörfer untypisch.

»Es gab natürlich auch Vergünstigungen für uns«, gibt Plassner zu. »Fünfzehn Prozent mehr Lohn bekam man, wenn man im Sperrgebiet wohnte. Nicht zu verachten. Und die kleinen Konsumläden wurden ein bisschen besser beliefert. Na ja, ich sag mal, gab's eben ab und zu ein paar Apfelsinen mehr. Und sicher war es hier. Du hast immer die Tür offen stehen lassen. Einbruch, Diebstahl, all so was gab es hier nicht.«

Aha. Wie ein Regimekritiker spricht er mit diesem Lobgesang nicht gerade, aber nachvollziehbar ist das schon. Was kotzt es mich an, dass ich jedes Mal, wenn ich meine Berliner Wohnung verlasse, die Haustür dreifach abschließen muss. Wenn ich ein wichtiges Dokument auf dem Laptop habe und übers Wochenende verreise, lege ich es immer noch mal im Internet ab, für den Fall, dass mein Computer geklaut wird. Heute weiß man, dass es in der DDR nicht signifikant weniger Straftaten gab als in der BRD. Aber was das Grenzsperrgebiet angeht, dürfte man dort vor Diebstahl und Einbruch tatsächlich sicher gewesen sein.[43]

Plassner erzählt, dass er als junger Erwachsener den Militärdienst verweigert und dafür ein paar Monate im Gefängnis gesessen hatte. Darum stand er unter kritischer Beobachtung.

»Wie ich dann meine Frau kennenlernte, da wohnte sie noch außerhalb des Sperrgebiets. Da kam eines Tages der Abschnittsbevollmächtigte auf mich zu ...«

»Der Dorfpolizist«, übersetzt Ernst, dabei wusste ich das sogar. Plassner nickt. »›Sach ma‹, sacht er. ›Du willst doch bestimmt, dass deine Freundin hier mal herkommt oder eines Tages hier reinzieht. Das wäre natürlich möglich, unter der Bedingung, dass du Polizeihelfer wirst.‹ Ich kann Ihnen sagen: War ich nicht scharf drauf. Aber was machen Sie da? Wie verhalten Sie sich in so einer Situation?«

»Polizeihelfer?«, frage ich.

»Das waren die freiwilligen Helfer der Volkspolizei«, erklärt Plassner. »Gab es in jedem Dorf, jeder Stadt. Falls Unterstützung gebraucht wird. Das ging aber auch darum, dass man immer ein bisschen die Augen und Ohren offen hält.«

Plassner freundete sich widerwillig mit seiner neuen Aufgabe an, und seine Freundin bekam den Dauerpassierschein.

»Und dann bist du drin in dem Kreis. Und so weiter«, sagt er. »Schwierig.«

Ich denke, Herr Plassner trägt ein paar unschöne Erinnerungen mit sich herum, die er verständlicherweise nicht mit uns teilen möchte.

»Haben Sie irgendwann mal an Flucht gedacht?«, frage ich. »Also, haben nicht alle, die hier wohnten, mal an Flucht gedacht, so greifbar nah wie der Westen hier war?«

»Nee«, sagt er, »wir wussten ja, hier ist alles vermint. Oder: Wir gingen davon aus. War es gar nicht, wie sich später herausstellte. Genau hier, in diesem Streifen, nicht. Aber das wussten wir nicht. Man hatte eher darauf gehofft, dass sie einen besseren Zaun ziehen, zum Westen hin. Richtig hoch. Dass du da wirklich nicht rüber kommst. Dass sie zur DDR hin das Sperrgebiet wieder aufmachen können. Dass du keinen Passierschein mehr brauchst! Aber Flucht, Abhauen … kam nicht in Frage. Wurde auch nicht drüber gesprochen. Und wenn doch, dann war was los. Ein Bekannter von mir, der hat den einen Abend in der Kneipe ein Bier getrunken und gesagt: ›Ach, ich hau jetzt ab. Macht es gut. Tschüss.‹ Der wollte nach Hause gehen. Der ist auch nach Hause gegangen. Da haben sie ihn abgeholt und eingesperrt, noch am selben Abend: ›Du hast gesagt, du wolltest abhauen.‹ Der hat sich um Kopf und Kragen geredet, hatte sich ja wirklich nur verabschiedet. Darum ging's aber gar nicht. Die haben das gemacht, damit klar ist: ›Wir wissen alles. Seid bloß vorsichtig!‹«

War das der Anlass für Winfried Freudenberg, den Umweg über Berlin zu gehen? Stand man hier im Sperrgebiet so minutiös unter Beobachtung, dass man schon bei dem Gedanken an Flucht hätte fürchten müssen, die anderen hätten es an der Gestik und Mimik ablesen können?

Ich frage Plassner, ob er Winfried Freudenberg aus Lüttgenrode kannte.

»Ja, klar«, sagt Plassner. »Der ist da in Lüttgenrode und Osterwieck mit seinem frisierten Moped rumgeknattert. Der arme Teufel. Wieso fragen Sie?«

»Wir recherchieren seine Geschichte«, sagt Ernst.

»Ach ja? Fernsehen?«, fragt Plassner neugierig.

»Vielleicht geht's eher Richtung Theater …«, weicht Ernst aus. Das höre ich selbst zum ersten Mal, aber für Plassner klingt's erst mal gut.

»Waren Sie denn schon auf seinem Hof?«, fragt er.

Ernst und ich sehen uns an.

»Wer wohnt denn da jetzt?«, frage ich.

»Na ja, die Freudenbergs.«

»Wir sollten los«, sagt Ernst, aber Plassner besteht drauf, dass wir kurz bei seinem eigenen Haus vorbeigehen. Sein romantisches Bauernhaus mit Blumengarten und glücklichen Hühnern liegt nur fünfzig Meter hinter der Pension von Bruchhausen. Zum Abschied schenkt er uns zwölf Eier mit pastellgrüner und blauer Schale.

»Keine Angst. Sind von innen gelb und weiß.« Es ist beschämend, wie nett der gemächliche Herr Plassner zu uns ungeduldigen Städtern ist.

Der Hof in Lüttgenrode ist schnell gefunden. Ich parke den schwarzen Leihwagen am Straßenrand vor der Einfahrt.

»Sonnenbrille ab!«, kommandiert Ernst.

Hinter dem Hoftor hört man einen Trecker.

»Geh du erst mal allein!«

»Hä? Wieso?«

»Frauen wecken mehr Vertrauen.«

»Das sind ja Stasi-Methoden.«

»Genau.«

Ernst folgt mir, bleibt aber hinter einem Pfosten am Eingangstor stehen. Ohne meine gefälschte Luxus-Sonnenbrille aus Marokko fühle ich mich nackt. Ich wage trotzdem einen Schritt auf das Kopfsteinpflaster, um nach dem vermeintlichen Trecker zu gucken, der eigentlich ein Radlader ist. Am Steuer sitzt ein weißhaariger Mann in Latzhose. Weil er damit beschäftigt ist, einen Heuballen in der Scheune abzusetzen, sieht er mich nicht, wendet und will wegfahren. Ich sprinte hinterher und winke, bis er endlich anhält. Den Motor lässt er laufen. Ich recke den Kopf nach oben und brülle:

»Entschuldigung! Wir sind auf der Suche nach Leuten, die den Winfried Freudenberg gekannt haben. Sie sind nicht zufällig …?«

»Reinhold Freudenberg«, sagt er freundlich, von oben herunter. Volltreffer.

»Presse?«

»Nein. Nein. Wir recherchieren Winfrieds Geschichte. Aus Interesse sozusagen. Vielleicht für ein Theaterstück.«

»Kommen Sie kurz nach halb sechse rum, dann können wir uns unterhalten.«

Kaum habe ich zugestimmt, knattert er mit dem Radlader davon.

Ernst, der in Berlin nur Fahrrad fährt, rast mit flensburgverdächtiger Geschwindigkeit zurück zum Apartment, kocht sich einen starken Nescafé und vertieft sich noch einmal in die Polizeiakte. Ich soll die Gesprächsführung übernehmen. Er will eine Liste von Themen zusammenstellen, die ich nicht vergessen darf.

»Du kannst ja auch mal was fragen«, sage ich.

»Ja, ja«, sagt er. »Sowieso.«

Er will immer alles komplett durchgeplant wissen. Ich verdrücke mich mit meinen Badesachen und dem Autoschlüssel. Meine Vorbereitung ist bei diesen Temperaturen ein kühles Bad. Die nächste Gelegenheit ist der Schladener Teich, drüben im Westen, wo man – ich freue mich plötzlich daran – einfach so hinfahren kann. Siri kennt den Weg.

Ich tauche eine halbe Stunde durchs kalte Wasser und lasse mich auf der geharkten Wiese zwischen Dorfjugendlichen, viel zu jungen Muttis und kleinen Kindern mit ketchupverschmierten Mäulern von der Sonne trocknen. Für die Knirpse hier liegt das Ende der deutschen Teilung so weit zurück wie für meine Generation das Ende des Nazidiktatur. Verrückt, wie sehr man die Grenze noch spürt.

6

Liebe

Sabine saß auf ihrem Hocker und betrachtete den Wasserbecher in ihrer Hand. Sie hatte weder Hunger noch Durst. Außerdem würde sie seltener auf die Toilette gehen müssen, wenn sie so wenig wie möglich zu sich nahm. Ihr Bauch schmerzte. Sie sah zu ihrer Zellengenossin Silvia*, die, rücklings auf dem Boden liegend, gymnastische Übungen machte. Ihr seidiges schwarzes Haar fiel nach hinten und gab den Blick auf das helle, glatte Gesicht frei. Mit geschlossenen Augen führte sie das rechte Bein nach oben und ließ den Fuß kreisen, bevor sie es ganz langsam wieder sinken ließ und die Übung mit dem linken Bein wiederholte. Sabine befand den Moment für günstig, stand auf und ging zur Kloschüssel. Sie ließ die kratzige Trainingshose herunter, dann die lächerliche Unterhose, und setzte sich. So schnell wie möglich versuchte sie, ihr großes Geschäft zu verrichten. Es gab keinen Menschen auf der Welt, vor dem sie das nicht als beschämend empfunden hätte. Eilig spülte sie. Es roch.

»Entschuldigung«, sagte Sabine, ohne aufzuschauen, und ging zurück zu ihrem Hocker.

»Wir dürfen uns nicht schämen«, hörte sie Silvia sagen und verstand sofort, dass damit nicht nur die Toilettengänge gemeint waren. »Wir haben nichts verbrochen!«

Sabine lächelte dankbar. Silvia zeigte so viel Selbstsicherheit, dass Sabine dachte, sie sei sicher nicht das erste Mal hier.

Als sie gestern Abend zu Silvia in die Zelle gesperrt worden war und die Schritte des Wärters verklungen, hatte Silvia sie begrüßt und ihr freimütig erzählt, dass sie hier in Pankow sei, weil sie mit ihrem Mann Bernd zusammen das Land verlassen wollte. Sie hatte keine Einzelheiten ihres Fluchtversuchs preisgegeben, nur dass sie und Bernd zusammen verhaftet wurden und dass sie fühle, dass er auch hier sei, im selben Gefängnis. Seitdem war Sabine der Gedanke nicht aus dem Kopf gegangen, dass Winfried aufgehalten und ebenfalls hierhergebracht worden sein könnte. Spüren tat sie es nicht, aber es war plötzlich möglich. Wahrscheinlicher war, dass er es geschafft hatte, in West-Berlin zu landen. Dass man ihn gestern Abend als glücklichen Ballonpiloten in der *Tagesschau* hatte sehen können. Würde er öffentlich machen, dass seine Frau noch in der DDR war? Würde er alles Menschenmögliche tun, um sie nachzuholen?

»Warum bist du hier?«, hatte Silvia in die Dunkelheit hinein gefragt, nachdem sie selbst so viel offenbart hatte.

»Ich habe eine Erklärung unterschrieben …«, hatte Sabine angedeutet. Es war untersagt, über die Tat zu sprechen. »Du nicht?«

»Ein Gesetz, das uns verbietet, über uns selber zu sprechen, hat für mich keinen Bestand. Sie wollen nur, dass wir die Erinnerung verlieren.«

»Vielleicht ist das gut so«, hatte Sabine gesagt.

»Nein! Und es funktioniert auch nicht.«

Silvia war voller Optimismus. Sie ermutigte Sabine, mehr zu essen. »Es ist unsere Pflicht, gesund zu bleiben. Gerade wir!«

Als gestern Nacht Stille auf dem Flur eingekehrt war, da war Silvia aus ihrem Bett aufgestanden und zu dem Lichtschacht gegenüber der Tür getreten. Das war kein Fenster, sondern ein Konstrukt aus Glasbausteinen, das man kippen konnte. Was sich dahinter befand, wussten sie nicht, aber man spürte einen kühlen Luftzug, und es gab nachts einen gelblichen Schimmer, der etwas Licht in die Zelle brachte, sodass Sabine Silvias Silhouette hatte erkennen können. Sie hatte an der Öffnung verharrt und dann, ganz plötzlich, hinausgerufen:

»Ich – bin – hier!«

Sie hatte ihr Ohr an die Öffnung gehalten, bis endlich, ganz leise, eine Antwort zu ihnen drang: »Ich – bin – hier.« Bernd.

Silvia war schnell zurück zu ihrer Pritsche gehuscht und hatte stumm geweint. Vor Freude. Es war so rührend und so hoffnungsstiftend, dass Sabine auch weinen musste. Schritte. Die Tür. Licht an:

»Hat eine von Ihnen durch das Fenster gerufen?«

Sie hatten den Wärter mit erschrockenen Unschuldsaugen angeschaut, bis er wieder ging.

»Fenster …«, hatte Silvia verächtlich wiederholt. Und dann gelächelt: »Danke.«

7

Freudenbergs Hof

Reinhold Freudenberg ist ein ruhiger, schwerer Mann mit großen Händen und väterlichem Lächeln – ein Bauer wie aus dem Bilderbuch, so auch sein Haus und der kopfsteingepflasterte Hof mit der schönen Terrasse, auf der wir sitzen. Vor uns plätschert ein kleiner Springbrunnen, der für angenehmen Sprühregen sorgt. Von ferne hört man Kühe, Schafe, Hühner; ein Motorrad knattert irgendwo da hinter dem Hügel über die geschwungene Landstraße. Reinholds Frau Heidrun erzählt, dass morgens Rehe in den Garten spazieren. Als sie vorgestern beim Abendbrot saßen, hat ein Waschbär durchs Küchenfenster hereingeschaut.

»Man hat schon so einiges durchgemacht!«, seufzt Reinhold. Er ist kein Freund ausschweifender Berichte und belässt es gerne bei Andeutungen. Wir stellen viele Fragen, die er trotzdem geduldig beantwortet. Grundsätzlich nimmt er das Interesse an sich, seiner Familie und seinem Bruder sehr ernst.

Reinhold lebt seit seiner Geburt in Lüttgenrode. Er ist Landwirt, so wie seine Eltern Rudolf und Inge es waren. 1989 war er längst verheiratet und versorgte eine Kleinfamilie, hier auf dem elterlichen Hof. 1994 trennte er sich von seiner ersten Frau und lernte Heidrun kennen, die er sechs Jahre später heiratete. Sie zog zu ihm, nicht umgekehrt.

Es ist eine Art Naturgesetz, dass das zweitgeborene Kind, in diesem Fall Winfried, sich Nischen sucht, die vom älteren Geschwister nicht besetzt sind. Man darf vermuten, auch in Anbetracht seiner Flucht, dass Winfried umtriebiger war als sein sesshafter Bruder.

Die bäuerliche Tradition der Familie Freudenberg reicht mindestens bis ins 17. Jahrhundert zurück. Man könnte denken, dass Inge und Rudolf Freudenberg die neue sozialistische Regierung ab 1949 nicht gerade umarmten. Aber so ganz schlecht ging es ihnen nicht. Die Bodenreform 1945 hatte die Familie gut überstanden. Enteignet wurden von den sowjetischen Besatzern nur Nazi-Größen, Kriegsverbrecher und Großgrundbesitzer mit mehr als hundert Hektar Land.[44] Das betraf die Freudenbergs nicht. Rudolf besaß den Lüttgenroder Hof mit sechzehn Hektar, Inge ein Bauernhaus mit vierzig Hektar Land, dazu ein paar Äcker hinter der damals noch geöffneten Grenze, in der englischen Besatzungszone. Der größere Hof, das Erbe Inges, wurde 1954 zwangsweise in die LPG überführt. Das Haus musste geräumt werden. Es wurde vermietet und das ganze Anwesen derart heruntergewirtschaftet, dass Inge ihr Haus und das Land später freiwillig dem Staat übereignete. Der Familie blieben Rudolfs Haus mit den sechzehn Hektar für Kartoffel-, Weizen- und Futteranbau, Milch- und Fleischwirtschaft.

Über den Hof durften die Freudenbergs bis Anfang 1961 frei verfügen. Dann kam die Zwangskollektivierung. Wie fast alle Bauern der DDR wurden die Freudenbergs dazu gedrängt, sich einer LPG anzuschließen.[45] Entscheidungen wurden nun im Kollektiv mit anderen Bauern getroffen und Prozesse von oben vorgegeben. Auch damit ließ es sich zunächst ganz passabel leben, denn die Freudenbergs durften als LPG-Mitglieder Typ 1 den Hof privat bewirtschaften.

»Einen Teil der Erzeugnisse musstest du ja abgeben, das ›Soll‹. Wenn du es hingekriegt hast, dein Soll zu erfüllen, dann konntest du darüber hinaus so viel produzieren, wie du wolltest«, erzählt Reinhold. »Die haben dir alles abgenommen. Da gab es noch eine Wertschätzung, sag ich mal. Heute kannst du auch so viel produzieren, wie du willst, aber du wirst nur eine begrenzte Menge los. Weil man eben lieber aus Ländern importiert, wo die Arbeitskräfte billiger sind, statt dass das Land sich selbst versorgt.«

Am 13. August 1961 wurden von einem Tag auf den anderen die Grenzen dicht gemacht. Inges jüngere Schwester Gertrud lebte bereits in Bad Pyrmont. Sie war nun »Westdeutsche«, während Inge mit Rudolf und ihren zwei Söhnen als »Ostdeutsche« in der DDR »gefangen« war. Die ältere Schwester, Erika, blieb ebenfalls in der Nachbarschaft.

Der Alltag der Freudenbergs wurde zunehmend vom politischen System beeinträchtigt. 1975 wurden die vielen kleineren LPGs in Lüttgenrode und Umgebung zu wenigen großen zusammengeführt. Jeder Betrieb musste sich nun auf bestimmte Erzeugnisse spezialisieren. Die Freudenbergs wurden gezwungen, die private Produktion von Gemüse, Milch und Fleisch auf dem Hof für Selbstversorgung und Nebenerwerb weitgehend einzustellen. Das war ein starker Eingriff.

Der Familie gelang es erneut, nicht zu jammern. Reinhold hatte eine Lehre mit berufsbegleitendem Abitur gemacht und studierte danach Landwirtschaft in Halle. Er lernte, wie und warum man in sozialistischer Manier den Boden des Arbeiter-und-Bauern-Staats bewirtschaftete, nahm eine Arbeit in der heimischen LPG auf und schaffte es, deren Vorsitz zu übernehmen. Nun konnte er sich persönlich dafür einsetzen, dass die verbleibenden Höfe in der Umgebung nicht heruntergewirtschaftet wurden. Sein jüngerer Bruder Winfried war gewissermaßen von der Last befreit, die Tradition der bäuerlichen Vorfahren fortzuführen. Er durfte anderen Interessen folgen und ausfliegen. Einen Schicksalsschlag erlitt die Familie, als die Mutter, Inge, 1979 überraschend starb. Während die ausgewanderte Bad Pyrmonter Schwester Gertrud noch weit über neunzig Jahre alt wurde, erkrankte die gerade mal fünfzigjährige Inge an Leberkrebs.

»Und die dritte Schwester ist an der gleichen Krankheit gestorben«, sagt Heidrun, »auch Leberkrebs. Drei Tage vorher. Obwohl sie acht Jahre älter war.«

»Wo lebte die denn?«

»Gleich hier. Ein paar Häuser weiter.«

»Und das war sicher Krebs?«

»Ja, ja. Ganz sicher«, sagt Reinhold.

Innerhalb einer Woche wurden beide Frauen beerdigt. Der Verdacht auf eine Kontamination durch Benzol oder Schwermetalle liegt für mich nahe – in der DDR keine Seltenheit. Aufgeklärt wurde die Koinzidenz von der Familie nicht. Was hätte das geändert? Mutter und Tante konnte man nicht mehr zurückholen, und der Rest der Familie hatte glücklicherweise nichts abbekommen.

Umso mehr Verantwortung lastete auf Reinhold, der mit seinem Vater zusammen den Hof führte. Er gibt zu, dass er zur Vorbereitung seiner LPG-Karriere, die der ganzen Familie zugutekam, in die SED eingetreten war.

»›Reinhold, jetzt musst du schon in die Partei eintreten‹, haben sie gesagt. ›Sonst kannst du den Vorsitz nicht bekommen.‹ Das habe ich dann auch gemacht. Es ging gar nicht anders.«

Er vermittelt uns den Eindruck, dass er sich dem System weniger aus Überzeugung denn aus Pragmatismus anpasste.

»Auf der anderen Seite war das ganz vernünftig mit der Planwirtschaft, sag ich mal. Das hat schon ganz gut funktioniert.«

Für ihn jedenfalls. Seine Wendigkeit sollte die Familie weiterhin vor Schaden bewahren. Viele Bauern erlitten nach dem Zusammenbruch des Sozialismus 1989 bis 1990 Arbeitslosigkeit und Verarmung. Reinhold nicht. Bald nach dem Mauerfall zog er seinen Hof aus der Lüttgenroder LPG raus, also kurz bevor sie zusammenklappte. Er kaufte den ehemaligen Hof seiner Mutter für wenig Geld zurück und konnte bei der Auflösung der

Lüttgenroder LPGs mit günstigen Krediten weiteres Land erwerben.

»Die Westbanken haben uns die Kredite hinterhergeschmissen.«

»Wieso haben das nicht alle so gemacht wie Sie?«, fragt Ernst.

»Die haben sich nicht getraut«, sagt Reinhold.

Viele Menschen, die in der DDR aufwuchsen, hatten Berührungsängste mit den unbekannten neuen Möglichkeiten.

Im März 1989 verunglückte Reinholds längst ausgeflogener Bruder Winfried, und sieben Jahre später starb der Vater, Rudolf. Reinhold erbte als einziger Überlebender den Hof und baute ihn zu einem gut gehenden konventionellen Landwirtschaftsbetrieb mit Ackerbau aus. Von neumodischem Bio-Gedöns will er aus Überzeugung nichts wissen. Bevor ich darüber eine Diskussion anzettele, unterbricht Ernst mit lautem Räuspern.

»Herr Freudenberg, wir würden Sie gerne ein bisschen über Winfried ...«

»Fragen Sie einfach«, sagt Reinhold. »Ich war ja meistens der Ansprechpartner.«

»Für wen denn?«, frage ich.

»Für die Zeitungen. Fernsehen. Sabine hat sich da meistens im Dunkeln gehalten.«

»Sind Sie in Kontakt mit ihr?«

Er winkt ab.

»Aber Sie wissen, wo sie zu finden ist?«

»Sie hat bald wieder geheiratet«, sagt er. »Ich denke, in Berlin irgendwo.«

»Wie sie jetzt heißt, wissen Sie nicht?«, frage ich hoffnungsvoll.

Er schüttelt den Kopf.

»Aber Sie haben sie nach Winfrieds Unfall noch einmal getroffen?«

»Sie war zur Beerdigung da. Sicher. Und danach kam sie auch einige Male. Nur musste ich irgendwo vorsichtig sein.«

Ich nicke, obwohl ich nur eine vage Ahnung habe, was er mit seiner Andeutung meint.

»Sie war dann wieder draußen«, erklärt Reinhold, »aus dem Untersuchungsgefängnis. Hatte die Genehmigung gekriegt, uns hier zu besuchen. Und Winfried lag auf dem Friedhof. Ich hab immer noch so diesen Gedanken gehabt … ob sie das nun wollte oder nicht. Das ist ein Druck, durch die ganzen Verhöre. Die musste auch sehen, wie sie zurechtkommt.«

»Sie meinen, sie hat …?« Ich wage nicht, es auszusprechen: mit der Stasi kooperiert?

»Das Beste ist dann, du fragst nicht«, sagt Reinhold, »und bewahrst Abstand. Dann kannst du sie nicht in die Probleme bringen. Und dich selber machst du auch nicht in die Probleme rein. Deswegen habe ich diesen Kontakt nicht gesucht.«

»Sie haben sich nie getroffen und über alles gesprochen? Auch später nicht?«

»Es gab Spannungen, das muss ich offen sagen. Das ging schon mit der Beerdigung los. Da kamen ja die von der Stasi hier vorbei und sorgten dafür, dass die ganze Sache mit der Flucht nicht groß bekannt wurde. Eine Anzeige durften wir auch nicht machen. Saßen sogar bei uns im Wohnzimmer an der Kaffeetafel, bei der Trauerfeier, und ließen sich von mir als Winfrieds Kollegen vorstellen. Und bei all diesen Vorbereitungen kam es schon zu Unstimmigkeiten. Mein Vater wollte den Pfarrer da haben, und sie hatte entschieden, dass es ein weltlicher Redner aus Berlin sein sollte. Später gab es noch mal Auseinandersetzungen wegen Erbereien. Die waren bloß kurz verheiratet. Aber sie vertrat den Standpunkt: ›Was mir zusteht, muss ich haben.‹ Mein Vater war damit nicht einverstanden, denn am Ende musste er sein eigenes Land von ihr zurückkaufen. Dadurch hat man sich schließlich getrennt.«

Das klingt unschön. Müsste man die Gegenseite hören, wobei ich so eine leise Ahnung habe, dass diese Gegenseite nicht mit uns reden wird. Und selbst wenn, wäre es ungehörig, Sabine über Erbstreitigkeiten auszufragen.

»Sie war nie wieder in Lüttgenrode?«

»Alle Jahre liegt eine Rose auf Winfrieds Grab …«, mischt Heidrun sich überraschend ein, während Reinhold abwiegelt. »Doch, Reinhold, du hast es auch schon gesagt. Die kommt von Sabine. Da bin ich mir sicher. Wir würden uns ja freuen, wenn sie hier vorbeikäme. Wenn Sie Sabine noch finden sollten, dann sagen Sie ihr bitte, dass sie jederzeit willkommen ist.«

»Denken Sie, sie würde mit uns sprechen?«, fragt Ernst.

»Ich kenne sie ja nur vom Hören. Warum nicht?«

Reinhold schüttelt den Kopf. »Sie hat bald wieder geheiratet. Ein Kind bekommen. Die hat da kein Interesse dran. Für sie ist das irgendwo Geschichte. Und erledigt.«

8

Isoliert

Silvias Nähe gab Sabine Kraft. Sie hatte am Morgen das Früh-
stück zu sich genommen, nach dem Vormittagsverhör das Mittagessen, genügend getrunken, mit Silvia zusammen Gymnastik
gemacht und auch das Nachmittagsverhör gut durchgestanden.
Jetzt saß sie mit geschlossenen Augen auf der Pritsche, lehnte an
der Wand und versuchte, in einen Tagtraum zu flüchten: grüne
Wiesen. Blauer Himmel. Die Schritte, die sie auf dem Gefäng-
nisflur hörte, machte sie zu Winfrieds Schritten auf einem alpi-
nen Schotterweg. Sie lief hinter ihm. Sein Rucksack. Das dunkle Haar. Das Schlüsselklappern ließ sich nicht einbauen. Die
Zellentür öffnete sich. Beide Frauen sprangen auf. Ärger vermeiden, das hatte Silvia ihr erklärt, gehöre zum Überlebenspro-
gramm.

»Frau Freudenberg …«

Wortlos folgte sie dem Wärter auf den Flur. Es war das dritte
Mal an diesem Tag, dass sie die Zelle verließ. Sie war bereits am
Morgen und am Nachmittag über ihre Beziehungen zu Freunden
und Verwandten verhört worden. Es ging um Mitwisserschaft,
das war offenbar. Eine simple Strategie half ihr, sich sicher durch
die Gespräche zu navigieren: Bis auf ganz wenige Dinge, die sie
als Geheimnis bewahrte, erzählte sie den Männern alles genau
so, wie sie es erinnerte. Allein schon für den Fall, dass sie Winfried gefasst hatten und ihre Aussagen mit seinen verglichen
wurden, war es wichtig, sich durch widersprüchliche Aussagen

nicht in zusätzliche Schwierigkeiten zu bringen. Und es war eine Art von Widerstand, ehrlich zu sein. Sabine hatte auch kritische Gedanken zu Protokoll gegeben, wenn sie aufgefordert worden war, ihre Meinung zu sagen. Die Mitarbeiter der Staatssicherheit sollten wissen, dass die Bürger und Bürgerinnen der DDR nicht blind waren. Sabine mochte ihr Land, und genau darum sollten die Entscheidungsträger sehen, was nicht gut war.

»Wohin bringen Sie mich?«, fragte sie den Wärter.

»Umdrehen!«

Bis er die Zellentür von außen abgeschlossen hatte, musste sie mit dem Gesicht zur Wand stehen, wahrscheinlich damit sie keinesfalls zu anderen Insassinnen, die eventuell den Flur passierten, Blickkontakt aufnehmen konnte. Natürlich war es auch eine Geste der Unterwerfung. So wie die Kleidung, die sie tragen musste. In den Pantoffeln und dem Trainingsanzug, unter dem sie nicht einmal ihre eigene Unterwäsche tragen durfte, war sie eine Frau, die keinen Respekt zu erwarten hatte.

Der Vernehmer erwartete sie in der gleichen Haltung wie am Nachmittag: ernst, arrogant und undurchschaubar.

»Setzen Sie sich bitte.« Dass er »bitte« sagte, war neu.

Bemerkenswert, dachte sie, wie dieser Verhörraum in Pankow dem ersten Verhörraum im Polizeigefängnis Keibelstraße glich. Wahrscheinlich gab es Hunderte davon über die ganze Stadt oder die gesamte Republik verteilt, sodass man überall mit der gleichen Technik versuchen konnte, die Wahrheit aus verdächtigen Bürgern herauszupressen: eine wohnliche Schreibstube; der Vernehmer hinter seinem Pult; sie, die Verhörte, saß quer zu ihm und war seinem Röntgenblick wehrlos ausgeliefert, während sie »freiwillig« seine Fragen beantwortete. Ihr fiel auf, dass der Mann diesmal kein Papier in seine Schreibmaschine spannte. Auch das Tonbandgerät blieb unangetastet. Stattdessen holte er ein Dokument aus seiner Mappe:

»Sie erhalten nun Gelegenheit, eine Meldung der staatlichen Nachrichtenagentur ADN einzusehen, welche heute an die westlichen Medien rausgeht. Sie enthält Ihre Stellungnahme.«

Er reichte Sabine das Papier.

```
wie westliche medien melden, wurde in berlin (west)
ein buerger tot aufgefunden. Die ehefrau des be-
troffenen hat gegenueber den behoerden der ddr be-
staetigt, daß ihr Mann mit einem selbstgefertigten
ballon aufgestiegen und offensichtlich abgestuerzt
sei.⁴⁶
```

Da war sie, die Enge in der Brust. Sabine rang nach Luft. Einatmen – ging. Ausatmen – mühsam. Einatmen – schwer. Ihr wurde schwindlig. Sie hoffte geradezu, sie würde bewusstlos werden, was aber nicht eintrat.

»Ich möchte zurück in die Zelle«, sagte sie und hielt mit aller Gewalt die Tränen zurück. »Ich brauche meine Medikamente.«

»Ihre Toilettensachen werden in die neuen Räumlichkeiten überführt. Ich lasse Sie in zehn Minuten dort hinbringen«, sagte der Vernehmer, ohne sie anzusehen.

»Welche Räumlichkeiten?« Ihre Stimme schien zu versagen.

»Sie werden verlegt.«

9

Der Revoluzzer

»Wir hatten eine freie, unbekümmerte Jugend. Das muss man so sagen, war einwandfrei. Da gab's kein Handy. Wir haben die Natur gehabt, haben die Tiere gehabt, Pferde gehabt, unsere Buden und Butzen gebaut. Damit waren wir zufrieden.«

Weil Reinhold ganze fünf Jahre älter war und schon früh Mitverantwortung für den Hof übernahm, durfte Winfried spielen und toben, am liebsten mit dem Nachbarsjungen Hans-Peter*.

»Und machten viel Blödsinn, die beiden. Im Frühjahr zum Beispiel, wo die Ilse Hochwasser hatte, da haben die beiden sich ins Schlauchboot reingesetzt. Haben Wildwasserfahren gespielt. Hätten umkommen können dabei. Haben sich aber quietschenass kurz vor der Grenze wieder rausgeangelt. Das war schon typisch für ihn. Für so was war er immer zu haben, mein Bruder.«

Winfried soll ein naturwissenschaftlich begabter Bastler gewesen sein: »Ein Schweißgerät hat er gebaut. Aus einem alten Elektromotor von der Dreschmaschine. Und das hat hingehauen. Oder der Fernseher. Das war ja SECAM in der DDR und im Westen PAL. Da hat er sich ein Modul gebaut, dass er vom Westen her auch Farbe empfangen konnte.«

In der Schule hat Winfried diese Fähigkeiten nicht wirklich konstruktiv einbringen können oder wollen.

»Die Lehrer haben ihren Schulstoff gehabt. Und was im Schulstoff nicht drin war, das haben sie nicht beantwortet. Und dann sagte er: ›Pfff! Wenn ihr mir nicht beibringt, was ich gerne wis-

sen will, dann will ich auch nicht das lernen, was ihr mir erzählt.‹
Da war er stur.«

Trotzdem wollte Winfried unbedingt Abitur machen. Wie alle
Kinder seiner Generation hatte er die POS besucht, die Polytech-
nische Oberschule, die mit der zehnten Klasse endete. Danach
konnte man entweder die Berufsausbildung mit Abitur machen
oder zur EOS wechseln, der Erweiterten Oberschule, einer Art
Gymnasium. Die Vergabe dieser Gymnasialplätze erfolgte in der
DDR anhand eines politisch gesteuerten Verfahrens. Nur zehn
Prozent aller Absolventen der POS wurden mit dem Privileg bedacht, das Abitur machen zu dürfen. Das Verfahren basierte auf
einer Bewertung des sozialen und politischen Engagements der
Familie, den Leistungen des Schülers oder der Schülerin und der
sozialen Herkunft – »A« für Arbeiter oder »I« für Intelligenz.[47]
Zu den As, welche bevorzugt behandelt werden sollten, zähl-
ten auch die Bauern. Winfried wurde trotzdem nicht auserwählt.
Nicht weil die Familie oppositionell war, aber Winfried war unangepasst und zu wenig leistungsorientiert. Man wies ihm eine
Lehrstelle als Elektriker zu.

»Da war er dann Besserwisser«, erzählt Reinhold. »Bei der
Prüfung wollten sie ihm dafür eins überbraten. Hat uns der
Meister erzählt. Nur: Winfried wusste auf jede Frage, die sie
ihm gestellt haben, eine Antwort. Das war typisch. Wenn's drauf
ankam, ging's.«

Nach der Lehre gab Winfried die Arbeit in der Produktions-
gemeinschaft Elektro auf und suchte sich in Eigeninitiative einen
Job als Krankenwagenfahrer, unter anderem, weil der ihm genug
Zeit ließ, nebenher die Abendschule zu machen.

»Immer mit dem Fokus: ›Ich will studieren.‹ Ingenieurswissen-
schaften. Und hat dann das Abitur abgelegt. Ohne Probleme.«

Winfried begann ein Studium an der Technischen Universität
Ilmenau, in dem Fach, das ihn interessierte: Elektronische Datenverarbeitung. Nach dem ersten erfolgreichen Studienjahr gab

es einen schweren Rückschlag: Winfried wollte von der Disco Osterwieck mit dem Motorrad zurück zum Elternhaus fahren, als plötzlich ein Reh auf die Straße sprang und ihn ins Schleudern brachte. Er lag mehrere Tage im Koma und hatte danach schwere kognitive Einbußen. Erst nach vielen Monaten konnte er wieder normal sprechen. Nach einem Jahr war er so weit genesen, dass er das Studium wieder aufnehmen konnte. Nichts sollte ihn davon abhalten, eines Tages ein erfolgreicher Ingenieur zu werden. Er ließ sich ein Jahr zurückversetzen.

»Hat einen guten Abschluss gemacht und all das«, sagt Reinhold. »Und nach dem Studium hat er gesucht: ›Wo kann ich einen vernünftigen Beruf ausüben?‹ Dann hat er erst mal hier geguckt, da geguckt. Walzwerk Ilsenburg, so was. Und dann hat er auf einmal gesagt: ›Ach, Bruder, das hat alles keinen Zweck hier. Also wenn, dann muss ich schon nach Berlin.‹ Und hat da nach einem Betrieb gesucht, wo er auch als Erfinder was machen kann. Vier-, fünfmal hat er gewechselt. Nirgendwo konnte er sich so richtig entfalten.«

Im Februar 1986 war Winfried neunundzwanzig Jahre alt. Er lebte und arbeitete in Berlin, immer noch auf der Suche nach einer passenden Tätigkeit. Dort lernte er die einundzwanzigjährige Sabine kennen. Sie war nicht seine erste Freundin, sondern die erste feste Beziehung, die mehr als ein paar Wochen überdauerte. Winfried stellte seine neue Partnerin der Familie in Lüttgenrode vor. Sie waren sich nicht unsympathisch, aber viel zu sagen hatten sich Sabine und Reinhold nicht. Die Berliner Chemiestudentin war dreizehn Jahre jünger als ihr Schwager Reinhold und hatte völlig andere Interessen. Winfried zog sich immer mehr zurück. Die Besuche in Lüttgenrode wurden selten.

Reinhold hat einen Umschlag mit Fotos für uns bereitgelegt: Winfried als pausbäckiger Sechzehnjähriger beim Paartanz auf einer Schulfeier. Er wirkt verkleidet in seinem Anzug mit der übergroßen Krawatte. Dann, in ungezwungener Runde, mit Freunden beim Biertrinken – Winfried im kurzärmeligen Siebzigerjahre-Polyester-Strick, mit Kotelettenfrisur, blickt nachdenklich aus dem Bild hinaus. Die dritte Aufnahme ist farbig, ein Hochzeitsfoto aus dem Jahre 1988. Im Hintergrund sieht man ein rau verputztes Privathaus, das Elternhaus von Sabine. Der Garten steht voller Töpfe mit verblühenden Pflanzen. Durch die Gardinen sieht man eine rot-weiß karierte Lampe brennen. Dass der Fensterladen ein wenig schief hängt und die Farbe auf dem Sims abblättert, gibt keinen Aufschluss über das Milieu, denn wir sind in der DDR, wo es schwer war, an Material heranzukommen. Die Hochzeitsgäste sind in Aufbruchstimmung. Reinholds goldige zwei Töchter tragen Schleifen im Haar und unter dicken Winterjacken karierte Kleidchen. Rechts steht Reinhold, als fescher junger Mann mit blonder Rockabilly-Tolle, und wartet, dass es endlich losgeht.

Im Zentrum des Bildes posiert das Brautpaar, als hätten nur sie und die kleinen Mädchen den Fotografen bemerkt: Winfried – vollbärtig wie auf dem Passbild, das wir kennen – trägt einen gut sitzenden schwarzen Anzug, dazu ein weißes Hemd, weiße Krawatte, weißes Einstecktuch. Er schaut aufgeschlossen ins Objektiv.

Die blutjunge Sabine, mit brünettem Achtzigerjahre-Stufenschnitt, trägt ein traditionelles weißes Brautkleid, schulterfrei, dazu eine dreireihige Perlenkette. Ihr Kopf ist von einem Schleier bedeckt. In der rechten Hand hält sie in madonnenhafter Pose einen Strauß roter Nelken. Ihre Augen sind geschlossen, wahrscheinlich zufällig, mit dem Wissen von heute voller Symbolik: Verschließt sie die Augen vor dem, was bevorsteht? Weder Sabine noch Winfried lächeln. Ihre Hände berühren sich. Nicht demonstrativ, sondern ganz leicht, vertraut und zärtlich.

»Das war dann vier, fünf Monate später, am 8. März, dass abends, kurz nach sieben, das Telefon klingelte. Und mein Cousin Helmer aus Bad Pyrmont ist dran: ›Wo ist dein Bruder denn jetzt abgeblieben?‹, fragt er – ›Weiß ich nicht.‹ – ›Ja‹, sagt er, ›das kommt gerade in den Nachrichten. Der ist abgestürzt. Tot.‹ Danach habe ich es in der ARD gesehen. Und dann konnte ich mir auch einen Reim machen auf alles. Am Morgen, gegen halb fünf, hatte nämlich auch schon unser Telefon geklingelt. Das war der Abschnittsbevollmächtigte von Lüttgenrode: ›Reinhold, wo bist du denn?‹ – ›Na, ich bin hier‹, sag ich. ›Was soll denn das?‹ – ›Schon gut‹, sagt er. ›Alles in Ordnung so weit.‹ Da wussten die schon, was los war, und wollten rauskriegen, ob ich mit diesem ganzen Fluchtversuch was zu tun hatte.«

»Hatten Sie?«

»Ich wusste von nichts! Aber er fragte auch nicht danach. Nur, ob ich da bin.«

»Und wie ging das Gespräch mit dem Cousin weiter?«, will ich wissen.

»Da wurde die Leitung gleich wieder getrennt. Da hingen die schon drin. In der Zeit danach hast du immer das ›Klack‹ gehört, und dann wusstest du schon …«

»Wir haben gelesen, dass die *Morgenpost* Sie am Abend des 8. März über den Absturz informiert hat«, sage ich. »Haben die sich das ausgedacht?«

Reinhold errötet.

»Davon weiß ich nichts.«

Er wird noch ein bisschen röter. Nanu?

»Ja, was haben Sie denen denn gesagt?«

»Du musstest ja immer aufpassen«, erklärt Reinhold. »Wie die Zeitung anrief, stand ja der ABV schon hier.«

Reinhold war intuitiv klar, dass es nicht seine Aufgabe war, der »feindlich-kapitalistischen« Presse bei der Aufklärung des »Angriffs auf die Staatsgrenze der DDR« zu helfen. Stattdessen sollte er den Pressevertretern entlocken, was die da drüben herausgefunden hatten. Er stand unter Beobachtung und musste taktieren.

Am 9. März wurden Reinhold und sein Vater von der Staatssicherheit abgeholt und mit Tempo 160 auf der Transitstrecke nach Berlin gefahren. Das war kein schönes Erlebnis, hatte aber doch etwas Erhabenes, dass man plötzlich so wichtig war.

»Wenn uns einer angehalten hat, sagten sie: ›Wir sind Kollegen jetzt hier, haben einen Termin.‹ Durfte man ja eigentlich nur hundert fahren auf der Transitstrecke. Jetzt war was anderes los. Als wir ankamen, gab es dann ein bisschen Traktur. Saß man da in der Wartezelle, so eine Gummizelle oder was das war. Dann haben sie jeden von uns befragt. War nicht groß angenehm. Ich hatte mir das alles trotzdem schlimmer vorgestellt. Das ging so ein, zwei Stunden. Dann fuhren sie uns zurück. Morgens um sechse waren wir wieder zu Hause.«

»Welche Konsequenzen hat man gegen Sie eingeleitet?«

»Ich hatte mich schon halb damit abgefunden, dass sie uns den Hof wegnehmen, die Arbeitsstelle, was weiß ich. Aber nach ein, zwei Wochen sagten sie: ›Jetzt machen Sie erst mal so weiter wie bisher.‹ Und so blieb es.«

»Wie ist denn Ihr Kenntnisstand heute? Was war passiert? Wieso ging die Flucht schief?«

»Weil sie gestört wurden. Sabine wollte ja ursprünglich mit. Das ging dann nicht mehr. Weil der Ballon für zwei Leute ausgelegt war. Darum ist er zu hoch geflogen.«

»Woher wissen Sie das, wenn Sabine nicht mit Ihnen geredet hat?«

»Ich habe das gelesen, in den Berichten«, sagt Reinhold.

»Welche Berichte? In der Zeitung?«

Reinhold zögert. Ein kleines Kätzchen stolpert die Treppen zur Terrasse herauf und maunzt.

»Na, da hat sich jemand verlaufen«, sagt Reinhold, hebt es mit seinen großen Händen auf den Schoß und krault es.

»Soll ich die Mappe holen?«, fragt Heidrun.

»Später«, sagt Reinhold. »Wissen Sie, ich denke, da war auch Verrat mit im Spiel. Von den Schwiegereltern her. Den Rosengrüns.«

»Sabines Eltern?«

»Das ist, was ich glaube. Ich kann es nicht beweisen.«

»Steht das auch in dieser Mappe?«

»Fragen Sie erst mal«, sagt Reinhold. »Fragen Sie!«

Verdammt. Ich will diese Mappe sehen.

»Ich mach mich mal fertig«, sagt Heidrun, nimmt Reinhold vorsichtig die Katze ab und trägt sie zurück in die Scheune.

»Hatten Sie eine Idee, warum Winfried so unbedingt das Land verlassen wollte?«, will Ernst wissen.

Reinhold schüttelt den Kopf. »Er hatte immer eine gute Stelle. Geld hat er auch gehabt. Er hatte ja Patente angemeldet, in der DDR, und dafür Geld bekommen. Er hatte eigentlich keine Probleme.«

»Außer dass er keine Autoritäten mochte.«

Reinhold lacht. »Das kann man so sagen.«

»Wann haben Sie ihn zum letzten Mal gesehen?«

»Im Oktober 88, kurz vor meinem Geburtstag, darum weiß ich das noch. Da habe ich gesagt: ›Mensch bleib doch noch, zum Feiern.‹ – ›Och nee, ich muss wieder weg.‹ Weihnachten kam er auch nicht. Darum war mein Vater im Winter noch mal nach Berlin gefahren. Das war der letzte Kontakt. Im Nachhinein wusste ich, dass er sich zurückgezogen hat. Um uns zu schützen.«

Es kommt mir vor, als erinnere Reinhold das, was er uns erzählt, gar nicht direkt, sondern als konstruiere er die Antworten aus vielfach erzählten Fragmenten – eine Art Patchwork aus fertigen Textbausteinen. Aber jetzt schlägt doch eine Traurigkeit durch, die ihm nahegeht. Wäre der Ballonflug nicht schiefgegangen, könnte Reinhold heute einen Bruder haben, der keine sechzig Jahre alt wäre. In die traurige Stille hinein greift Ernst nach der Thermoskanne und füllt plätschernd seine Kaffeetasse. Als er sie wieder hinstellt, surrt die Luft leise durch den Deckel. Ich versuche, lautlos in einen Heidesandtaler zu beißen.

»Man denkt jetzt nicht jeden Tag dran. Nur immer wieder. Dass man es nicht mehr rückgängig machen kann. Auch was er da oben erlebt hat, da so mehrere Stunden auf dem Besenstiel zu sitzen, in dieser Kälte und in dieser Höhe. Das muss schlimm gewesen sein. Das ist dermaßen unmenschlich. Das müssen Höllenstunden für ihn gewesen sein. Vielleicht ist er auch ohnmächtig gewesen. Oder er hat die Grenzlichter gesehen und ist vielleicht freiwillig abgestürzt, weil er gedacht hat: Lebendig kriegen die mich nicht. In den Knast geh ich nicht rein. Vielleicht hat er noch versucht, diesen Ballon runterzukriegen. Wenn man so lange da oben war, da ist man klamm und erschöpft. Dann ist, glaube ich, die normale Logik nicht mehr angebracht.«

Es ist schon erstaunlich, dass Reinhold dem System keinerlei Vorwürfe macht. In den Zeitungsartikeln der westdeutschen Presse vom März 89 wurde immer wieder die Unmenschlichkeit des DDR-Regimes angeprangert: dass die DDR-Führung sich fragen lassen müsse, »was für soziale und politische Verhältnisse in ihrem Land herrschen, wenn Menschen sich zu einem solch gefährlichen Schritt entschließen«. Reinhold trägt ganz andere Umstände vor: Winfried war abenteuerlustig, Sabines Eltern wollten ihre Tochter vielleicht vor einem Fehler bewahren und haben ihn angeschwärzt. Und ein bisschen Pech spielte auch noch mit rein.

»Können Sie uns Winfrieds Besuch in Bad Pyrmont erklären?«
Ich will Reinhold nicht beeinflussen, indem ich vorgebe, wie sehr uns die Reise beziehungsweise seine Rückkehr irritiert hat.

»Im September 88 hatten mehrere Mitglieder der Familie Freudenberg eine Ausreisegenehmigung erhalten, für den fünfundsiebzigsten Geburtstag unserer Tante Gertrud«, erzählt Reinhold. »Winfried war eine Woche früher nach Bad Pyrmont gefahren als die anderen. Gleich nach der Geburtstagsfeier war er wieder weg. Und da habe ich mich schon gewundert. Ich dachte: Was hat denn der Mann?«

»Kann es sein, dass er noch bei Ulrich Jäger in Frankfurt am Main war?«, fragt Ernst.

»Da fragen Sie am besten den Cousin. Helmer. In Frankfurt soll er jedenfalls noch gewesen sein, bevor er zurückfuhr.«

»Was wir nicht verstehen, ist, dass er nicht einfach dort geblieben ist«, sage ich.

»Damit die Familie da nicht mit reingezogen wird«, erklärt Reinhold. »Das steht für mich fest. Aus Rücksicht.«

Mir leuchtet das überhaupt nicht ein. Winfried geht in den Westen, um auszuloten, wie er dort ein neues Leben begründen könnte. Statt zu bleiben und seine Frau irgendwie nachzuholen, kommt er zurück, heiratet sie und verlässt die DDR in einem waghalsigen Unterfangen ein zweites Mal. Ohne sie. Dieser ganze Aufriss mit dem Ballon – nur weil er davon ausging, er bereite seiner Familie damit weniger Schwierigkeiten? Und überhaupt: Hätte er so nicht mit viel größeren Schwierigkeiten für seine Familie rechnen müssen?

»Könnte es sein, Herr Freudenberg, dass es Winfried mehr um den Ballonflug ging als um die Flucht?«, platzt es aus mir heraus.

Ernst schaut vorwurfsvoll zu mir, obwohl Reinhold die Frage nicht als Angriff versteht.

»Er suchte die Herausforderung«, sagt Reinhold. »Das war schon so. Aber die Planung war sicherlich durchdacht. Dass er es auch schaffen konnte.«

Heidrun kommt zurück auf die Terrasse und zeigt auf ihre Armbanduhr: »Entschuldigung, ich will wirklich nicht stören.

Reinhold! Wir sind eigentlich bei Micha und Anne zum Abendessen ...« Sie beginnt mit dem Abräumen.

»Kann ich helfen?«, fragt Ernst, während ich apathisch sitzen
bleibe.

»Ach, das ist lieb, ich mach das schnell ...«

Auftischen und abräumen ist hier Frauensache. Was wir in der
Hektik des Aufbruchs nicht vergessen dürfen: die Adresse von
Hans-Peter, Winfrieds Sandkastenfreund. Reinhold kann uns
nur das Dorf nennen, in dem wir uns durchfragen sollen. Die
Telefonnummer des Bad Pyrmonter Cousins Helmer wird auf
einen Zettel gekrakelt. Und was ist mit Sabine? Wie finden wir
sie? Weiß er nicht. Oder will es uns nicht sagen?

»Rosengrün hieß sie vor der Heirat. Ob Ihnen das weiterhilft?«
Mal sehen.

Ernst wird zum Abschied ganz förmlich: »Herr Freudenberg.
Sind Sie denn damit einverstanden, dass wir uns weiter mit den
Ungereimtheiten im Fall Winfried Freudenberg beschäftigen?«

Reinhold nickt. »Ich befürworte das.«

Seine Frau Heidrun, die plötzlich eine Strickjacke trägt, reicht
ihrem Mann einen Sommerblazer.

»Ihm liegt viel daran, dass sein Bruder nicht vergessen wird.
Wir unterstützen Sie.«

Ich bin sehr gerührt. Aber da war noch was:

»Die Mappe!«

Zu spät. Die beiden müssen los. Dank meiner unhöflichen Beharrlichkeit erlauben sie mir, dass ich morgen früh zum Fotogra-
fieren vorbeikomme.

Mir ist ein bisschen mulmig, als wir in unser süßlich duftendes
Mietauto steigen. In was für eine Verantwortung haben wir uns
da hineinmanövriert? Gegenüber einer völlig fremden Familie,
deren Biografie sich mit meiner nur an der Grenze vom West-
harz zum Ostharz berührt. Das einzige Bindeglied scheint Ernst

zu sein, der sich als Berliner, als Wirtschaftsingenieur, als ideen-
reicher Abenteurer und selbst ernannter DDR-Kenner zwischen
den Welten zu bewegen glaubt.

»Hans-Peter!«, sagt er.

»Abendbrot?«, frage ich.

»Is nich.«

Während ich versuche, mit erbärmlicher Datengeschwindig-
keit auf meinem Handy eine neue Spur über das Suchwort »Rosengrün« zu ergoogeln, jagt Ernst, dem Tempolimit spottend,
über die Landstraße ins nächste Dörfchen.

10

Unterwerfung

Sabine lag bäuchlings auf dem Boden, reckte den Oberkörper nach oben und streckte alle viere von sich. Es war richtig, mit ihrer neuen Zellengenossin Irene Gymnastik zu machen, nur fehlte die Vision. Silvia hätte ihr vielleicht eine geben können. Vor einigen Tagen meinte sie, Silvias Ruf hinter den Glasbausteinen gehört zu haben, »Ich – bin – hier!«, und kurz darauf Bernds Antwort: »Ich – bin – hier!« Wo sollten sie auch sein? Bis zum Urteil blieben die Festgenommenen in Untersuchungshaft. Es konnte Monate dauern, bis der Prozess eröffnet wurde. Was einen danach erwartete, wusste man nicht. Viel schlimmer konnte es nicht werden. Viel besser auch nicht. Silvia und Bernd waren gepanzert – durch die Liebe. Sie waren zu zweit, auch wenn sie räumlich nicht beieinander waren.

Irene war freundlich und einfältig, blond, mit rosiger Haut und runden blauen Augen. In ihrer Nähe fühlte Sabine sich von Tag zu Tag einsamer. Die Frau hielt sich selbst für eine überzeugte Sozialistin und loyale DDR-Bürgerin. Dass ihre Tat als politisch eingestuft wurde, empfand Irene als Missverständnis: Sie hatte als Zimmermädchen in einem großen Berliner Hotel gearbeitet und dort auf eigene Rechnung bei Touristen aus dem kapitalistischen Ausland DDR-Mark gegen Devisen eingetauscht, damit sie sich exklusive Konsumgüter im Intershop kaufen konnte. Das war für sie nichts weiter als eine frauentypische Leidenschaft für schöne Dinge, eine nicht ernst zu nehmende Schwäche. Sabine hatte keine Lust, darüber mit Irene zu diskutieren, weil sie deren Staatstreue bei gleichzeitiger Missachtung der Gesetze als paradox empfand. Mit Silvia hätte sie sich über die Aufrechterhaltung der Zweiklassengesellschaft durch die künstliche Verknappung und ungerechte Zuteilung begehrter Waren ereifern können. Der Wunsch nach einer größeren Warenauswahl war den Bürgern der DDR gestattet, schließlich konnte man die begehrten Dinge in ausgewählten Läden zu überteuerten Preisen kaufen. Nur die Gier danach – welche Irene offensichtlich überkommen hatte – war staatsfeindlich, der Schwarztausch von DDR-Mark sowieso. Die Regierung musste gewusst haben, dass es sich bei den West-Mark-, Dollar-, Kronen- und Pfundnoten, die DDR-Bürger nach der Abschaffung der Forumschecks in die Intershops trugen, nicht sämtlich um Geldgeschenke von Westverwandten handelte. Solange es wieder in den richtigen Kreislauf gelangte, wurde Schwarztausch gebilligt. Irene war einfach nur zu weit gegangen.

Sabines Einsamkeit war nicht gleichförmig. Sie schmerzte täglich mehr, bis es nicht mehr auszuhalten war. Dann schlug das Gefühl in Gleichgültigkeit um. Das war ebenso schlimm. Ganz selten blitzte eine diffuse Hoffnung auf, so wie gestern, beim Hofgang. Um den Häftlingen etwas Bewegung bei Tageslicht zu ermöglichen, wurden sie einzeln in einen kleinen Innenhof gelassen, der oben mit einem Gitter abgedeckt war. Es war also kein Hof, sondern ein Käfig, in dem sie hin und her und im Kreis laufen sollten, durften, mussten. Sabine hatte Schritte gehört, und als sie durch das Gitter hochsah, erkannte sie schwer bewaffnete Soldaten, die auf den Mauerkanten patrouillierten. Einer schaute warnend zu ihr herunter. Lustig war das nicht. Trotzdem musste Sabine plötzlich lachen. Das war ja sie, Sabine Freudenberg, geborene Rosengrün, die da gefangen gehalten wurde, wie ein Raubtier. Sie, die Musterschülerin, die FDJ-Sekretärin, die fleißige Studentin. Und da oben lief eine Armada Schwerbewaffneter herum, um die Bevölkerung vor ihr zu schützen. Irene hatte doch recht: Es war alles ein ganz großes Missverständnis. Oder die totale Idiotie? Lachen war Hoffnung.

Sabine hatte bei ihrem Käfig-Gang den Blick nicht vom Himmel lassen können, dessen sanftes Hellblau Erinnerungen an vergangene Frühlingstage in Freiheit weckte. Ein Flugzeug bewegte sich im Sinkflug in den Bildausschnitt. Es musste auf dem Weg zum West-Berliner Flughafen Tegel sein. So nah ist das Leben in Freiheit, hatte sie gedacht. Es existiert.

Die Ernsthaftigkeit, mit der sie nach dem Hofgang von dem zuständigen Offizier wieder abgeführt wurde, erschien ihr ebenso lachhaft wie der Hochsicherheitskäfig. Kein Mitarbeiter hier fiel auch nur eine Sekunde aus seiner Rolle. »Wir sind richtig, ihr seid falsch«, sprachen die Gesichter, auch wenn ihre verkniffenen Münder geschlossen blieben. Was waren das für arme Gestalten, die ihr Ego aufbauschten, indem sie andere Menschen schikanierten, weil diese versucht hatten, die Sehnsucht nach Freiheit – oder wie Irene die Sehnsucht nach einer Flasche »Magie Noir« aus Paris – in Taten münden zu lassen. Nach Feierabend saßen diese armseligen Männer in ihren Wohnzimmern auf zusammengestoppelten Polstergarnituren und sahen heimlich Westfernsehen auf ihren verschneiten DDR-Flimmerkisten.

Inzwischen hatte sie mehrfach ihren Rechtsanwalt Dietrich Starck* aus dem Büro Vogel gesprochen – ein Besucher aus der Parallelwelt, Grandseigneur im Anzug, mit Krawatte, grauen Schläfen, sonorer Stimme und dem lockeren Auftreten eines einflussreichen Mannes. In seiner Nähe hatte sie sich sofort sicherer gefühlt. Das Zimmer, in dem sie ihn treffen durfte, war weder Zelle noch Verhörraum, allein dadurch schon ein kleiner Schritt Richtung Freiheit. Er hatte gesagt, er werde ihre Interessen vor Gericht verteidigen, aber nicht danach gefragt, was ihre

Interessen waren. Merkwürdigerweise war er schon vor ihrem ersten Treffen in Kontakt zu ihren Eltern getreten.

Wenige Tage vor Winfrieds Tod hatten sie und Winfried verschiedene Szenarien des Scheiterns durchgespielt. Politische Häftlinge wurden nach Angaben von Winfrieds Westfreund Ulrich durch die Bundesrepublik freigekauft. Als Sabine das vorsichtig angesprochen hatte, riet Starck entschieden davon ab. Mit der Äußerung solcher Wünsche, die nur in seltenen Fällen erfüllt würden, setze sie ihre gute Prognose aufs Spiel. Schließlich sehe es im Moment so aus, als seien die Behörden wohlwollend gegen sie gestimmt.

»Es ist naheliegend, dass die Initiative von Ihrem Mann ausging«, hatte er gesagt.

»Warum?«

»Weil Sie sich entschlossen haben, nicht mitzufliegen.«

»Es ging nicht anders«, hatte sie geantwortet und war selbst unsicher, ob das so stimmte. Ihre Zerrissenheit, ihre Schuldgefühle, ihre Sehnsüchte und Träume interessierten Herrn Starck nicht.

»Ihnen droht eine Haftstrafe von bis zu fünf Jahren. Wie Sie sich dazu verhalten, ist Ihre Entscheidung. Ich kann Ihnen nur dabei helfen, Ihre Situation besser zu überblicken und die bestmögliche Strategie zu wählen, damit sich die Konsequenzen Ihres Rechtsbruchs in einem für Sie erträglichen Rahmen bewegen.«

Die Entscheidung, hierzubleiben, war viel zu schnell gefällt. Sie misstraute dem Mann. Und trotzdem war sie froh, dass es ihn gab:

»Wurde das Attest berücksichtigt?« – »Verzichtet der Vernehmer beim Verhör auf Zigaretten?« – »Können Sie schlafen?« – »Gibt es etwas, das ich Ihren Eltern ausrichten kann?«

Der Schlüssel drehte sich im Schloss. Irene und Sabine richteten sich sofort auf.

»Freudenberg!«

Es war Sabines erster Waschtag. Den ersten Teil des Rituals kannte sie: auf den Flur treten, Gesicht zur Wand, warten, bis abgeschlossen wurde, dann vor dem Wärter den Flur entlanggehen, bis zur Treppe.

»Es geht runter«, sagte der Mann. Im Erdgeschoss angekommen, übernahm eine Frau, die nicht einmal unsympathisch war, das Kommando. Sie führte Sabine in einen gekachelten Raum, der mit ein paar Haken, einer Holzbank und einer weiteren Tür ausgestattet war. Sabine setzte sich und wartete.

»Pantoffeln unter die Bank!«, sagte die Frau und wandte sich demonstrativ ab. Sabine schlüpfte aus den karierten Pantoffeln, mit denen sie über die Gänge geschlurft war, legte die hässliche Trainingsjacke ab, die verschwitzte Hose, und faltete beides ordentlich aufeinander. Vielleicht half ihr die Vorstellung, sie sei in der Umkleidekabine eines Schwimmbads. Sie zog die lächerliche Unterhose herunter.

»Die kommt neben den Stapel!«

Die Frau schaute doch hin!

Sabine zog Unterhemd und BH aus, legte beides ebenfalls neben den Stapel – »Ganz genau!« – und ging nackt vor der Fremden her in den angrenzenden Raum. Dort gab es vier Duschen. Kaum stand sie drin, donnerte die Tür zu. Sabine sah sich panisch um. Die Frau war draußen geblieben. Sabine schossen Bilder von den Gaskammern in den Vernichtungslagern der Nazis durch den Kopf. Die hatten Juden und Andersdenkende auch duschen geschickt, und dann war Giftgas aus den Leitungen geströmt. Sie hielt den Atem an und lauschte. Nichts. Vorsichtig drehte sie den Hahn auf. Eiskaltes Wasser prasselte auf sie herunter. Sie schämte sich für ihre Angst. Damit verhöhnte man Menschen, denen wirklich Schlimmes angetan worden war. Die man gequält und ermordet hatte, obwohl sie überhaupt nichts verbrochen hatten. Was ihr widerfuhr, war kein Vergleich. Aus den Leitungen kam kein Gas, sondern Wasser, das sogar warm wurde, als sie den zweiten Hahn aufdrehte. Niemand hatte vor, sie umzubringen. Und trotzdem: Sie fühlte sich gebeutelt, empfand die Tage im Gefängnis als quälend. Sie hatte nicht die Kraft einer Silvia. Dieser Zustand der Ungewissheit und des Ausgeliefertseins, der Einsamkeit, des Trübsals; diese tägliche Entwürdigung – das alles nahm ihr die Sicherheit, unantastbar zu sein. Alles konnte hier passieren. Und es gab niemanden, der sie davor beschützen konnte.

11

Es knallt

Ernst und ich starren hypnotisiert auf meinen Laptop-Bildschirm, wo die vielen hochaufgelösten JPEGs von der Speicherkarte in den neu angelegten Ordner »Dokumente Reinhold« wirbeln. Das Mietauto wurde kratzerfrei in Magdeburg abgegeben, der vollgestopfte IC bringt uns zurück nach Berlin, jetzt beide gegen die Fahrtrichtung. Am frühen Morgen habe ich die blassen Kopien der vielversprechenden Mappe abfotografiert, hoffentlich sind sie lesbar. Das Licht auf Reinholds Terrassentisch war hart und hell und ich unter Zeitdruck, weil die Freudenbergs den Umzug des lokalen Schützenvereins nicht verpassen durften.

»Reinhold ist ja der Vereinsvorsitzende«, hat Heidrun sich entschuldigt. Ganz nebenbei erfuhr ich von ihr, dass er auch im Kirchenvorstand sitzt und jahrelang stellvertretender Bürgermeister war. »Er kann's einfach nicht lassen.«

Das Gespräch mit Hans-Peter, den wir gestern Abend schneller aufgespürt haben als gedacht, war irritierend. Nicht nur wegen der verschobenen Perspektive, sondern auch wegen der Klarheit, mit der Hans-Peter sie vertrat.

Ernst hat im Nachbardorf eine Fahrradfahrerin herangewunken – Mitte fünfzig, braun gefärbtes Haar, sportlich gekleidet. Ob sie wisse, wo wir das Haus von Hans-Peter Werner finden. »Da nehme ich Sie gleich mit hin«, hat sie gesagt. »Der Herr Werner ist nämlich mein Mann.«

Zeitungsmeldung vom 9.3.1989

Fundort Potsdamer Chaussee, Berlin, 8.3.1989: Ballonhülle, mitgeführte Gegenstände und Sitzkonstruktion

Fundort Potsdamer Chaussee, Berlin, 8.3.1989: Ballonhülle

In der »Westpresse« wurde ausführlich über den verunglückten DDR-Flüchtling Winfried Freudenberg berichtet: *BILD*, *Tagesspiegel*, *Berliner Morgenpost* vom 9., 10., 11.3.1989.

Mit Ballon abgestürzt

Berlin (ADN). Wie westliche Medien melden, wurde in Berlin (West) ein Bürger der DDR tot aufgefunden. Die Ehefrau des Betroffenen hat gegenüber den Behörden der DDR bestätigt, daß ihr Mann mit einem selbstgefertigten Ballon aufgestiegen und offensichtlich abgestürzt sei.

»Ostpresse«: In der DDR wurde nur eine einzige Meldung zum Fall Freudenberg veröffentlicht (*ADN* in *Neues Deutschland*, 10.3.1989)

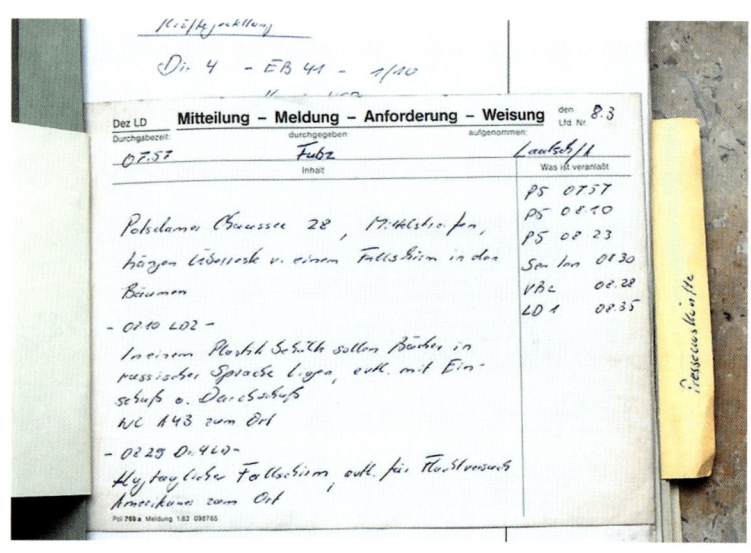

Polizeiakte Winfried Freudenberg (Kriminalpolizei West-Berlin):
Erstmeldung vom 8.3.1989, 7 Uhr 57

Vermessung und Analyse von
Freudenbergs Ballon durch die
Kriminalpolizei Berlin (West)

Winfried und Sabine Freudenberg im Oktober 1989

Ernst hat darüber auf so gewinnende Art gelacht, dass die Stimmung von vornherein gelöst war.

Wir saßen mehr als eine Stunde in den weißen Kunststoffmöbeln auf der weiß gefliesten Terrasse unter einer orange-weiß gestreiften Markise mit Blick auf den akkurat geschnittenen grünen Rasen. Auf dem blitzsauberen Tisch stand eine Schale Nüsschen, die ich sukzessive absorbiert habe, dazu bekam jeder seine eigene 0,5-Liter-PET-Flasche Sprudelwasser.

Hans-Peter Werner saß zurückgelehnt vor seinem Feierabendbier im Stuhl, braun gebrannt, weiche weiße Haare, wie ein Teddyfell, millimetergenau geschnitten wie das Gras. Wahnsinnig nett war er zu uns und hat viel gelacht:

»Meine Eltern hatten einen Hof. Seine Eltern hatten einen Hof. Wir waren ein Herz und eine Seele, wir beide. Winnetou hieß er. Und später Winnie. Unser Freund Hartmut* hat immer gesagt: ›Uff, uff, sprach Winnetou und verschwand im Mauseloch.‹ Weil sich's so schön gereimt hat.«

»Was hat sich gereimt?«, habe ich verwundert gefragt.

»Nageln Sie mich nicht drauf fest«, ist Hans-Peter zurückgerudert.

Hans-Peter und Winnie liefen zehn Jahre lang gemeinsam zur Schule – eine Routine, von der Winfried sich offensichtlich schon als kleines Kind eingeengt fühlte.

»Da, wo wir gewohnt haben, in Lüttgenrode, das war wie so'n Dreieck. Drei Gehöfte. Da haben wir uns immer getroffen. Winnie, Hartmut und ich. Pünktlich, viertel achte, sind wir losgezogen. Und je näher wir der Schule kamen, umso langsamer wurde Winfried. Warum auch immer, es weiß kein Mensch. Wir waren da. Zehn Minuten später kam er. Und jeden Tag 'ne andere Ausrede: Seine Oma hat gesagt, es ist Sonntag. Oder er hat seinen Ranzen vergessen. Wir kannten das gar nicht anders. Von sechs Tagen die Woche ist er an sechs Tagen zu spät gekommen.«

97

Nach der Schule schwärmten die kleinen Racker aus, immer auf der Suche nach Herausforderungen. An das »River Rafting« auf der Ilse konnte Hans-Peter sich sehr gut erinnern. Und an die freudenbergsche Weide. Dort grasten junge Kühe, die sich von Winnie und Hans-Peter mit Löwenzahn an den Zaun locken ließen. War eine nah genug, sprang Winnie der Kuh auf den Rücken und krallte sich solange an das buckelnde Tier, bis er herunterfiel, steckte ein Hölzchen in die Erde, lief zurück, und Hans-Peter war dran.

»Irgendwas ist ihm immer durch den Kopf geschossen. Ob ich Zeit hab nachmittags. Ich sage: ›Was hast du denn?‹ – ›Wir müssen was machen!‹ – ›Ja, was?‹ Hat er nicht gesagt. Na ja, ich musste ja bloß durch den Garten, wenn die Schule vorbei war. Dann wurde irgendwas gebastelt. Aus Unkraut-Ex ʼne Bombe und in die Rattenlöcher gesteckt. Alles so ʼne Faxen.«

Hans-Peter bewertete Winfrieds naturwissenschaftliche Begabung etwas anders als Reinhold, der uns das Bild eines eigenwilligen Genies zeichnete.

»Ich sag mal so: In der achten, neunten Klasse, da haben wir einen Schaltplan gekriegt. Damit sollten wir was zusammenbauen, irgendeine Parallelschaltung mit Lampen, Klingeln, mit irgendwelchen Relais und so weiter. Immer zu zweit. Also ich mit Winnie, weil wir ja nebeneinandersaßen. Und Winnie sagt zu mir: ›Das ist doch bescheuert hier. Das machen wir anders. Wir schalten die Dinger da in Reihe.‹ Ich sag: ›Hör auf mit Spinnen! Nicht dass es Havarie gibt!‹ Aber er hat das alles zusammengefummelt. Ein Kabelsalat war das! Ich sag: ›Ich steck das nicht ein.‹ – ›Steck rein!‹, sagt er. ›Du wirst sehen. Der kriegtʼn Auge!‹ Also steck ich das Ding rein. Und was passiert? Es gibt ʼn Knall unterm Lehrertisch. Alle Sicherungen raus. Das war das Ende vom Lied. Und wir haben ʼne Fünf gekriegt.«

Ernst wirkte fast gekränkt davon, dass Hans-Peter seinen

Freund Winnie als derart unbedacht beschrieb. Ich war hin- und hergerissen:

»Könnte es nicht sein, dass Winfried den Knall beabsichtigt hatte?«

»Nein«, meinte Hans-Peter. »Er hat sich vertan.«

Hans-Peter machte auf mich nicht unbedingt den Eindruck eines Menschen, der die Dinge differenziert von allen Seiten beleuchtet, dafür nennt er die Dinge beim Namen und beschönigt sie nicht:

»Dass der damals nicht einfach im Westen geblieben ist! Mein Kumpel Hartmut und ich haben das stundenlang diskutiert. War doch nur ein paar Monate her gewesen, dass er nach Bad Pyrmont fuhr. Warum kommt er denn zurück und zimmert sich da diesen Ballon? Als sie es in den Nachrichten sagten, dass einer aus dem Kreis Halberstadt abgestürzt ist, mit 'nem selbst gebauten Ballon, habe ich als Erstes gedacht: Winnie! Das war Winnie. Wenn Sie mich fragen: Es musste was Spektakuläres sein.«

Ein Indiz dafür sei auch der Umweg über Berlin. Hans-Peter empfand die Grenze bei Lüttgenrode nicht als so undurchlässig wie etwa der Herr Plassner: »Wenn ich gewollt hätte, wäre ich mit meiner ganzen Familie bei Nacht und Nebel gegangen, ohne dass einer das mitkriegt.«

Als Lastwagen- und Traktorfahrer der LPG Lüttgenrode arbeitete er nämlich zwischen den beiden Zäunen des Grenzstreifens. Dort gab es Äcker, die von der LPG bewirtschaftet wurden.

»Der erste Zaun, auf unserer Seite, war gesichert mit Signaldrähten, Selbstschussanlagen, alles so 'ne Scherze. Und ab und zu kam ein Tor. Da standen zwei Posten, die haben unsere Passierscheine kontrolliert. Wenn man drin war, konnte man sich zwischen den Zäunen frei bewegen. Unter Beobachtung natürlich, da waren ja die Türme. In dem zweiten Zaun, hinter dem die BRD lag, waren auch Tore drin, denn dahinter gab es noch ein paar Meter Grünstreifen, die zur DDR gehörten. Der Westen begann hinter diesem Grünstreifen. Und dieser letzte Grünstreifen hinter dem Zaun wurde von uns gemäht. Bevor man durch dieses zweite Tor fahren durfte, wurde es natürlich streng. Da kam ein bewaffneter Grenzsicherheitsposten mit in den Wagen, aber das Tor selber war nicht weiter abgesichert. Hätte ich abhauen wollen, dann hätte ich meine Familie hinten in den Lkw reingelegt, wäre mit dem Passierschein durch den ersten Zaun, wäre da ein bisschen hin- und hergefahren; und dann, im richtigen Moment, wäre ich mit Karacho aufs Tor im zweiten Zaun zugebrettert. Das wäre aufgeflogen, und fünf Meter weiter wäre ich in Niedersachsen gewesen. Da stand schon der Bundesgrenzschutz.«

Ernst hat das Hans-Peter nicht abgekauft. Ich dachte: Wer weiß. Vielleicht stimmt es. Und wenn nicht, dann hat Hans-Peter immerhin in dem Bewusstsein gelebt, er hätte abhauen können, wenn er es nur gewollt hätte. Dieses Lebensgefühl würde ich ihm im Nachhinein nicht nehmen wollen.

»Warum sind Sie denn nicht rüber?«, hat Ernst gefragt. Das klang fast ein bisschen überheblich.

»Ich hatte ja alles. Ich hab hier meine Familie gehabt. Mein Haus, genug zu essen, die Arbeitsstelle. Na gut. Mehr Reisefreiheit, das hätte ich mir schon gewünscht. Aber ansonsten. Ist ja heute auch nicht immer drin, das große Reisen. Kostet alles Geld.«

Hans-Peter mochte Winfried, aber er empfand ihn als übermäßig sprunghaft:

»Wenn er sich für was begeistert hat, dann hat er sich dran festgefressen. Da war kein Halten. Und wenn ihn was nicht mehr interessiert hat, hat er's in die Ecke geschmissen.«

Er sieht das in Winfrieds Biografie widergespiegelt: Nach der Elektrikerlehre hatte er keine Lust mehr auf den Betrieb, schmiss hin und wurde Krankenwagenfahrer.

»Da war er dann schlauer als der Notarzt! Als ihm das Krankenwagenfahren nicht mehr passte, fing er mit dem Studieren an. So war er.«

Es bleibt eine Tatsache, dass Winfried – so wie Reinhold es schilderte – einige Hindernisse überwand, um schließlich sein Diplom als Ingenieur zu erwerben. Natürlich wäre es effizienter gewesen, die Karriere mit Fleiß und guten Noten vorzubereiten, aber das stand offensichtlich im Widerspruch zu einer Persönlichkeit, die sich gegen Anpassung und Unterwerfung sträubte.

»Seine Frau kannte ich kaum. Ich weiß es nur von meinem Kumpel her. Der meinte, du konntest sie darauf ansprechen: ›Wie nu, Sabine, wie war's denn eigentlich?‹ Da hat sie nicht drüber gesprochen. Nie. Zu keinem. Auch nicht zu den engsten Verwandten. Ich selbst habe sie ja nur ein-, zweimal gesehen, also bei der Beerdigung. Da konntest du sowieso nicht mit ihr reden, da waren überall die Leute mit den Ledermänteln. Es war mehr Stasi da als Trauergäste. Der ganze Friedhof war abgesperrt. Nur später wollte sie eben auch nicht drüber sprechen. Sie hatte da kein Interesse.«

Hans-Peter zeigte dafür mehr Verständnis als Reinhold. Und auch mehr Verständnis als ich, die ich denke, dass Nahestehende ein Recht darauf haben, etwas über den Tod eines Freundes oder Verwandten zu erfahren.

»Sie wird genug Theater mit der Stasi gehabt haben«, sagte Hans-Peter. »Ich kenne die Machenschaften. War selber ein halbes Jahr in Schwedt.«

Mit »Schwedt« meinte er das berüchtigte Militärgefängnis der DDR in der Stadt Schwedt, kurz vor der polnischen Grenze. Da hatte auch der nette Herr Plassner gesessen, unser erster Fremdenführer hier in der »Zone«. Das Wissen darum, dass man immer und überall beobachtet wurde und jederzeit drangsaliert werden konnte, wenn man sich unangepasst verhielt, schien für die Menschen, mit denen wir gesprochen haben, eine große Rolle gespielt zu haben. Sie haben ihren Alltag, ihr Reden und manche sogar das Denken darauf eingestellt.

Der Vater von Hans-Peter war wie Herr Plassner ehrenamtlicher Polizeihelfer. »Und eines Tages kam der ABV von Lüttgenrode auf meinen Vater zu und meinte: ›Du wohnst hier ja nun, dann halt mal dein Auge ein bisschen auf Freudenbergs Hof.‹ Da sagte mein Vater: ›Spinnst du? Wieso denn das?‹ Hat der ABV nicht weiter erklärt, warum und weswegen. Und da hat mein Vater bloß zu ihm gesagt: ›Pass mal auf, meine Nachbarn bespitzel ich nicht!‹ Das war ein paar Tage, bevor Winfried mit seinem Ballon starten wollte. Da war die Stasi ihm schon auf den Fersen. Da wussten sie schon, dass er irgendwas vorhat. Woher auch immer.«

»Sind die Dateien jetzt drauf?«, fragt Ernst. Er beargwöhnt meinen Computer, weil er Apple-Produkte affig findet. Ich öffne mit zwei lässigen Shortcuts ein PDF mit 121 Bildern. »Bitte sehr!«

Viele Dateien sind Kopien von Zeitungsartikeln über den Fall Freudenberg, die nach dem Mauerfall veröffentlicht wurden. Weiterhin Dokumente aus dem Polizeibericht – wo auch immer er die herhat. Auf einem der Dokumente befindet sich ein Stempel der Justizpressestelle Berlin-Tiergarten. Das könnte ein Hinweis darauf sein, dass es sich um Auszüge einer Gerichtsakte handelt.

»Strafgerichtsurteile sind öffentlich zugänglich«, sage ich zu Ernst und verspreche, nächste Woche bei der Staatsanwaltschaft Berlin nachzufragen, ob die etwas im Archiv liegen haben. Ich scrolle weiter und traue meinen Augen nicht:

Mitteilung des Untersuchungsorgans:
Gegen Sie wurde wegen des dringenden Verdachts
eines ungesetzlichen Grenzübertritts im schweren

Fall ein Ermittlungsverfahren eingeleitet. Gemäß
§ 62 und 91 StPO wurden Sie über Ihre Rechte auf
Verteidigung und Beschwerde belehrt. Sie haben die
Gelegenheit sich zur [...] Beschuldigung zu äußern![48]

Die erste Seite fehlt. Ich scrolle noch weiter vor – das fünfseitige
Protokoll stammt vom 8. März 1989 und wurde von Sabine
Freudenberg unterschrieben. Es ist das Protokoll eines Verhörs
durch die DDR-Staatssicherheit.

Antwort:
Ich habe die Beschuldigung voll inhaltlich verstanden [...] Hinsichtlich der Belehrung über meine Rechte kann ich sagen, daß ich bisher korrekt
behandelt wurde. Ich habe keine Beschwerden. Bezüglich meiner Verteidigung möchte ich das Büro
von Rechtsanwalt Prof. Dr. Vogel anschreiben. Ich
möchte jedoch darauf verweisen, daß ich sehr müde
bin und daß dies berücksichtigt wird.

Frage:
Schildern Sie Ihren Tagesablauf vom 7. März 1989!

Antwort:
Die Nacht vom 6. zum 7.3. war ich zusammen mit
meinem Ehemann Winfried Freudenberg [...] zu Hause
in der Christburger Straße 57*.
Gegen 6.30 Uhr verließ mein Mann die Wohnung und
begab sich zu seiner Arbeitsstelle, dem VEB Energiekombinat Berlin, Littenstraße. Ich begab mich
gegen 7.30 Uhr mit den öffentlichen Verkehrsmit-
teln in die Hessische Straße zur Sektion Chemie der
Humboldt-Universität Berlin, wo ich als Assisten-

tin tätig bin. […] Am gestrigen Tag ging ich gegen
16.00 Uhr nach Hause und traf dort gegen 16.30 Uhr
ein. Mein Mann war bereits da. Er duschte zu dieser
Zeit.

[…] Kurz nachdem ich eingetroffen war, hörte ich
im Rundfunksender RIAS II den Wetterbericht. Wenn
ich mich recht erinnere, wurde Süd-Ost-Wind ange-
sagt. Günstig für unser Vorhaben war jedoch Ostwind. Durch vielfältige Literaturstudien wusste
ich, daß der Wind von Süd-Ost nach einigen Stunden
in Richtung Ost dreht.[49]

Sabine gibt nicht nur unumwunden vor der Stasi zu, dass auch
sie vorhatte, aus der DDR zu fliehen. Ihre meteorologische Fach-
kenntnis zeugt davon, dass sie für Winfried eine Komplizin auf
Augenhöhe war.

Ca. 16.45 ging ich zu Fuß zur Volkshochschule
Prenzlauer Berg und nahm dort bis gegen 18.30 am
[Englisch-]Unterricht teil. Einerseits, weil ich
vom Arbeitstag ganz schön geschafft war und andererseits, weil ich vom Gefühl her dachte, daß
günstige Witterungsbedingungen für einen ungesetzlichen Grenzübertritt mittels eines Ballons
herrschten, ging ich früher nach Hause. Kurz vor
19.00 Uhr traf ich in der Christburger Straße 57
ein. Mein Mann war immer noch zu Hause. Was er während meiner Abwesenheit gemacht hat, ist mir nicht
bekannt. Ich kann dazu nur sagen, daß wir im Laufe
des Abends halbstündlich den Wetterbericht im RIAS
II, stündlich im Rundfunksender 100,6 und um 19.25
den Wetterbericht im ersten Programm des Fernse-
hens der DDR verfolgt haben. Aus den Prognosen

konnten wir hinsichtlich unseres Vorhabens zuver-
sichtlich sein, da die Tief- und Hochdruckgebiete
sowie die Kalt- und Warmfronten so konstelliert
waren, daß im Raum Berlin Ostwind herrschen wird. [50]

Sabine berichtet, dass in diesen Tagen ein Besuch ihres Ab-
schnittsbevollmächtigten anstand. Der hatte sie bereits vor einigen Tagen im Hausflur abgepasst, um sie zu ermahnen, sich in
das Hausbuch einzutragen. In einem solchen Hausbuch, das für
jedes DDR-Mehrfamilienhaus existierte, wurde vom HGL, dem
Hausgemeinschaftsleiter, eingetragen, wer in dem Haus wohnte
und wer wann über Nacht blieb. Offensichtlich hatten die Freudenbergs die Wohnung in der Christburger Straße erst vor Kurzem bezogen und es versäumt, sich in dieses Buch einzutragen.
Ein ziemlich unvorsichtiger Regelverstoß, wenn man gerade eine
Ballonflucht plant und darauf bedacht sein sollte, möglichst wenig Aufmerksamkeit zu erregen. Andererseits hielten es wohl
viele Bürger recht lax mit diesen Hausbüchern.

Der ABV hatte Sabine bei dieser letzten Begegnung das Ver-
säumnis auch nicht wirklich übel genommen, sonst hätte er ihr
nicht die Idee angetragen, dass sie eine Tätigkeit als Volkspolizei-
helferin übernehmen könnte. Er hatte angekündigt, dass er aus
diesen zwei Gründen am 8. März wiederkommen werde.

Ob das alles nur als Vorwand diente, um bei den Freudenbergs
nach dem Rechten zu sehen, bleibt dahingestellt. Tatsächlich
schlug er nicht am 8. März wieder auf, sondern einen Tag früher
und lieferte dadurch vielleicht den entscheidenden Impuls:

Am gestrigen Tage empfing mein Mann den ABV und den
HGL-Vorsitzenden an der Haustür. Er wies die beiden Personen mit dem Hinweis, daß uns ein Besuch zu
diesem Zeitpunkt nicht passen würde, ab […].
Fest steht, daß die Herstellung des Ballons zu

diesem Zeitpunkt bereits beendet war. Er lag zusammengerollt in ein weißes Baumwolltuch eingehüllt im Schlafzimmer.

Den konkreten Wortwechsel zwischen meinem Mann und mir kann ich jetzt nicht mehr rekonstruieren. Tatsache ist jedoch, daß wir beide in den Minuten danach entschlossen waren, an diesem Abend den Versuch mit dem Ballon zu wagen [...][51]

12

Aber da war Sascha

Ernst ist es gelungen, einen Regisseur aus meinem Freundeskreis zu bezirzen: Robert**. Er hat ihn bei einem experimentellen Theaterprojekt kennengelernt, zum idealen Partner auserkoren und es mit seiner übersprudelnden Begeisterung tatsächlich geschafft, ihn so für unser Projekt zu interessieren, dass wir jetzt zu dritt weitermachen. Es sieht so aus, als könne unsere Ermittlungstour wirklich auf ein Theaterstück hinauslaufen.

Robert betreibt künstlerische Forschung. Auf unkonventionelle Weise ergründet er aktuelle Themen und macht sie in seinen Inszenierungen erfahrbar – ein inspirierender, arbeitsbesessener Mensch, groß, mit gemütlichem Bauch und einer angenehmen tiefen Stimme. Ein bisschen professoral kommt er manchmal daher – und löst es ein.

Dank Roberts Unterstützung konnten wir mit einer Stiftung in Austausch treten, deren Team sich intensiv mit den Schicksalen aller Berliner Maueropfer auseinandergesetzt hat.[52] Peinlich ist: Viele Dinge, denen wir hinterherjagen, haben die Politologen und Historiker längst herausgefunden. Das hat Ernst enttäuscht und beschämt. Er ist also doch nicht der Erste, der auf die Idee kam, dem Fall Freudenberg noch einmal auf den Grund zu gehen. Auch ich, die ambitionierte Hobbyermittlerin, hatte mit meinem Ego zu kämpfen. Ich bin weder Journalistin noch Wissenschaftlerin. In unserem Detektivspiel haben wir darauf

**   siehe Anmerkungen Seite 293

verzichtet, sämtliche Literatur zu dem Fall zu studieren. Hätten wir das tun müssen? Ich hatte keine Lust. Ich wollte nicht in Bibliotheken sitzen und mir Rekonstruktionen aus dritter Hand durchlesen, sondern unbefangen mit den Menschen sprechen, Freudenbergs Lebensstationen besichtigen, mich gemeinsam in die Originaldokumente vertiefen und sie auf uns wirken lassen. Genau das ist für Robert unsere Stärke: Weil unser Zugang zu den Ereignissen so unmittelbar und im herkömmlichen Sinne unwissenschaftlich ist, haben er und Ernst den Historikern verklickern können, dass die Geschichte von Winfried Freudenberg es wert ist, noch einmal neu erzählt zu werden. Von uns.

Wir haben jetzt schon mit mehr Zeugen gesprochen als die »echten« Historiker – und das, obwohl wir Sabine noch nicht gefunden haben. Google bockt: Sabine + Rosengrün + Chemie, Sabine + Rosengrün + Berlin, Sabine + Rosengrün + Dr. + Humboldt-Universität. Nichts. Wir brauchen den aktuellen Nachnamen.

Die Mitarbeiterinnen der Stiftung kennen ihn, dürfen ihn aber nicht verraten. Sie haben uns gestanden, dass es ihnen selbst nicht gelungen sei, mit ihr zu sprechen. In ihrer Veröffentlichung berufen sie sich bei der Rekonstruktion der Fluchtnacht auf die Protokolle der Stasi und einen Zeitungsartikel aus den frühen Neunzigerjahren.[53]

»Heißt: Selbst wenn wir sie fänden …«, hat Ernst zu mir und Robert gesagt. »Sie will sowieso nicht reden.«

Robert warnt schon aus Prinzip vor solchen Schlussfolgerungen: »Das ist deine Vermutung.«

Die Wissenschaftler haben – anders als wir – die Befugnis, auf ganz offiziellem Wege bei der BStU, der Behörde des Bundesbeauftragten für die Aufarbeitung der Stasi-Unterlagen, Winfried Freudenbergs Akte einzusehen. Sabines Akte ist weitgehend tabu. Sie lebt schließlich noch und hat sich nach dem bundesdeutschen Rechtsverständnis mit der Republikflucht nichts zuschulden kommen lassen. Dass uns ihr erstes Verhör bereits in Kopie vorliegt, haben wir sicherheitshalber verschwiegen und stattdessen die offizielle Akteneinsicht beantragt. Solange ich die Klappe halte, verleiht die Kombination aus meiner harmlosen weiblichen Erscheinung, Roberts professionellem Auftreten und Ernsts gut sitzendem Anzug unserem Dreierteam eine Seriosität, die Tür und Tor öffnet: Wir durften weitere Kopien der »Akte Winfried Freudenberg« einsehen, nachdem wir versichert haben, sie mit der gebotenen Umsicht zu verwenden: Stasi-Protokolle geben nicht die Stimme der Verhörten wieder. Die Aussagen wurden durch unlautere Verhörmethoden manipuliert. Und natürlich fasst der Protokollant das Gesagte jeweils auf seine Weise zusammen.

Die neuen Kopien stammen hauptsächlich aus dem »Vorgang Regler«. Dieser Stasi-Vorgang wurde am 17. März 1989 angelegt und beginnt mit der Spurensicherung am Ablandeort am frühen Morgen des 8. März 1989. Das heißt: Bis zum Tage seiner Flucht war Winfried Freudenberg, so wie seine Ehefrau Sabine, ein unbeschriebenes Blatt. In Stasi-Sprache: »nicht erfasst«. Bis dahin gab es nicht einmal einen Eintrag in der zentralen Klarnamenkartei. In dieser Klarnamenkartei, der F 16, hatte die Stasi alle Namen von Personen registriert, die in einer oder mehreren Akten eine signifikante Rolle spielten. Wären die Freudenbergs bereits beschattet worden, hätten sie in der Klarnamenkartei geführt werden müssen. Das wiederum bedeutet: Reinhold und Hans-Peter irren. Bis zum 8. März 1989 war niemand dem Ehepaar Winfried und Sabine Freudenberg auf den Fersen, jedenfalls nicht in einer organisierten und dokumentierten Form.

Unter den Kopien befinden sich Protokolle der entscheidenden Zeugenaussagen zu besagter Nacht. Es sind genau drei: das uns vorliegende Protokoll von Sabines Aussage, der Bericht eines

Volkspolizeimeisters Obricht* und die Zeugenaussage eines unheilvollen Fremden, dessen Name speziell für uns geschwärzt wurde. Wir haben ihn Sascha genannt.

[Sascha:]
Zur Zeit verrichte ich Pauschalarbeiten im Arbeiterwohnheim Blankenburg, da ich keinen festen Arbeitsplatz habe.

Ich habe vorher beim VEB BERGMANN BORSIG gearbeitet, und es läuft jetzt noch eine Bewerbung beim VEB REWATEX, dessen Ergebnis ich noch abwarten muß.

Im Arbeiterwohnheim arbeite ich in der Gaststätte als Kellner.[54]

Während Sascha im Arbeiterwohnheim Blankenburg seine Spätschicht begann, packten Sabine und Winfried Freudenberg in ihrer Wohnung Wertgegenstände, Kleidung, Bücher, Haushaltswaren und Erinnerungsstücke in Tüten und Bündel.

[Sabine Freudenberg:]
Separat nahmen wir zwei ineinander gerollte Wolldecken mit. Eine von den beiden Wolldecken hatten wir anläßlich unserer Eheschließung am 08.10.1988 geschenkt bekommen. Die einzelnen Materialien waren sowohl als Ballast am Ballon als auch für den späteren Gebrauch in Westberlin gedacht.[55]

Die irritierenden kleinen Dinge auf der Liste der Fundgegenstände hatten also lediglich die Funktion, das benötigte Gewicht der einzelnen Tüten zu vervollständigen. Sie charakterisieren Winfried Freudenberg im Einzelnen nicht, so wie wir zunächst dachten, allenfalls in seiner Detailbesessenheit.

[<u>Sabine Freudenberg</u>:]

Gegen 21.00 fuhren mein Mann und ich [...] nach Blankenburg und stellten dort meine Pkw-Trabant-Limousine vor der Lebensmittelkaufhalle in der Bahnhofstraße ab. Von dort begaben wir uns zu Fuß unter Mitnahme der bereits genannten Textilien, Kleidungsstücke und Decken zu einem Grundstück in der Blankenburger Schäferstege. Auf diesem Grundstück, welches eingezäunt ist, befindet sich ein altes gemauertes Gebäude, in dem sich eine Reglerstation für Erdgas befindet.[56]

Für die Wissenschaftler der Stiftung Schnee von gestern, für uns sensationell: Winfried Freudenberg hatte seinen Ballon mit Erdgas gefüllt. Da war man 1989 bei den Ermittlungen im Westen nicht darauf gekommen. Das hatte einen Grund: West-Berlin wurde 1989 – um die Unabhängigkeit von der UdSSR zu wahren – noch mit Stadtgas aus der BRD versorgt. Die West-Berliner Kommissare, die Experten und Journalisten hatten übersehen, dass man in der DDR schon in den Siebzigerjahren angefangen hatte, auf russisches Erdgas umzustellen. Das hat andere Eigenschaften als Stadtgas, ist zum Beispiel weniger giftig. Ein Kubikmeter russisches Erdgas ist etwa fünfhundert Gramm leichter als Luft. Hundert Kubikmeter Erdgas können also fünfzig Kilo Gewicht in die Luft heben.

Winfried hatte sich als Mitarbeiter des VEB Energiekombinats problemlos die Schlüssel zu dem Vorhängeschloss am Zauntor des Grundstücks und zu der Eingangstür der Gasreglerstation verschaffen können.

Winfried und Sabine legten die Tüten und Beutel auf dem Grundstück ab und fuhren zurück zur Wohnung, wo sie die letzten Sachen zusammenpackten und mit dem Ballon in ihren Trabant luden. Der Ballon war im zusammengefalteten Zustand so groß, dass sie dafür die Rückbank des Wagens ausbauen mussten. Wichtige Dokumente und Geld steckte Sabine in eine Umhängetasche, die sie am Körper trug.

[Sabine Freudenberg:]
Weiterhin hatte ich in dieser Umhängetasche ein
Küchenmesser in einer selbstgefertigten Hülle, um
Plastebindfäden (weiße), die für den Ballon zurechtgeschnitten werden mußten, zu schneiden bzw.
um die Halterungen für den Ballast abtrennen zu
können. [57]

Gegen 23.00 Uhr brachen sie ein zweites und letztes Mal zur
Schäferstege auf und legten dort den Ballon gegen 23.30 Uhr auf
dem Grundstück ab, das sich inmitten einer Kleingartenanlage
befand. Um sicherzustellen, dass sein Auto keinen Verdacht erregte, stellte Winfried es auf einem Parkplatz in der nahe gelegenen Bahnhofstraße ab und kehrte dann zu Fuß zum Grundstück
zurück. Gemeinsam rollten Winfried und Sabine den Ballon
aus. Winfried befestigte dann den 30 Meter langen Zuleitungsschlauch, der sich am Ende wie Hosenbeine in zwei Schläuche
teilte, an zwei Gasrohren in der Station. Anschließend öffnete er
die Ventile. Der Ballon blies sich wie geplant auf. Sabine sorgte
mit gezielten Handgriffen dafür, dass das Gas sich gleichmäßig
verteilen konnte.

Nach einer guten Stunde überragte der immer größer werdende Ballon längst die Bäume des Gartengrundstücks. Immerhin
war es dunkel, eine Neumondnacht, und die matte, durchsichtige Hülle des Ballons reflektierte nur im Faltenwurf ein wenig
Licht von der dürftigen Beleuchtung der Kleingartenkolonie.

Als der Ballon anfing, sich selber zu tragen, befestigten wir beide ein Autoabschleppseil aus

Plaste an einem Zaunpfosten und an einem Zaunfeld,
damit der Ballon ausreichend gehalten und somit
Gas aufnehmen konnte. Weiterhin knüpften mein Mann
und ich mehrere Beutel mit Kleidungsstücken, den
Büchern und zum Teil mit Kies als Ballast an das
selbstgefertigte Netz, welches den gesamten Ballon
umspannte. [58]

Um diese Zeit dürfte Sascha die letzten Betrunkenen aus der
Arbeiterwohnheimkneipe hinauskomplimentiert, die Gläser abgewaschen und in den Regalen versorgt haben. Er selbst
hatte während des Dienstes auch einige Drinks in sich hineingekippt:

[Sascha:]
Ich habe insgesamt 3 oder 4 Cola-Wodka getrunken. [59]

Sascha dürfte leicht getorkelt sein, als er das Lokal verließ und
sich zur Bushaltestelle Blankenburg Bahnhofstraße begab:

Am 8.3.1989 habe ich meine jetzige pauschale
Arbeitsstelle zwischen 01.20 Uhr und 01.30 Uhr
verlassen. Ich begab mich zur Bushaltestelle der
Nachtlinie 105 Richtung Weißensee [… Sie] befindet sich in der Heinersdorferstraße/Ecke Bahnhofstraße.
    An der Bushaltestelle angekommen, zündete ich mir
eine Zigarette an und schaute dann in den Himmel,
da ich etwas für Sterne übrig habe. Ich stellte
aber Bewölkung fest.
    Als ich in Richtung Weißensee schaute […], wo
sich eine Kleingartenanlage befindet, sah ich am
Himmel einen Ballon. Ich schaute wieder weg, da ich

der Meinung war, daß es sich hier um eine Sinnes-
täuschung handeln könnte. [60]

Hierbei hätte Sascha es belassen können. Wahrscheinlich wäre
alles ganz anders verlaufen, wenn er an diesem Abend zwei Cola-
Wodka mehr getrunken hätte.

Ich schaute wieder in die Richtung und sah, daß
sich meine Feststellung bewahrheitet hat und daß
ich wirklich einen Ballon am Himmel sah […] aber
noch keinen Korb […] Der Ballon war auch noch nicht
richtig gefüllt. Er schwankte hin und her. [61]

Die Straßen waren wie leer gefegt, einziges Fahrzeug war der
Bus, der pünktlich um 1.40 Uhr an der Haltestelle Blankenburg
Bahnhofstraße eintraf. Sascha stieg ein und stellte fest, dass er
der einzige Fahrgast war. Der Bus fuhr ab, stadteinwärts die Heinersdorfer Straße entlang, die ungefähr fünfzig Meter parallel
zur Schäferstege verläuft. Sascha konnte den Ballon vom Bus-
fenster aus noch einmal ausgiebig betrachten:

Der Ballon hatte mindestens einen Durchmesser von
5 Meter. […] Er war immer noch ein Ei. […] Die Farbe war meiner Meinung nach grün. Nach der Licht-
reflektierung zu urteilen, besteht der Ballon aus
Plaste. [62]

Der Busfahrer hatte offensichtlich nichts bemerkt, und Sascha
sah tunlichst davon ab, ihn einzuweihen. Nicht aus Rücksicht,
sondern um der Erste zu sein:

Ich begab mich zu dem Busfahrer und sagte ihm, daß
ich an der nächsten Bushaltestellte, wo sich eine

Telefonzelle befindet, aussteigen möchte.[63] [...]
[Meine Kenntnis], daß schon mal DDR-Bürger mit
einem Ballon »abgehauen« sind, veranlaßte mich, die
Volkspolizei zu informieren.[64]

Gesagt – getan. So kam Herr Obricht*, Streifenführer Meister
der Volkspolizei, unverhofft zu einem nicht alltäglichen Einsatz:

[Obricht:]
Mit dem Gegenstand der Zeugenvernehmung vertraut
gemacht, möchte ich folgende Angaben zum Sachver-
halt machen:
    Am 8.3.1989 um 01.50 Uhr erhielt unser Fstw
[Funkstreifenwagen] 05/22 durch den ODH [operativen
Diensthabenden] der VPI [Volkspolizeiinspektion]
Pankow, den Einsatzbefehl, zu der Telefonzelle Am
Steinberg zu fahren.
    Nach ca. 7 Minuten trafen wir an der Telefonzelle
ein, und ein Bürger erwartete uns bereits. Dieser
Bürger berichtete dann, daß er vom Bus aus einen
Ballon in der Anlage in der Nähe der Bahnhofstraße
in Berlin-Blankenburg gesehen hat.[65]

Sascha stieg ein. Er musste sich, da die Polizisten zu zweit waren,
wie ein Kind auf die Rückbank setzen, um von dort aus die Strei-
fe Richtung Schäferstege zu navigieren.

Winfried und Sabine konnten zu diesem Zeitpunkt nicht mehr
tun, als darauf zu warten, dass der Ballon sich füllte. Das ging
überraschend schnell. Wären Winfried und Sabine nur eine Stunde früher von ihrer Wohnung zur Schäferstege aufgebrochen,
wäre der Ballon um diese Zeit wahrscheinlich prall gefüllt gewesen. Und zum Abflug bereit.

[Sabine Freudenberg:]

Nachdem der Ballon zur Hälfte gut gefüllt war, und
er durch den heftigen Wind hin und herschwankte,
wurde das Autoseil stark beansprucht. Mein Mann
und ich mußten dieses Seil an einem weiteren Pfosten befestigen, da sich der andere durch die Zug-
kraft gelockert hatte [...]
   Als Haltevorrichtung für meinen Mann und für mich
waren zwei ca. 35 bis 40 cm lange Stücke eines Be-
senstiels vorgesehen. Jedes Stück Besenstiel war
in der Mitte an einem Seil befestigt. Das Seil
wurde am Körper vorbeigeführt, so daß man auf dem
Besenstiel sitzen konnte. Desweiteren sollte im
Brustbereich jeder für sich einen Ledergürtel an-
schnallen. Damit sollte die Stabilität des Körpers
in der Senkrechten gehalten werden. Am Lederriemen
sollten desweiteren mehrere Plastefäden befestigt
werden, die am anderen Ende mit dem Ballonnetz verknotet waren. [66]

Die Sicherung erfolgte durch einen mit dem Ballonnetz verbundenen Lederriemen. Nicht mit der Lederjacke. Sie war nicht am
Ballon festgebunden. Winfried muss sie während der Startvorbereitungen getragen haben.

Nachdem ich bereits in der Haltevorrichtung befestigt war und mein Mann begann, sich ebenfalls
»einzuhängen«, bemerkten wir am Gartenzaun einen
Funkstreifenwagen, der vor den Toren hielt. [67]

In dem Streifenwagen saßen Obricht, sein Kollege und der euphorische Sascha.

116

Als wir auf der Höhe der Gasstation waren, sahen
wir, daß der Ballon auf dem Grundstück dieser Gasstation war [...] Nach unten hin verjüngte er sich,
so daß er die Form einer Birne hatte. Bei dem Material müßte es sich meiner Meinung nach um grüne Plaste gehandelt haben. Meiner Meinung war der
Ballon auch nicht voll aufgefüllt. Er war irgendwie
lasch und nicht prall. [68]

Die Einzäunung und eine Wellblechgarage versperrten die Sicht
auf die Wiese. Keiner konnte den anderen sehen. Während die
Polizisten das Gebilde am Himmel eher bedächtig in Augenschein nahmen, reagierten Winfried und Sabine blitzschnell:

[Sabine Freudenberg:]
In dieser Situation schlug ich meinem Mann vor, daß
er das Vorhaben alleine verwirklicht, weil der Ballon noch nicht richtig gefüllt war und ich vermutete, daß wir nicht beide mit dem Ballon fliegen können würden. [69]

Obricht und sein Kollege stiegen aus und gingen vor bis zum
Zaun:

[Obricht:]
Das Tor war verschlossen mittels Vorhängeschloß. [70]

Auf der anderen Seite des Zauns hatte Winfried sich entschieden,
Sabines Vorschlag zu folgen:

Mein Mann war damit einverstanden. Ich schnitt
mein Haupthalteseil durch und war damit vom Bal-

lon getrennt. Mein Mann befestigte sich weiter in
der Haltevorrichtung und schnitt unmittelbar darauf das Autoseil durch. Daraufhin hob der Ballon
mit meinem Mann in Richtung Gartensiedlung bzw. in
Richtung Westen ab. Inwieweit mein Mann sich vom
Ballon getrennt hat oder ob er mit dem Ballon fort-
geflogen ist, kann ich nicht sagen. Der Ballon war
jedenfalls innerhalb von Sekunden am dunklen Nacht-
himmel verschwunden. [71]

[Obricht:]
Als wir am Tor standen, stieg der Ballon auf. An
dem Ballon hing eine Person, total umwickelt mit
Seilen. Meiner Meinung nach hatte er eine sitzende
Stellung inne. [72]

Der Ballon flog über den Kopf von Obricht und seinem Kollegen
hinweg Richtung Westen. Sabine, die hinter der Reglerstation
stand, konnte den Ballon nun nicht mehr sehen:

Während ich unten auf der Wiese stand, hörte ich
plötzlich starke Zisch- und Knallgeräusche. Ich
vermutete mehrere Schüsse aus Pistolen. [73]

Sascha hingegen hatte von seinem Platz auf der Rückbank des
Polizeiautos eine bessere Sicht auf das Geschehen. Winfried war
mit einer Stromleitung kollidiert.

[Sascha:]
… ich sah, daß bestimmt 3 bis 4 dieser Leitungen
gerissen sind, da Funken heraussprühten. [74]

Alles war plötzlich hell erleuchtet. Obricht konnte den Mann am Ballon bestens erkennen.

[Obricht:]
Er trug einen schwarzen Vollbart und hatte schwar-
ze, gewellte Haare [...] Das Gesicht konnten wir deswegen so gut erkennen, weil er eine Lampe bei sich
hatte, die sein Gesicht anstrahlte [...] Zu der Bekleidung kann ich nur sagen, daß es dunkle Bekleidung war.
    Die ganze Gegend hat unheimlich nach Gas gerochen.
Aus diesem Grund habe ich auch nicht in den Ballon
geschossen. Ich hatte Angst, daß es zu einer Explosion kommen könnte.[75]

Sabine verharrte immer noch auf dem Grundstück, etwas abseits des Geschehens:

Über der Wellblechgarage, die sich neben der Reglerstation befindet, hörte ich noch, wie Gegenstände zu Boden fielen. Ich nehme an, daß mein Mann
Ballast abgeworfen hatte.[76]

Sascha konnte sehen, dass das tatsächlich so war:

Die mir unbekannte Person warf [...] einige Sachen heraus, wahrscheinlich um den Korb leichter
zu machen. Ich habe auch eine Taschenlampe fliegen sehen. Die Genossen des [Funkstreifenwagens]
leuchteten die Person auch an, welche selbst auch
zurückleuchtete. Der Ballon kam aber aus der Stromleitung heraus und gewann dann schnell an Höhe.[77]

Sabine entfernte sich mit unhörbaren Schritten vom Tatort:

Nachdem ich ca. 1 bis 2 Minuten unschlüssig an der
Abflugstelle verharrt hatte, entschied ich mich
spontan, in Richtung Heinersdorfer Straße zu verschwinden.

Unterwegs warf ich noch meinen Fotoapparat, das
Messer und die zwei Lederriemen, die ich am Oberkörper befestigt hatte, weg. [78]

Obricht hielt es nicht für erforderlich, unmittelbar nach weiteren
Personen zu suchen. Er forderte erst über Funk Verstärkung an.

[Obricht:]
Danach sind wir dann über den Zaun des Grundstücks
gestiegen und haben das Gelände nach weiteren Personen abgesucht.

Es wurde keine weitere Person festgestellt. [79]

[Sabine Freudenberg:]
Das Messer und die Riemen mit Plastefäden habe ich
in zwei Mülltonnen in Blankenburg geworfen. Da ich
nicht weiß, wo ich im einzelnen lang gelaufen bin,
kann ich jetzt nicht sagen, wo sich die Mülltonnen
befinden. [80]

Weitere Polizisten, Stasi-Mitarbeiter und die Feuerwehr rückten
an. Der Gaszulauf wurde abgeklemmt, der Tatort mit allen liegen gelassenen Gegenständen dokumentiert, anhand dieser die
Täter identifiziert und der Haftbefehl gegen Winfried und Sabine
Freudenberg erlassen.

[Obricht:]
Weitere Angaben zum Sachverhalt kann ich nicht machen. Ich habe die Zeugenvernehmung selbst gelesen. Meine Worte sind darin richtig wiedergegeben und entsprechen in allen Teilen den von mir gemachten Angaben […]
    Gezeichnet: Streifenführer Meister der Volkspolizei Obricht.[81]

Sabine war entkommen. Ob ihr bewusst war, dass sie ohne eine oppositionelle Organisation im Rücken keine Chance haben würde, abzutauchen?

[Sabine Freudenberg:]
Den Weg nach Hause legte ich zu Fuß zurück. An der Wohnungstür wurde ich von zwei Polizisten in Empfang genommen.
    Ich möchte darum bitten, daß die Vernehmung beendet wird, da ich sehr übermüdet bin. Ich habe das Vernehmungsprotokoll selbst gelesen […] Meine Worte wurden darin richtig wiedergegeben. Das bestätige ich mit meiner Unterschrift.
    Beschwerden habe ich keine vorzubringen. Ich bitte darum, daß mir bei Bedarf meine Tabletten zur Verfügung gestellt werden, da ich unter Asthma Bronchiale leide.
    Während der Vernehmung konnte ich trinken und Mittag essen. Pausen wurden mir ausreichend gewährt. Sabine Freudenberg.[82]

13

Trennung

Ernst, Robert und ich stehen vor der Christburger Straße 57 – Sabines und Winfrieds Wohnung, von der aus sie am 7. März 1989 aufbrachen. Es ist Samstag, reger Betrieb im Prenzlauer Berg: Familien mit Bioladentüten, Touristen auf Leihfahrrädern, junge Paare auf dem Weg zu dem veganen Frühstückscafé, wo ich Kaffee für uns drei geholt habe.

Damals bröckelten die verrußten Fassaden der Mietshäuser, waren noch mit Einschusslöchern aus dem Zweiten Weltkrieg versehen. Im Winter roch es nach Braunkohle, im Sommer überwucherten die von der Zerbombung geebneten Brachflächen. Diese Brachflächen sah man 1989 genau dort, wo jetzt teure Neubauten zwischen denkmalgerecht sanierten Altbauten die Zeilen veredeln.

Das Winsviertel ist zum feinen Akademiker-Paradies gediehen – hell und fröhlich, allerdings auch nicht grenzenlos frei: Wer im Prenzlauer Berg aufwächst, darf auch keine Coca-Cola trinken, nicht bei Burger King essen oder sich imperialistische Hollywoodfilme ansehen. Nur kommt dieses Verbot nicht von der Regierung, sondern von der freiwilligen Selbstoptimierungs-Community.

»Gentrifizierungskaffee«, sagt Ernst zu meinem Hafermilch-Cappuccino, der vier Euro gekostet hat und nicht schmeckt. Ja, es fällt nicht leicht, dieses Viertel gedanklich ins Jahr 1989 rückzubauen.

Die drei Zeugenprotokolle kennen wir inzwischen auswendig. Sie passen wie Puzzleteile ineinander, sodass wir endlich einige ausgewählte Fakten als gesichert annehmen dürfen:

Der Ballon war mit Erdgas gefüllt. Sabine und Winfried wollten gemeinsam damit in den Westen fliehen, wurden aber beim Aufbruch gestört. Der Ballon war noch nicht ganz gefüllt. Winfried flog alleine. Gestört wurden sie nicht von der Stasi. Ob die schon alarmiert war, wissen wir nicht, wahrscheinlich nicht. Was wir auch wissen, ist, dass es nicht die Schwiegereltern waren, die Winfried verpfiffen. Wie ist Reinhold darauf gekommen? Schließlich hat er uns dieses Protokoll gegeben. Es war ein zufälliger Passant, der spätnachts von der Arbeit kam, an der Nachtbushaltestelle seinen Zigarettenrauch Richtung Schäferstege blies und dabei den Ballon über der Kleingartenanlage schweben sah. Er war leicht angetrunken und doch nicht betrunken genug, als dass sein Eifer, sich als Denunziant zu profilieren, davon gedämpft gewesen wäre. Beim Verfolgen seines Ziels, entscheidend dazu beizutragen, dass die sündigen Ausreißer geschnappt werden, zeigte er mehr Ambitionen als die Polizisten. Die kamen erst dann auf die Idee, über den Zaun zu klettern, als der Ballon schon abgeflogen war. Suchte man haarspalterisch nach Schuldigen, gäbe es sicherlich Anlass, Sascha für den überstürzten Aufbruch mit Todesfolge mitverantwortlich zu machen, wenn auch ohne juristische Konsequenzen. Die Volkspolizisten müsste man entlasten. Sie waren von Berufs wegen gebunden, auf Saschas Anruf zu reagieren. Selbst wenn sie das politische Motiv der Freudenbergs außer Acht gelassen hätten, wären sie verpflichtet gewesen, dem Straftatbestand des Gasdiebstahls nachzugehen.

Die Darstellung des Tatverlaufs in Sabines Protokoll kam uns – beim Gegenlesen der anderen zwei Protokolle – wahrhaftig und lückenlos vor. Nach dem zweiten Lesen hat Robert gesagt:

»Da fehlt was.«

Ernst hatte die entsprechende Stelle schon mit seinem pinken Textmarker hervorgehoben:

```
In dieser Situation schlug ich meinem Mann vor,
daß er das Vorhaben alleine verwirklicht, weil
der Ballon noch nicht richtig gefüllt war und ich
vermutete, daß wir beide nicht mit dem Ballon
fliegen können würden.
```

Sabines Argumentation klingt unbestechlich: »Wenn der Ballon nicht richtig gefüllt ist, kann nur einer fliegen. Du!« Winfried fackelte nicht lang:

```
Mein Mann war einverstanden.
```

Winfried und Sabine, das frisch verheiratete Liebespaar, erleben mit dem Eintreffen der Polizei an der Abflugstelle einen Moment größter äußerer Bedrohung. Die Entscheidung, wie sie darauf reagieren, wird binnen Sekunden getroffen: Er fliegt, sie rennt. Ist der Umstand, dass der Ballon noch nicht genug Tragkraft für zwei Personen aufbringt, Anlass genug, sich zu trennen?

Mit einer halben Füllung, also angenommenen 412 Kubikmetern russischem Erdgas, errechne ich einen Auftrieb von ungefähr 206 Kilogramm. Winfried wog 63, Sabine gebe ich 60, dazu 38 Kilo Plane, Schnüre und Seile. Kommt auf ungefähr 200, plus 48 Kilo Ballast. Wenn Sabine einige Ballasttüten abgeschnitten und sich stattdessen angegurtet hätte, wäre es riskant gewesen, aber vielleicht nicht unmöglich, zu zweit abzuheben.

Naheliegender wäre wohl gewesen, gemeinsam wegzurennen. Selbst wenn sie hätten fürchten müssen, bald geschnappt zu werden: Wenn man sich liebt und in Gefahr ist, fasst man sich dann nicht intuitiv an den Händen und rennt? Gemeinsam? Atemlos und unzertrennlich, über Zäune und Büsche? Um wenigstens die letzten Stunden in Freiheit miteinander zu verbringen, unbesiegbar durch die Liebe, die man füreinander empfindet?

Ich bin in meinem Leben selten in annähernd vergleichbare Situationen geraten. Ich erinnere mich an ein Erlebnis in Italien. Ich war mit einer guten Freundin für einen Arbeitsaufenthalt in die Toskana gefahren. Ein dubioser Künstlertyp hatte uns erlaubt, auf dem Grundstück seines Hauses zu zelten. Das Haus lag einsam auf einem Weinberg und war nur über einen Fußweg erreichbar. Wir hatten beide kein Geld und wenig Ansprüche. In dem Haus des Künstlers hatte sich eine Gruppe bedrohlicher Männer zum Feiern einquartiert, von denen einer, der sich für ehrenhafter hielt als seine betrunkenen Kumpel, uns am späten Abend warnte, dass Pläne geschmiedet wurden, uns zu überwältigen. Innerhalb weniger Minuten mussten wir reagieren.

Unser Auto stand unten im Tal. Dort waren die Stadt, andere Menschen und die Carabinieri. Wir packten in Windeseile alle Sachen in unsere Rucksäcke. Erst als wir damit fertig waren, wurden die Männer auf unseren überstürzten Aufbruch aufmerksam. Meine Freundin und ich nahmen uns an der Hand und rannten in tiefschwarzer Nacht den Berg hinunter. Das Terrain war in Terrassen angelegt, deren Grenzen wir in der Dunkelheit nicht erkennen konnten. Plötzlich hatten wir keinen Boden mehr unter den Füßen, flogen mehrere Meter hinab, landeten auf den Füßen, rannten weiter, ohne uns loszulassen. Die Angst, aber auch das unbedingte Zusammengehörigkeitsgefühl verliehen uns beinahe übermenschliche Kräfte.

Wenn man gemeinsam in eine Not gerät, kann sich in Minuten oder Sekunden herauskristallisieren, wie man zueinander steht.

Für Sabine und Winfried spitzt sich in der gegebenen Bedrohungssituation die Beziehung auf dramatische Weise zu – und sie entscheiden sich für eine Trennung. Winfried war vor nur sechs Monaten alleine im Westen gewesen. Wenn es damals keine Option für ihn war, dortzubleiben, warum war es jetzt so naheliegend, dass er den Alleingang wagte? Nur weil es zu zweit eben nicht ging? War das Versprechen nicht gewesen: beide oder gar nicht? Welche Geschichte erzählt uns diese Trennung?

Wir haben genau vier Varianten ausgemacht, wie man sich trennen kann:

A – Beide wollen die Trennung. Einvernehmlich.

B – Er trennt sich gegen ihren Willen.

C – Sie trennt sich gegen seinen Willen.

D – Sie werden getrennt. Das war hier nicht der Fall. Es war eine Entscheidung, die dazu geführt hat, dass er abfliegt und sie rennt.

Sabine hat im Vernehmungsprotokoll die Trennung in der Variante A geschildert: einvernehmlich. Wir wollen am Tatort die zugespitzte Situation kurz vor dem Abflug nachempfinden.

Ernst hat ein Car to go organisiert, mit dem wir von der Christburger Straße aus zur Schäferstege Berlin-Blankenburg aufbrechen. Er schlägt vor, dass ich mich auf die Rückbank setze, angeblich damit ich mich besser in Sabine hineinfühlen kann.

»Und Robert spielt den zusammengefalteten Ballon, oder was?«

Niemand lacht.

Kaum befinden wir uns ein paar Kilometer nördlich, sieht man doch noch Spuren der DDR, auch im Prenzlauer Berg. In der Tino-Schwierzina-Straße fällt mir eine braune Fassade auf, die seit den Siebzigerjahren nicht überputzt wurde. Im Erdgeschoss hängt ein Schild über dem Schaufenster: »Schönheitsboutique«, im Stock drüber eine Deutschlandfahne.

Hier fuhren Winfried und Sabine in der Nacht vom 7. März auf den 8. März 1989 lang. Mit welchem Gefühl? Aufbruchstimmung? Kampfgeist? Angst? Oder haben Sabine und Winfried zu diesem Zeitpunkt nur noch mechanisch umgesetzt, was von langer Hand geplant war?

Die Heinersdorfer Straße führt rechts an einer Kleingartenanlage vorbei. Dort biegen wir links ab, in die Schäferstege: kleine Datschen in kurz rasierten kleinen Gärten, manche mit neuen Plastikmöbeln bestückt, viele mit bunten DDR-Gartenmöbeln; Vorhänge in Siebzigerjahre-Blumenmustern, hinter denen wir Bewohner vermuten, die dort bereits 1989 ihre Sommer verbrachten. Ein kartenspielendes Trio von zwei Männern und einer Frau sitzt am Holzimitat-Klapptisch unter einem fransenbesetzten Sonnenschirm. Ein paar Häuser weiter zieht ein schnauzbärtiger Mann in Shorts und Doppelrippunterhemd eine Brennnessel aus dem Blumenbeet. Seine Frau befestigt eine Lichterkette am Vordach eines orange-braunen Hauszelts. Beide starren uns stumm hinterher, bis wir um die Kurve gebogen sind. Der volle Kulissenwechsel nach gerade mal sieben Kilometern: Im Winsviertel ist die DDR längst verschwunden, hier in einer Art Freilichtmuseum konserviert.

Die Gasreglerstation auf der rechten Seite fällt sofort ins Auge: ein roter Backsteinbau aus der Jahrhundertwende, umgeben von einem großen verwilderten Gartengrundstück, gesichert mit dem alten DDR-Zaun. Die Bepflanzung ist in der ganzen Kolonie satzungsgemäß auf Büsche und Bäume bis drei oder vier Meter hoch begrenzt. Nur um die Reglerstation herum wuchert es, und die Bäume sind höher gewachsen.

Wir parken unser kleines weißes Stadtautochen auf dem unbefestigten Weg. Bis zum abgeblätterten Eingangstor sind es nur ein paar Schritte. Es ist »verschlossen mittels Vorhängeschloss«. Erstaunlich ist, dass mir der Zaun nur bis zur Brust reicht.

Obwohl keiner von uns besonders sportlich ist, klettern wir alle drei mühelos rüber – ich, die routiniertere Regelbrecherin, voran. Volkspolizeimeister Obricht gab zu Protokoll, dass »die ganze Gegend unheimlich nach Gas gerochen« habe. Hat er nur deswegen die leichteste aller Übungen gescheut, über diesen Zaun zu hopsen? Den Ballonflieger aufzuhalten, hatte für diese Polizisten jedenfalls nicht die oberste Priorität.

Die Eingangstür zur inzwischen stillgelegten Reglerstation ist abgeschlossen, dafür steht die Tür zur Außentoilette auf. Das Klo ist noch drin, sogar der Klorollenhalter aus orangefarbenem Plastik. Hinter dem Backsteinbau befindet sich eine Terrasse, die mit einer vermoderten DDR-Lichterkette dekoriert ist.

Zwischen dem Backsteinbau und dem linken Nachbargrundstück liegt die Wiese, auf der Winfried und Sabine ihren Ballon ausrollten, um ihn mit Gas zu füllen. Als er sich selbst trug und nach oben strebte, überragte er die Bäume und das Gebäude um mehr als fünfzehn Meter. Jeder Passant hätte ihn von Weitem sehen können.

»Die Datschen sind nicht beheizbar«, sagt Ernst. »Die Besitzer sind im Winter nicht da. Und die Heinersdorfer Straße war damals kaum befahren, schon gar nicht nachts.«

»Wenn das mal so war …«, sage ich.

»Der Nachtbus fuhr natürlich, ja …«

»Hätte man wissen können.«

»Hätte, hätte, hat er nicht.«

Robert wartet geduldig. Er hat vorgeschlagen, sich der Situation vor Ort szenisch anzunähern, in den Varianten A, B und C. Ich skizziere das Ergebnis.

Am Dienstag, den 7. März 1989, war Neumond. Auf der ins Dunkel getauchten Wiese hatten Winfried und Sabine die Ballonhülle ausgebreitet und mit dem Gaszulauf verbunden. Während des Füllens glätteten sie die Plane, damit das Gas sich gleichmäßig verteilen konnte, rückten die Seile zurecht und knoteten die Bündel dran.

Gegen ein Uhr dreißig war der Ballon bereits mehr als zur Hälfte gefüllt. Er zog so stark nach oben, dass sich der tief eingelassene metallene Zaunpfahl, an dem er festgebunden war, lockerte. Alles verlief exakt wie geplant. Sabine verband sich über die Gurtkonstruktion mit dem Ballon. Winfried sicherte das Tau, das den Ballon am Wegfliegen hinderte, wegen des starken Auftriebs noch einmal am Zaunpfosten. Weil es bald losgehen sollte, war er im Begriff, sich anzugurten. Doch dann durchbrach ein Brummen die nächtliche Stille.

Variante A: Einvernehmlich

Winfried versucht, das Geräusch zu orten. Es kommt von der Abzweigung Heinersdorfer Straße. Die Gasreglerstation versperrt ihm die Sicht. Auch Sabine hat etwas gehört.

SABINE

Was ist das?

Jetzt hört man es genau: ein Motorengeräusch.

WINFRIED

Scheiße …

SABINE *(panisch)*

Ein Auto …

Das Motorengeräusch nähert sich.

SABINE

Und jetzt?

Hilfesuchend sieht sie zu Winfried. Doch er ist wie gelähmt.

WINFRIED

Der Ballon ist nicht voll.

SABINE

Und wenn du das Vorhaben alleine verwirklichst?

»Stopp«, sagt Ernst. »So drückt sie das nicht aus.«

»Stand im Protokoll«, sage ich.

»Jetzt mal nicht bockig werden …«

SABINE

Eine Person könnte er tragen.

WINFRIED

Du meinst …?

129

SABINE

Wenn du …

WINFRIED *(erschrocken)*

Alleine?

Das Motorengeräusch wird lauter.

SABINE

Du hast gesagt, sie kaufen politische Häftlinge frei.

WINFRIED

Nach Jahren.

SABINE *(unterdrückt ihre Tränen)*

Es ist dein Traum, Winfried! Unser Traum! Wenn du fliegen
willst, dann tu es! Für uns!

WINFRIED

Ich lass dich nicht allein.

Winfried tritt zu ihr und greift nach ihrer Hand.

SABINE

Das weiß ich.

*Er zieht sie dicht an sich heran und küsst sie innig. Für einen
Moment bleibt die Zeit stehen. Das Aufheulen des Motors
reißt sie aus ihren letzten gemeinsamen Träumen. Autotüren werden aufgerissen. Schritte. Augenblicklich erfassen
beide, was zu tun ist. Während Sabine das kleine Küchenmesser aus der selbst gefertigten Hülle zieht und sich los-
schneidet, gurtet Winfried sich an.*

POLIZIST *(am Tor rüttelnd)*

Hallo!?

Winfried tritt mit seinem Messer zum Zaun.

WINFRIED

Bist du sicher?

*Sabine tritt zurück. Eine Träne rinnt über ihr Gesicht. Sie
versucht zu lächeln.*

SABINE *(flüstert)*

Ich liebe dich.

WINFRIED *(flüstert)*

Ich liebe dich.

Er kappt das Tau. Lautlos zieht der Ballon ihn in den Himmel, er verschwindet in der dunklen Nacht.

POLIZIST *(nur Stimme)*

Halt!

Ganz leise macht Sabine einen Schritt nach hinten, dann noch einen. Ein lautes Knallen und Zischen lässt sie zusammenfahren. Was war das? Ein Schuss?

POLIZIST *(nur Stimme)*

Da ist er.

Sie hört, wie Gegenstände herabfallen. Dann nur noch die Schritte der Polizisten. Sabine tritt noch einen Schritt zurück, stößt an einen niedrigen Zaun, über den sie vorsichtig klettert. Niemand ahnt, dass sie noch dort ist. Auf leisen Sohlen rennt sie Richtung Heinersdorfer Straße.

»Das ist kitschiger Seifenopern-Quatsch«, sagt Ernst. Er weiß, dass ich jahrelang als Telenovela-Schreiberin gedient habe. Ich lasse gern deswegen auf mir rumhacken. Es ist wirklich schwierig, die Leerstelle im Protokoll so zu füllen, dass die Bedrohung keinen Beziehungskonflikt zwischen den beiden auslöst: Warum ist Sabine so schnell bereit, Winfried ziehen zu lassen? Wie kann er sich so schnell von ihr lösen? Außerdem hauen die Berechnungen für den Überflug nicht mehr hin. Das besprechen sie gar nicht? Das kriege ich nur mit Gefühlskleister hingebogen: volles Vertrauen, bedingungsloser Zusammenhalt, durch die Liebe beflügelte optimistische Unbeirrbarkeit.

»Spielen wir Variante B durch«, sagt Robert. »Er hat sich für die Trennung entschieden. Gegen ihren Willen.«

»Und warum hat sie das nicht so ausgesagt?«, werfe ich ein.

»Zwei Gründe!«, sagt Ernst. »Erstens: Sie würde damit eine größere Tatbereitschaft zugeben! Fakt ist ja: Sie blieb da. Das lässt sich von der Verteidigung besser ausschlachten, wenn sie sagt, sie wollte nicht.«

Er hat recht. Außerdem ist ein Gericht oder ein Verhör auch eine Art Bühne. Gespielt wird ganz nebenbei: »Die Beziehung«. Man will nicht eine Frau sein, die verlassen wurde. Die Notlüge, sie habe ihm empfohlen, alleine zu gehen, sollte vielleicht darüber hinwegtäuschen.

»Nur warum hat er sie verlassen?«, sagt Ernst. »Wenn es doch vorher nicht zur Debatte stand.«

Variante B: Er trennt sich

Ein Motorengeräusch durchbricht die nächtliche Stille. Winfried sieht zu Sabine. Sie hat noch nichts gehört, aber spürt seinen Blick im Nacken.

SABINE *(nervös)*

Was ist?

WINFRIED

Wie viel trägt der Ballon jetzt?

SABINE

Der ist halb voll.

WINFRIED

Zweihundert Kilo …

Er überlegt; wartet, bis sie fortfährt, ein Ballaststück festzuknoten, und beginnt dann, sich anzugurten. Das Motorengeräusch ist nicht mehr zu überhören.

SABINE

Winfried …!?

Winfried beeilt sich, seinen Gurt festzuziehen.

SABINE

Was ist das?

Er reagiert nicht auf sie, wirkt plötzlich wie ferngesteuert.

SABINE

Das ist ein Auto. Winfried!

WINFRIED *(bestimmend)*

Schneid dein Seil durch!

Fahrig zieht sie ihr Messer aus der selbst gefertigten Hülle und sägt an ihrem Halteseil.

SABINE

Scheiße.

Man kann Schritte am Tor hören.

SABINE:

Ich krieg das nicht durch …

Sabine drückt mit aller Kraft die Klinge in die Fasern des Seils – und kappt es endlich. Als sie wieder aufschaut, erkennt sie, dass Winfried eigene Wege geht: Statt sich auch loszuschneiden, macht er sich an dem Tau zu schaffen, das den Ballon am Boden hält.

SABINE *(entsetzt)*

Was tust du?

WINFRIED

Ich geh nicht nach Bautzen.

SABINE

Bist du wahnsinnig? Schneid dich ab!

Mit dem Messer in der Hand läuft sie auf ihn zu.

POLIZIST *(von ferne)*

Hallo!?

WINFRIED

Lauf!

Mit einem gewaltigen Messerhieb durchtrennt Winfried das Seil. Der Ballon reißt ihn in die Höhe. Es knallt. Sabine fährt zusammen, als sei sie vom Blitz getroffen. Ein Lichtbogen erhellt das Grundstück. Dann hört sie ein Zischen. Sabine rennt los.

»So hätte Winfried sich nicht verhalten«, sagt Ernst.

»Wieso nicht?«, frage ich.

»Weil er kein Arschloch war.«

»Er war besessen von seinem Plan.«

»Weil es für ihn die einzige Möglichkeit war, Sabine rüberzuholen.«

»Ging es ihm wirklich um sie?«

»Ja. Nein. Auch. Vielleicht.«

Ernst muss über sich selbst lachen.

»Also, sie hat sich getrennt«, halte ich fest.

»Ja.«

Variante C: Sie trennt sich – gegen seinen Willen

Sabine ist bereits angeschnallt. Sie knotet mit klammen Händen eine letzte Ballasttüte an das Ballonseil. Dabei starrt sie apathisch auf den Ballon. Mächtig hat er sich zwischen den Bäumen erhoben. Er zerrt kräftig nach oben und bläht sich immer weiter auf.

Winfried hantiert angespannt mit der Folie, damit das Gas sich schneller verteilt und der Ballon die notwendige Auftriebskraft erreicht.

SABINE

Winfried …

WINFRIED *(angespannt)*

Was ist?

SABINE

Ich hab Angst.

Als habe er sie nicht gehört, zieht er die Folie des Zuleitungsschlauchs auseinander, sodass das Gas schneller einströmen kann.

WINFRIED

Das muss fester. Mach noch einen Knoten.

Sabine fasst nach der Schnur, ist aber plötzlich wie gelähmt. Hat er sie nicht gehört? Winfried merkt, dass sie nicht mehr funktioniert, und tritt zu ihr.

WINFRIED

Alles wird gut.

SABINE

Winfried! Ich habe Angst.

WINFRIED

Du darfst jetzt nicht die Nerven verlieren.

SABINE

Ich …

WINFRIED

Vertrau mir.

SABINE

Ich vertraue dir, aber …

WINFRIED *(eindringlich)*

Dann hilf mir jetzt. Und bleib ruhig.

Sabine zerrt an den Schnüren, um den Ballast besser zu ver-knoten. Beide hören ein Motorengeräusch, das von der Ab-zweigung Heinersdorfer Straße naht.

WINFRIED

Was ist das?

Die Gasreglerstation versperrt ihnen die Sicht.

SABINE *(panisch)*

Die Polizei. Das war's.

Sie will ihren Gurt lösen. Winfried hält ihre Hand fest.

WINFRIED

Wir versuchen es. Schnell!

SABINE

Der trägt uns nicht.

WINFRIED

Schneid den Ballast runter!

Sabine zieht unsicher ihr Messer aus der selbst gefertigten Hülle, während Winfried sich anschnallt.

SABINE

Warte!

Doch er tritt bereits zum Zaunpfosten.

WINFRIED

Der Ballast muss weg!

SABINE

Nein!

*Panisch versucht sie, ihre Sicherungsgurte zu lösen, kriegt
sie in der Hektik aber nicht sofort auf.*

WINFRIED

Was machst du?

Sie nimmt ihr Messer und sägt an ihrem Halteseil.

SABINE

Ich will nicht!

Autotüren schlagen zu. Schritte am Tor.

WINFRIED

Sabine! Wirf das Messer weg!

Sie sägt unbeirrt weiter, das Seil ist bereits halb durch.

SABINE

Ich will nicht sterben.

WINFRIED

Spinnst du, oder was? Wir fliegen. Halt dich fest!

Er holt aus …

SABINE *(entsetzt)*

Du bringst uns um!

*… und kappt das Tau. Der Ballon fliegt hoch und zerrt an
Sabines Seil, doch die Last ist noch zu groß.*

WINFRIED *(brüllt)*

Schneid den Ballast ab!

*Mit letzter Kraft drückt sie das Messer in die Fasern ihres
Seils, um sich vom Ballon zu trennen, und schafft es. Zong!
Der Ballon rauscht nach oben. Winfried verschwindet im
Dunkel der Nacht.*

14

Freiheit

Sabine lehnte sich zurück und ließ die Stadt an sich vorbeiziehen. Wie vertraut ihr die Dimitroffstraße war und doch so fremd. Hier links, die Prenzlauer Allee Richtung Blankenburg ... sie verbot sich die Erinnerung. Rechts zweigte die Winsstraße ab. Das Auto fuhr geradeaus. Keine dreihundert Meter entfernt lag ihre Wohnung. Um keinen Preis der Welt wollte sie dorthin.

Den Weg nach Zeuthen kannte sie in- und auswendig. Am Kulturpark vorbei – das Riesenrad stand noch still, dann das endlose Adlergestell. Links neben ihnen, auf der Überholspur, ein blauer Trabant, in dem ein älteres Ehepaar saß. Die Frau auf dem Beifahrersitz sah neugierig zu ihr herüber. Sabine drehte den Kopf nach rechts, wo sie gleich zwei Flugzeuge am Horizont sehen konnte, die eben in Schönefeld abgehoben hatten – sie flogen nicht in den Westen, sondern nach Osten. Warschau, Moskau oder Bukarest. Selbst in die sozialistischen Bruderländer durfte sie vorerst nicht mehr reisen. Auf der Schulzendorfer Straße grünten schon die Bäume. Und lösten nicht das geringste bisschen Vorfreude auf den kommenden Sommer aus.

Ihre Eltern warteten vor der Tür auf sie. Klein sahen sie aus. Und gealtert. Es ging ganz schnell. Der Stasi-Mitarbeiter auf dem Beifahrersitz öffnete die verriegelte Tür wie ein Chauffeur, verabschiedete sie wortkarg, aber freundlich, und das Auto fuhr davon. Nicht die Spur eines Gefühls von Freiheit kam auf. Der Prozess stand bevor und somit das Urteil. Man konnte sie wegsperren. Bis ihre Jugend vorbei war. Oder war es darum schon geschehen?

Immerhin hatten die Verhöre ein Ende. Alles, wirklich alles, was sie wissen wollten, hatte sie beantwortet. Alles, was sie an Geständnissen brauchten, hatten sie mit etlichen Tonbändern und maschinengetippten Protokollen in mehrfacher Ausführung dokumentiert.

Die Umarmung – erst die Mutter, dann der Vater – brachte keine Nähe.

»Wie geht es dir?«, fragte die Mutter.

»Gut.«

Die Antwort wurde hingenommen. Der Vater nahm ihr die Tasche ab. »Die Mutter hat dein altes Zimmer hergerichtet.«

Aus der Küche wehte ein leckerer Geruch ins Esszimmer. Der Appetit kam nicht.

»Es gibt Leber mit Quetschkartoffeln und Zwiebeln.«

Sabine betrachtete den ordentlich eingedeckten Tisch. Die Mutter hatte das sandfarbene Tischtuch mit der dunkelroten Blumenstickerei aufgelegt. Das war alles wohlbekannt und fremd.

»Kann ich helfen?«, fragte Sabine mit der Absicht, das ganz alltäglich zu sagen, was ihr gelang.

»Du setzt dich schön hin.«

Wie immer war die Mutter für alles verantwortlich, was mit dem Haushalt zu tun hatte. Der Vater setzte sich, schenkte Wasser ein und wartete, bis die Mutter mit der letzten Schüssel hereingekommen war. Nicht nur Sabine vermied den direkten Blick, auch er.

»Bedien dich!«

Sabine sollte zuerst nehmen, dann der Vater, nicht umgekehrt, so wie sonst.

»Zwiebeln?«

Winfried war tot.

»Sabine? Zwiebeln?«

»Gerne.«

Winfried war tot! Weg! Für immer. Tot.

»Sabine. Gibst du mir bitte das Salz.«

Jetzt begegnete sie dem Blick ihres Vaters: Unverständnis, Sorge, Vorwurf, Angst und Befremden. Sabine versteckte sich hinter einem schalen Lächeln, reichte ihm den altbekannten durchsichtigen Plastestreuer und schnitt ihre zähe Leber in kleine Stückchen. Während sie eines nach dem anderen zerkaute und herunterschluckte, begann sie zu verstehen, was das eigentlich bedeutete: Flucht. Vorher gab es ihn gar nicht so – jetzt war er da: der verbotene Wunsch fortzugehen. Weg von hier. Ohne Ziel.

15

Schuld

»Will jemand eine Maus?«

Ernst findet eine 500-Gramm-Schachtel Schaumzucker-Tiere statt Mittagessen ganz normal.

»Die Guten, aus Berlin«, sagt er. »Nicht die Zweitklassigen aus Bonn.«

Wir sitzen in seinem Wohnzimmer am großen Tisch unter dem Kronleuchter – das ist inzwischen unser »Situation Room«. Die Lichtreflexe des Kristall-Gebimmels malen spektralfarbene Muster auf die Kopienberge. Es gibt Bücher, alte Busfahrpläne, einen Gesamtberliner Stadtplan von 1991 voller Stecknadeln und eine maßstabsgetreue Übersichtskarte von der Situation an der Abflugstelle, die Ernst handgezeichnet hat:

Die Bahnhofstraße verläuft nördlich der Kleingartenanlage. Hier parkte Winfried das Auto, bevor er zu Sabine an die Abflugstelle zurückkehrte. Nicht weit von diesem Parkplatz entfernt liegt die Bushaltestelle, an der Sascha eingestiegen ist. Von der Bahnhofstraße gehen Richtung Süden mehrere Straßen ab: die Schäferstege mit der Gasreglerstation und östlich davon die Heinersdorfer Straße, die der Bus entlangfuhr.

Heinersdorfer Straße und Schäferstege laufen aufeinander zu und berühren sich nach etwa fünfhundert Metern in einem spitzen Winkel. Im unteren Drittel dieses stadteinwärts zeigenden Dreiecks befindet sich der Tatort.

Ernst hat alle Nachbarhäuser eingezeichnet, die in Sichtweite des Tatorts liegen – das sind sieben Häuschen, von denen aus man die Freudenbergs bei den Startvorbereitungen hätte beobachten können.

Gefährlich nah fuhr auch der Nachtbus. Als er sich in der Nacht vom 7. auf den 8. März stadteinwärts bewegte, erhob sich der Ballon nur etwa fünfzig Meter östlich seiner Route.

Robert, der es nur knapp schafft, unser Projekt zwischen zahlreiche andere Termine zu quetschen, ist nach unserem Rollenspiel am Tatort mit dem Bus von besagter Haltestelle aus nach Hause gefahren und erzählte später, er habe den Dachfirst der Reglerstation aus dem Fenster sehen können. Hatte der Nachtbusfahrer etwa auch den Ballon gesehen und es trotzdem vorgezogen, nichts zu unternehmen? War Sascha wirklich der Einzige gewesen, der etwas beobachtet hatte? Möglicherweise war er einfach nur der Einzige, der die Polizei informierte. Nicht alle DDR-Bürger zeigten immer alles sofort an.

Ernst und ich hatten nach unserem Reenactment noch Zeit, in der Anlage herumzustreunen. Vor einem kleinen Bungalow nahe der Reglerstation trafen wir eine weißhaarige alte Dame in türkis und braun gemusterter Kittelschürze an, die ihre Himbeerbüsche beschnitt. Sie ließ sich widerwillig an den Zaun winken, hörte dann aber freundlich zu. Sie habe ihr Häuschen im März 1989 nicht bewohnt, sagte sie, da die Saison für sie erst um Ostern herum begann. Das Ereignis hätte sich später fragmenthaft unter ausgewählten Nachbarn hinter vorgehaltener Hand herumgesprochen.

»Jeder Zweite hier war Horch und Guck«, erklärte sie und zeigte mit der Heckenschere auf das Haus ihres Nachbarn – die größte und gepflegteste der kleinen Datschen: schneeweiß, Hirschgeweih über der Tür, schwarzer Briefkasten mit goldenem Posthorn.

»Der Krüger* hat ihn verpfiffen. Da bin ich mir sicher.«
Das hat uns bass erstaunt: »Wie kommen Sie darauf?«

»Der hat damals schon ein winterfestes Haus gehabt. So wie die Thieles*.«

Ihrem vorwurfsvollen Blick Richtung Krüger war unschwer abzulesen, dass es weitere Gründe gab, ihn zu verdächtigen.

»Und die Thieles waren's nicht?«, habe ich ihr scheinheilig auf den Zahn gefühlt.

»Die Thieles …?«

Ernst brach mein demagogisches Nachhaken ab: »Es war ein Kellner, der zufällig da vorne in den Bus stieg!«

»Ach …«, sagte sie, als höre sie das wirklich zum ersten Mal.

»Sie lebten hier mit dem Gefühl, von jedem zweiten Nachbarn beobachtet zu werden?«

»Vielleicht auch jeder dritte.«

Von dem Gefühl, unter Beobachtung zu stehen, haben schon die anderen Zeitzeugen berichtet. War der Überwachungsapparat wirklich so engmaschig, wie sie es empfanden? Ich habe nach dem Gespräch mit der älteren Dame versucht, das subjektive Gefühl, überwacht zu werden, mit tatsächlichen Zahlen abzugleichen. Laut der Behörde des Bundesbeauftragen für die Stasi-Unterlagen führte die Staatssicherheit mit dem Stand von Oktober 1989 zirka 91 000 offizielle Mitarbeiter, dazu 186 000 inoffizielle Informanten aus der Bevölkerung, die sogenannten IMs, sowie 3000 Spitzel im Ausland.[83] Das waren rund 277 000 Assoziierte in der DDR, verteilt auf zirka 16,5 Millionen Bürger = jeder Neunundfünfzigste. Viel! Aber nicht jeder Dritte. Das nicht organisierte Denunziantentum ängstlicher, gehorsamer, übereifriger Mitbürger und Mitbürgerinnen blieb dabei natürlich unbeziffert. Was spielte die tatsächliche Zahl überhaupt für eine Rolle, wenn man sich überall beäugt fühlte?

Beachtlich ist, wie der Überwachungsstaat nachwirkt. Die Dame hatte ihr Misstrauen bis heute nicht ablegen können.

»Ich muss mich entschuldigen«, sagte sie plötzlich. »Dass ich die Wäsche abgenommen kriege, bevor es regnet.« Und verschwand in ihrem Papphäuschen. Der Himmel war strahlend blau.

Um die Thieles abzupassen, spazierten wir frech durchs Tor und klingelten an der Haustür. Etwas zu schnell, als hätte sie uns schon vom Fenster aus beobachtet, trat Frau Thiele vor die Tür, um uns abzuwimmeln: Ihr Mann liege schwer krank im Bett. Wir waren felsenfest davon überzeugt, dass das eine Ausrede war, obwohl sie uns ihre Telefonnummer hinterließ. Als ich am nächsten Tag anrief, gab sie mir bereitwillig Auskunft:

Es hätten sich damals einige dauerbewohnte Datschen in der Anlage befunden, zwei davon in unmittelbarer Nähe der Reglerstation: Hirschgeweih-Krüger und sie selbst, Thiele. Wo Krüger sich in der Nacht vom 7. auf den 8. März 1989 aufhielt, wusste Frau Thiele nicht, wahrscheinlich lag er im Bett und schnarchte. Sie sei jedenfalls – und das könne sie mit Sicherheit eindeutig datieren – mit ihrem Mann am Abend des 7. März 1989 bei einer Silberhochzeit gewesen. Herr Thiele hatte am nächsten Tag arbeiten müssen, darum seien sie bereits gegen elf Uhr abends von der Feier aufgebrochen. Sie erinnerte sich genau, dass sie bei der Rückfahrt am Steuer saß, weil ihr Mann betrunken war. Als sie ihr Häuschen in der Schäferstege zwischen elf und halb zwölf erreichten, bemerkten sie auf dem Grundstück der benachbarten Gasreglerstation ein schwaches Licht, dem sie aber nicht weiter nachgingen. Es geschah selten, dass ein Mitarbeiter des VEB Energiekombinat nachts in der Reglerstation zu tun hatte, aber es konnte vorkommen. Stehlen konnte man in der Gasreglerstation von ihrer Warte aus nichts, und dass der Mitarbeiter dort nicht nach dem Rechten schaute, sondern einen »ungesetzlichen Grenzübertritt mittels Gasballon« vorbereitete, kam ihr natürlich nicht in den Sinn.

Als wir die Zeitangabe der Frau Thiele mit den Zeitangaben in Sabines Aussage abglichen, kamen wir zu dem Schluss, dass die

Thieles kurz vor halb zwölf bei ihrem Wohnhaus eingetroffen sein dürften, gerade als Winfried und Sabine die zweite Fuhre Gegenstände aus der Christburger Straße holten. Vielleicht hatten sie nach dem Ablegen der ersten Dinge eine Lampe brennen lassen.

Wenige Minuten nachdem die Thieles ihr Auto in die Garage gestellt und sich ins Haus verzogen hatten, trafen Sabine und Winfried an der Reglerstation ein und trugen den Ballon zum Grundstück. Sie hatten keine Ahnung, dass das Ehepaar Thiele daheim war. Durch einen Blick aus dem Fenster hätten diese den sich aufblähenden Ballon jederzeit sehen können.

Herr Thiele schlief jedoch sofort auf dem Sofa ein, worüber Frau Thiele sich ärgerte. Sie blieb noch eine Weile wach, kruschtelte im Badezimmer herum, legte sich irgendwann ins Bett, las noch ein wenig und schlief ein. Aus dem Fenster sah sie nicht. Kurze Zeit später wurde sie von einem knallenden Lichtblitz aus dem Tiefschlaf gerissen. Erschrocken trat Frau Thiele ans Fenster, um nachzugucken, was da los war. Sie erkannte nur ein Polizeiauto. Dass hinter ihrem Haus ein riesiger Ballon mit einem Menschen daran gebunden erst in die Stromleitung geknallt und dann Richtung West-Berlin verschwunden war, entging ihr. Eine Weile später hörte sie Autos vorfahren und spähte ein zweites Mal aus dem Fenster:

»Da liefen ganz viele Männer herum, überall, wie die Ameisen.«

»In Uniform?«, fragte ich.

»Mit Uniform oder ohne. Mehrere Autos jedenfalls. Polizei, Feuerwehr. Ich weiß es nicht mehr.«

»Und was haben Sie gemacht?«

»Ich hab den Fensterladen geschlossen und mich ins Bett gelegt.«

Natürlich. Wegschauen. Aus Vorsicht. Oder aus Gewohnheit?

»Und am nächsten Morgen?«

»Da gab es eine Kontrolle für alle Autos. Mein Mann ließ unseren Wagen stehen. Der konnte immer noch nicht fahren.«

»Sie haben nicht erfahren, was in der Nacht geschehen war?«

»Nur was man hier und da über den Zaun so aufschnappte.«

»Und das war was?«

»Dass da einer abgehauen sein soll. Mit einem Gasballon. Mehr nicht.«

Weil Thieles und Freudenbergs leicht versetzt an der Schäferstege eingetroffen waren, hatten sie sich verpasst. Was hätten die Thieles gemacht, wenn sie eine Stunde später heimgekehrt wären und den sich aufblasenden Ballon auf dem Nachbargrundstück entdeckt hätten? Hätten sie anstelle von Sascha die Polizei gerufen? Dann wären die Freudenbergs früher gestört worden. Winfried wäre gar nicht losgeflogen, würde vielleicht noch leben. Oder hätte Frau Thiele – wie gehabt – einfach nur die Läden geschlossen?

»Ich hätte ihn bestimmt nicht aufgehalten«, sagte sie. »Das können Sie mir glauben.«

Wir haben es ihr geglaubt.

Vor jedem von uns liegt jetzt eine Kopie des Gerichtsurteils in der Strafsache gegen Sabine Freudenberg. Nach komplizierter Suche in den Untiefen des Gerichtsarchivs lag es heute Morgen mit freundlichen Grüßen des Pressesprechers als PDF-Anhang in meinem Postfach. Eigentlich haben wir uns getroffen, um Winfrieds Cousin in Bad Pyrmont anzurufen, aber die Lektüre des Urteils brennt uns unter den Nägeln. Es ist nicht das Urteil eines BRD-Gerichts infolge eines Mauerprozesses. Ein solcher wurde im Fall Freudenberg nie eröffnet.

»Nach wie vielen Jahren verjährt eigentlich fahrlässige Tötung?«, frage ich in die Runde und google mit Ernst um die Wette.

Er ist schneller: »Fünf Jahre.«

Ich bleibe auf der Jura-Seite hängen: »Totschlag nach zwanzig Jahren. Oder dreißig im besonders schweren Fall.«

»Wer soll denn wen totgeschlagen haben?«, fragt Robert.

»Sabine – Winfried«, sage ich. »Weil sie das Seil gekappt hat, um die angespannte Situation zu beenden.«

Ernst steigt drauf ein: »Dann müsste man das Verfahren vor dem 7. März 2019 eröffnen.«

»Nee. Totschlag wäre nach spätestens zwanzig Jahren verjährt. Weil: wenn Totschlag, dann hier nicht im besonders schweren Fall.«

»Es sei denn, sie hätte das von Anfang an so geplant.«

»Geplanter Totschlag ist Mord«, brummelt Robert.

»Eben«, meint Ernst. »Der verjährt nicht.«

Robert sieht uns schweigend an. Ich glaube, er findet uns kindisch. Obwohl Ernst und ich älter sind als er, hat er in unserem Dreiergespann eine Papa-Rolle eingenommen.

»Du hast nicht zufällig Wein da?«, fragt er. Auch er ist kein großer Fan von Ernsts alkoholfreiem Bier. Ernst behauptet: »Nein.« Dabei weiß ich, dass er als Mann von Welt immer eine gute Flasche Bordeaux im Haus hat. Er hält nur nichts davon, unsere Neurotransmitter zu vergiften, während wir mit ihm komplexe Sachverhalte durchdenken.

```
Bezirksgericht Berlin-Pankow
26. 7. 1989
Urteil
Im Namen des Volkes
In der Strafsache
gegen die Diplomchemikerin
Sabine Freudenberg, geb. Rosengrün
PKZ 010365 5 0481 1 in Berlin
Staatsbürgerin der DDR, nicht vorbestraft
In U-Haft vom 8.3. bis 20. 4. 1989[84]
```

»Sabine hat sechs Wochen in Untersuchungshaft gesessen!«, sagt Ernst.

»Das konnte ich gerade noch selbst ausrechnen«, brummelt Robert. Was hat er denn? Ich nehme leise ein Schaumzucker-mäuschen und lese.

16

Rekonvaleszenz

Ausgerechnet in diesem Sommer brachte der Mai so viele warme und sonnige Tage. Sabine blieb lieber in ihrem Zimmer. Unter Menschen zu sein, deprimierte sie. Und sie hatte Angst. Manchmal ging sie spazieren, um der Enge des Elternhauses zu entfliehen – weite Strecken, bis zur Dahme, wo sie den Segelbooten zusah. Einmal hatte sie ein junger Mann angesprochen, ob sie nicht mitfahren wolle. Da war sie ganz schnell weitergegangen, ohne zu antworten.

»Du spinnst ja«, hatte er hinterhergerufen.

Außer ihrer Schwester und ihren Eltern traf sie nur ihren Vernehmer, der die Gespräche mit ihr in der Keibelstraße fortsetzte.

Heute war Montag. Sie musste pünktlich sein. Sehr pünktlich, denn eine Verspätung konnte nach sich ziehen, dass ein sofortiger Suchbefehl an alle Dienststellen rausging. Das Urteil war noch nicht gesprochen. Obwohl sie inzwischen als kooperativ eingestuft wurde und Kontakte zu Widerstandsgruppen ausgeschlossen werden konnten, bestand theoretisch Fluchtgefahr.

»Wohin gehst du?«, fragte ihre Mutter, als Sabine in ihren violetten Seidenpantoffeln vor das Schuhregal trat. Die Pantoffeln hatte sie zum vierzehnten Geburtstag bekommen. Sie passten noch, weil der Stoff mit der Zeit immer dünner und weiter geworden war. Das Elternhaus war ein Paradies im Vergleich zum Gefängnis, das Leben dort trotzdem nicht frei. War der Vater am Wochenende zu Hause, war es ihr selten vergönnt, länger als eine

Stunde zu schreiben, zu lesen oder leise zu weinen, ohne dass er unter einem Vorwand an ihre Zimmertür klopfte. Die Mutter kontrollierte auf Schritt und Tritt ihr Ess-, Trink- und Schlafverhalten.

»Ich muss zum Verhör«, sagte Sabine, setzte sich zögerlich auf den Schemel, den die Mutter hilfsbereit neben sie schob, und zog ihre Sandalen an. Sie wusste, dass keine Nachfrage kommen würde.

Eigentlich waren die Gespräche in der Keibelstraße seit einiger Zeit keine Verhöre mehr. Es wurden keine Fragen mehr zur Tat gestellt. Stattdessen wurde darüber gesprochen, wie es ihr gehe und wie sie sich die Zukunft vorstelle. Natürlich waren diese Treffen nicht freiwillig, und Sabine war nach wie vor misstrauisch gegen den Vernehmer, der sich ihr nie mit Namen vorgestellt hatte.

Die Befragungen während der Haft waren anfangs von verschiedenen Stasi-Mitarbeitern durchgeführt worden – ein dicker alter, ein vorsichtiger dünner, ein bösartiger. Nach wenigen Tagen war es nur noch der dunkelhaarige Enddreißiger, der in einem anderen Zusammenhang sympathisch hätte sein können. Weil sie ihn mehrfach die Dokumente hatte unterschreiben sehen, wusste sie, dass er Schwartz hieß. Oberleutnant Schwartz. Er stellte treffende Fragen, fand schnell die wunden Punkte und verleitete sie mit seiner ruhigen, man könnte fast sagen verständnisvollen Art zu mehr Vertraulichkeit, als sie ursprünglich hatte zulassen wollen.

Er wusste, dass sie unter der Heimatlosigkeit litt, und er wusste, wie sehr sie die anstehende Haft fürchtete. Dass sie nicht zu ihrem alten Leben zurückkehren wollte. Die Wohnung in der Christburger Straße betrat sie nur ungerne, das Elternhaus war eine vorübergehende Lösung – bis zum Haftantritt. Eine Fortsetzung ihrer Arbeit an der Humboldt-Universität hatte er bereits ausgeschlossen, aber das wäre auch gar nicht in ihrem Interesse gewesen. Er hatte verstanden, warum sie eine kritische Haltung gegenüber den Arbeitsbedingungen dort entwickelt hatte: Der Einsatz gesundheitsschädlicher Stoffe in ihrer Arbeitsgruppe war zuweilen fahrlässig, und die Bürokratie bei der Beschaffung von Arbeitsmitteln, die tagtäglich gebraucht wurden, stand in hartem Widerspruch zu dem Ideal, naturwissenschaftliche Forschung auf der Höhe der Zeit zu betreiben. Schwartz machte den Eindruck, als teile er ihre Kritik. Er war auch nur ein Mensch – das hatte Sabine friedfertig erkannt.

Dass sie den ehemaligen Kollegen und Kolleginnen in der Humboldt-Universität nicht mehr begegnen wollte, behielt sie für sich. Es war nicht so, dass man sich nicht mochte. Es lag eher an ihrer Unbeholfenheit, dass das Verhältnis nicht ganz einfach gewesen war. Sabine hatte sich zu sehr mit den Vorgaben der Studienleitung identifiziert und zu wenig mit den Belangen der Studenten. Erst unter Winfrieds beruhigendem Einfluss war sie ihre Aufgaben als FDJ-Sekretärin lockerer angegangen und hatte das Amt schließlich ganz abgegeben.

Was waren die Alternativen zu einer Arbeit an der Universität? Sabine schauderte bei der Aussicht, der Chemieindustrie zugeführt zu werden. Wenn sie nach der Haft dort eine Stelle zugeteilt bekäme, würde es schwierig sein, sich dagegen zu wehren, also hatte sie Oberleutnant Schwartz erzählt, dass sie wegen ihres Asthmas schon während des Studiums wiederholt ausgefallen war. Das stimmte. Und er hatte es notiert.

Sabine musste vorsichtig sein, durfte nicht anmaßend wirken. Jede Äußerung konnte zu einer Verbesserung oder Verschlechterung ihrer Prognose führen, und die Prognose, so hatte Rechtsanwalt Starck klargestellt, war für das Strafmaß oft entscheidender als die Tat selbst. Das Gericht sollte darauf bauen können, dass Sabine rehabilitationsfähig war. Ihre angeblich feindliche Gesinnung wurde betrachtet und behandelt wie eine Erkrankung, die man nicht nur überstanden haben musste. Es durfte auch keine Ansteckungsgefahr mehr für andere bestehen. Und im besten Fall war man nach der Gesundung immun.

Am Alexanderplatz stieg Sabine aus der S-Bahn und lief zur Keibelstraße rüber. Sie war fünfundvierzig Minuten zu früh, schlenderte langsam über den Platz, ließ sich Zeit bei der Überquerung der Alexanderstraße und betrachtete vor dem Haus des Reisens ausgiebig die Menschenschlange vor dem Eingang. Der Himmel war blau, die Sonne brannte. Ein ungefähr 25-jähriger Mann löste seine Freundin in der Schlange ab und fing sich dafür von einem älteren Herrn eine Rüge ein: »So geht's nicht, junger Mann!«

»Leben Sie auf dem Mond?«, mischte sich eine schwitzende Frau mit zwei Zwieback mümmelnden Zwillingsbabys ein. »Alle wechseln sich hier ab.«

Vielleicht wurden heute die Plätze für einen heiß begehrten Urlaub am Schwarzen Meer vergeben. Nur die unattraktiven Angebote wurden im Schaufenster beworben: eine Woche Masuren 415 Mark. Sie setzte sich auf eine Bordsteinstufe und wartete, dass die Zeit verging. Einfach nur ungestört in der Sonne sitzen, das war auch schon ein kleiner Urlaub.

»Ich grüße Sie.«

Oberleutnant Schwartz hatte den Hauch eines Lächelns auf den Lippen. So schlimm war es gar nicht, hier zu sein, seit sie wusste, dass sie nach dem Gespräch das Gebäude verlassen und draußen tun durfte, was sie wollte. Sogar der Stuhl war seit geraumer Zeit so aufgestellt, dass sie ihm in die Augen sehen konnte. Nur die Erinnerung an den Tag, als sie hier strandete, lastete auf ihr. Das unbarmherzige Verhör, danach die Fahrt zum Haftrichter, den sie nur noch in groben Umrissen erinnerte. Erst nach der Beurkundung ihrer Einweisung hatte sie begriffen, dass man sie auf unbestimmte Zeit einsperren würde. Die Wochen danach waren ein düsteres Tal, in das sie bald wieder hinabsteigen würde.

Herr Schwartz bat Sabine zu erzählen, wie es ihr in der letzten Woche ergangen war. Obwohl sie bei den Eltern eine schwer erträgliche Zeit verbracht hatte, log sie, dass es ihr gut gehe.

»Nur mit dem Atmen habe ich manchmal Probleme. Also, das wird schon besser. Kein Grund zur Beunruhigung …«

Das Stichwort Asthma sollte immer wieder fallen. Der Oberleutnant lächelte nun sichtbar, was sie irritierte. Sie gehe ihren Eltern im Haushalt und im Garten zur Hand, erzählte sie, tunlichst verschweigend, dass sie in Wahrheit wenig half.

»Und ich lese viel.«

Das stimmte.

»Was lesen Sie?«

»Alles Mögliche. Einen historischen Roman über Alfred Nobel.«

Was dachte er denn? Selten im Leben hatte sie weniger Lust gehabt, kritische Bücher zu lesen.

»Ich habe mir überlegt, dass es Ihnen vielleicht guttun würde, eine Arbeit aufzunehmen.«

Das kam überraschend.

»Wie?«

Jetzt würde man sie nach Bitterfeld versetzen. Zur Strafe. Weil es ihr nicht gut genug war, bei den Eltern die Tage bis zum Prozess zu verbringen. Hatte sie ihm gegenüber geklagt? Zu viel gefordert?

»Ich weiß nicht, ob ich gesundheitlich schon in der Lage bin …«, begann sie. Sein Blick wurde streng.

»Es gäbe eine Einrichtung in der Bunsenstraße. Das Institut für Physikalische Chemie …«

Sabine verstummte. Das war hier, in Berlin. Undenkbar, dass man sie dort arbeiten ließ. Dort gab es internationale Arbeitsgruppen, Freigeister, da wurde hochkarätige Forschung betrieben.

»Sie wissen, dass Sie vorerst nicht befugt sind, universitäre Forschung zu betreiben. Auch die von Ihnen angestrebte Promotion kann Ihnen zu diesem Zeitpunkt nicht gestattet werden.«

»Das ist mir bekannt«, sagte Sabine und senkte den Blick, ehrlich beschämt, dass sie für einen Moment gedacht hatte, er wolle ihr eine Stelle in der Bunsenstraße anbieten.

»Mir ist alles recht«, sagte sie. »Ich möchte auch meine Fachkenntnisse sinnvoll einbringen. Nur wegen des Asthmas ... es wäre besser, wenn es nicht die Chemieindustrie wäre.«

Sie sah ihn vorsichtig an. Nicht einschmeichelnd, sondern aufrecht bittend. Er lächelte. Schon wieder.

17

Unschuld

Der Tatvorwurf gegen Sabine Freudenberg ist schwerwiegend, ihre Schuldhaftigkeit gilt als erwiesen:

Das Handeln der Angeklagten ist in massiver Weise gegen die Aufrechterhaltung der staatlichen Ordnung gerichtet. Derartig schwerwiegende Angriffe auf die Staatsgrenze der DDR sind geeignet, die Ordnung und Sicherheit in diesem Bereich erheblich zu beeinträchtigen und schwerwiegende Vorfälle herbeizuführen. Die Tatschwere umfasst weiterhin den langfristigen Tatentschluss, das planmäßige und mit hohem Aufwand verbundene Vorgehen in Bezug auf die Herstellung des Gasballons und die Realisierung des Ablandevorgangs. Das Verhalten der Angeklagten trägt deshalb erheblich gesellschaftswidrigen Charakter.

Umso mehr erstaunt das verhängte Strafmaß:

1. Die Angeklagte wird wegen
versuchten ungesetzlichen Grenzübertritt im schweren Fall
— Vergehen gem. der §§213, Absatz 1 und 3 Ziffer 3 und 5, Abs. 4, 62 Abs. 1 StGB -
zur **Bewährung** verurteilt.

```
Die Bewährungszeit wird auf
3 — drei — Jahre
festgesetzt.
```

Sabine wurde nach sechs Wochen U-Haft entlassen und blieb auf freiem Fuß. Trotz des Schuldspruchs. Auf Bewährung natürlich. Ein Freispruch wäre seitens des Gerichts nicht zu rechtfertigen gewesen. Sie hatte eine hohe Entschädigung zu leisten, die allerdings in Anbetracht des milden Urteils verkraftbar war:

```
2. Gem. §56 Abs. 1 StGB werden die in der Anlage
des Urteils aufgeführten Gegenstände […] einge-
zogen.
```

Zu den eingezogenen Gegenständen zählten alle in der Wohnung sichergestellten Materialreste und Werkzeuge zur Herstellung und Verwendung des Ballons, sogar das Auto der Freudenbergs, ein blauer Pkw Trabant Typ 601. Nicht übersehen wurde, dass Sabine und Winfried mit der Füllung des Gasballons nicht nur die Nachbarn gefährdet, sondern auch Diebstahl begangen hatten. Der Diebstahl kam seitens der Staatsanwaltschaft nicht zum Aufruf, aber das Gas musste dem VEB Energiekombinat entschädigt werden, und zwar zu einem landesweit verbindlichen Gastarif bei unerlaubter Entnahme, dem zehnfachen Preis:

```
3. Weiterhin wird die Angeklagte verurteilt,
Schadensersatz an den VEB Energiekombinat Berlin,
1026 Berlin, Littenstraße 109 in Höhe von
6048,17 Mark
(i. W. sechstausendachtundvierzig 17/100)
zuzüglich 4% Zinsen seit dem 8. 3. 1989 zu leisten.
4. Die Auslagen des Verfahrens werden der Angeklag-
ten auferlegt.⁸⁵
```

Die Höchststrafe für den versuchten ungesetzlichen Grenzübertritt im schweren Falle lag gemäß § 213 des DDR-Strafgesetzbuchs bei acht Jahren. Es ist bekannt, dass Gerichtsurteile zu politischen Fällen in der DDR auf Absprachen zwischen Anwälten, Richtern, Staatsanwaltschaft und Staatssicherheit beruhten.[86]

Dass die Strafe für Sabine so milde ausfiel, hatte gute Gründe:

```
Bei der Strafzumessung sind jedoch auch die vom
Ehemann der Angeklagten ausgehende Initiative, der
geringere Tatbeitrag der Angeklagten und der Grad
der Tatverwirklichung sowie die Geständnisbereit-
schaft, die gezeigte Reue und das Tatnachverhalten
zu berücksichtigen.[87]
```

»Das Tatnachverhalten?«, frage ich.

»Dass sie nach Hause gerannt ist und sich gestellt hat«, sagt Ernst.

»Oder dass sie danach als IM für die Stasi gespitzelt hat …«, füge ich hinzu.

»Das wissen wir nicht«, sagt Robert, der uns regelmäßig ermahnt, unsere Spekulationen nicht mit Tatsachen zu verwechseln.

»Sie hat jedenfalls Winfried alles in die Schuhe geschoben«, sage ich.

»Natürlich«, sagt Ernst. »Alles andere wäre dumm gewesen. Dem konnte ja nichts mehr passieren. Die Frage ist, wie sie das glaubhaft machen konnte.«

Das Urteil stützt sich auf Zeugenaussagen, die Dokumentation des Tatorts Schäferstege und der Wohnungsdurchsuchung, auf eine Gefährdungsanalyse des VEB Energiekombinats Berlin, einen ominösen Bildbericht vom 17. März 1989, die glaubhafte

Einlassung der Beschuldigten und die Zusammenfassung von Sabines Biografie in der Anklageschrift:

Die Beschuldigte legte 1983 das Abitur mit Aus-
zeichnung ab und nahm im gleichen Jahr das Di-
rektstudium an der Humboldt-Universität zu Berlin,
Sektion Chemie, auf. Sie schloß dieses Studium
ab und begann als wissenschaftlicher Assistent
an der Sektion Chemie, Wissenschaftsbereich Tech-
nische Chemie, zu arbeiten. Die Beschuldigte
bereitete sich auf ihre Promotion vor, die 1992
vorgesehen war.
    Neben dieser erfolgreichen beruflichen Entwick-
lung übte die Beschuldigte eine Reihe ehrenamtlicher gesellschaftlicher Funktionen des Jugend-
verbandes aus. Bis zum Jahre 1986 war sie sehr
aktiv und einsatzbereit. [88]

Dann kam der Revoluzzer aus dem Grenzsperrgebiet. Sie lag ihm sofort zu Füßen.

Im Februar 1986 lernte sie ihren Ehemann Winfried
Freudenberg kennen, den sie am 8. 10. 1988 heiratete. [89]

Winfried übte nach Auffassung der Staatsanwaltschaft einen schädlichen Einfluss auf Sabine aus, dessen sie sich nicht erwehren konnte:

Die Beschuldigte schloß sich zunehmend den Auf-
fassungen ihres 9 Jahre älteren Ehepartners wi-
derspruchslos an. Dieser hatte eine ablehnende
Einstellung zu Teilbereichen der gesellschaft-

lichen Entwicklung in der DDR, obwohl das Ehepaar
unter sehr guten materiellen Bedingungen lebte.

Ich bin fasziniert von der Sprache des Gerichts, weil sie, so ganz
amtlich und logisch daherkommend, verdeckt, wie blödsinnig
zum Beispiel eine solche Charakterisierung ist:

»Obwohl das Ehepaar unter sehr guten materiellen Bedingungen lebte« habe Winfried eine »ablehnende Einstellung zu
Teilbereichen der gesellschaftlichen Entwicklung in der DDR«
eingenommen.

Das Wörtchen »obwohl« soll den Widerspruch markieren:
Wer Wohnung, Arbeit, Auto, Brot und Margarine hat und sich
DDR-Edelklamotten und »Wild River«-Herrenpflege aus dem
Exquisit leisten kann, vielleicht sogar Urlaub in Ungarn oder der
Tschechoslowakei, der müsste ja zufrieden sein.

Dass Winfried trotz materiellen Wohlstands Zustände hinter-
fragte und den Wunsch hatte, die Welt jenseits der sozialistischen
Bruderstaaten zu erkunden, war also ausschließlich auf seine
grundlos falsche Gesinnung zurückzuführen. Mit dieser konta-
minierte er die »willenlose« Sabine.

Die Urteilsbegründung, dass Sabine sich den verirrten Auffas-
sungen ihres Ehemanns ergab, entlastete nicht nur Sabine im Sinne des DDR-Strafrechts, sondern vor allem die DDR selbst. Diese Frau wurde nicht durch die Missstände in der DDR zu einer
kritischen Haltung verleitet – es gab ja keine! –, sondern einzig
durch den Einfluss des einfältigen Winfried.

Im Sommer 1988 gelang es dem Narr, Sabine vollständig davon
zu überzeugen, dass die DDR nicht zum Glücklichwerden taugte:

Im August 1988 kam die Beschuldigte mit ihrem Ehemann überein, künftig im kapitalistischen Ausland
zu leben. Beide entschlossen sich, die DDR auf un-
gesetzlichem Wege zu verlassen.

Das war einen Monat vor seinem Ausflug nach Bad Pyrmont und zwei Monate vor der Hochzeit. Der Plan zu fliehen war also bei seiner Rückkehr in die DDR nicht nur schon geschmiedet, sondern wurde auch von Sabine mitgetragen.

Winfried begann mit den Berechnungen und Materialtests zur Konstruktion eines Ballons, der – so hatte die Staatsanwaltschaft herausgefunden – seinen Auftrieb ursprünglich mit Heißluft erhalten sollte. Sabine und Winfried erstanden in verschiedenen Geschäften größere Mengen Baumwollstoff und Pinerol-Gummilösung. Die Idee mit dem Gas kam später:

Da Materialprobleme auftraten, wurden die Aktivitäten zum Bau eines Heißluftballons Ende November 1988 eingestellt und der Entschluss gefasst, einen Gasballon herzustellen.

Die Beschuldigte, die zwischenzeitlich von ihrem Ehemann von der angeblichen Ungefährlichkeit dieses Planes überzeugt worden war, entschloß sich zum Mitflug und führte Vorbereitungshandlungen bei der Herstellung des Gasballons aus [...].

Die Beschuldigte kontrollierte im Dezember 1988 teilweise die Berechnungsergebnisse ihres Ehemannes und brachte ihr Fachwissen als Chemiker in die technischen Probleme bei der Herstellung eines Gasballons ein.

Ende Dezember begannen der verblendete Ingenieur und die willenlose Chemikerin mit dem Ballonbau: Sie kauften wieder in unterschiedlichen Läden – damit es nicht auffiel – Polyethylenfolie und Prena-Klebeband, Plastepaketschnur und Seile. Der Ballon hatte eine Oberfläche von ungefähr fünfhundert Quadratmetern, die aus vierzehn Bahnen mit dem Klebeband zusammengefügt wurden – zu einem annähernd kugelförmigen Ellipsoid. Der Füllschlauch war etwa dreißig Meter lang. Mithilfe einer Anleitung aus einem Fachbuch für Ballonfahrt knüpften sie ein Netz, das den Ballon umspannte, und verbanden es mit der Ballonhülle. Dann montierten sie die zwei Sitze aus Seilen und einem zersägten Besenstiel am Gefährt. Bereits nach zwei Monaten fleißiger Arbeit, also Ende Februar 1989, lag der flugbereite Ballon zusammengerollt im Schlafzimmer.

Das Paar verfolgte täglich den Wetterbericht, wartete nur noch auf günstige Windbedingungen, die bereits am 7. März 1989 eintraten. Das Ehepaar entschloss sich, den ungesetzlichen Grenzübertritt in dieser Nacht zu wagen.

Was dann geschah – da folgt das Gericht den uns bekannten Zeugenaussagen. Die Unstimmigkeiten der letzten ungeklärten Minute vor Winfrieds Abflug interessierte das Gericht nicht. Es war den Richtern einerlei, was das Ehepaar damals verhandelte. Der Tölpel flog. Die Willenlose hatte plötzlich doch einen Willen und blieb. Das Ergebnis zählte.

Neu ist für uns, wie es nach Sabines sechswöchiger Haft weiterging:

Seit dem Zeitpunkt der Entlassung aus der Untersuchungshaft arbeitet die Angeklagte als Forschungsingenieur im Bereich Physikalische Chemie der Humboldt-Universität zu Berlin.

Ernst markiert die Passage mit seinem Leuchtstift und einem dicken Ausrufezeichen. Dann schaut er auf die Uhr: »Zu spät für den Cousin?«

18

Zukunft

Sabine schob den kleinen blauen Sessel vor die geöffnete Balkon-
tür. Hinauszutreten getraute sie sich nicht. Die Sachbearbeiterin
der Wohnungsbaugesellschaft hatte gesagt, der Balkon sei nicht
mehr sicher. Sie setzte sich so dicht davor, dass die Sonne trotzdem ihre Haut berührte. Nur fünf oder zehn Minuten ausruhen,
bis sie wieder in die Keibelstraße aufbrechen musste.

Die neue Wohnung war schön. Kein Neubau mit Wannen-
bad und Zentralheizung, das wäre zu viel erwartet, sondern Alt-
bau mit Kohleofen, so wie sie es vom Prenzlauer Berg gewohnt
war, aber heller und größer als die gemeinsame Wohnung in der
Christburger Straße, obwohl sie nun alleine lebte. Vorderhaus!

Sabine schloss die Augen. Die Sonne schien so hell auf die geschlossenen Lider, dass das blaue Nachbild dahinter zu flackern
begann. Sie beobachtete die Muster, unter die sich Erinnerungs-
bilder mischten. Immer wenn Sabine innehielt, kamen sie zurück. Füllten die Leere. Die Zeit vor der Verhaftung war wie ein
Rausch gewesen:

Tagsüber hatte sie die unbescholtene Sabine gemimt, freund-
liche Kollegin, ehrgeizige Doktorandin, die erst seit ihrer Ver-
lobung auch mal fünfe gerade sein ließ. Die Kommilitonen dank-
ten es ihr – genießen konnte sie das nicht mehr. Abends wurde
heimlich Fachliteratur studiert. Winfried hatte Bücher in der
Stadtbibliothek gefunden. Konstruktionsbeschreibungen aus
der Zeit der großen Erfindungen. Auch sie würden Pioniere sein.
Ein Ballon-Manufakt wie das, was Winfried vorschwebte, war in

diesem Himmel noch nicht gefahren. Sie würden abheben und in einer Welt landen, die Winfried ihr in leuchtenden Farben ausgemalt hatte. Schöner, bunter, freier als hier.

Viele Bücher hatten nichts getaugt. Die Fragen wurden komplexer, und Sabine hatte sich in der Mittagspause davonstehlen müssen, um in den frei zugänglichen Beständen der Universitätsbibliothek etwas zur Corioliskraft oder den Gasgesetzen von Gay-Lussac zu suchen. Bis spät in die Nacht wurde gezeichnet und gerechnet, jedes Ergebnis mehrfach kontrolliert, Fehler lückenlos ausgeschlossen. Niemand hätte Winfried für die Vorbereitung des Ballonbaus eine bessere Partnerin sein können als sie.

Ein Besuch im Centrum Warenhaus. Wie ihr die Röte ins Gesicht gestiegen war, als sie von dem Frühbeet ihrer Eltern erzählte, dessen Folie von der Witterung beschädigt worden sei.

»Und was wollen Ihre Eltern da anpflanzen, im Winter?«

Im Schreibwarenladen Klement-Gottwald-Allee hatte sich der junge Verkäufer gewundert, als sie zehn Rollen Prena-Band auf den Verkaufstresen legte.

»Die brauchen Sie nicht auf Vorrat kaufen, die haben wir immer da.«

Da hatte Sabine fünf Rollen zurückgelegt und den Schreibwarenladen in der Dimitroffstraße aufgesucht. Dort fühlte sie sich wie eine Diebin, obwohl sie bezahlte.

Sie konnte die Gefühle der Schuld und der Scham nicht ablegen, wenn sie mit vollen Einkaufstaschen in die Straßenbahn stieg. Beim Aussteigen überkam sie die Furcht, überraschend auf dem Heimweg kontrolliert zu werden. Wieder zu Hause, zeigte sie Winfried stolz, was sie hatte erstehen können. Er küsste sie.

Winfried hatte mithilfe des Computers auf seiner Arbeitsstelle Tabellen erstellt, mit denen sie die Punkte der gekrümmten Ballonbahn auf die Folie übertragen konnten. Routiniert verschoben und stapelten sie die Möbel so, dass möglichst schnell und leise viel Platz geschaffen wurde, um die mehr als zehn Meter langen Ballonbahnen nach und nach ausrollen zu können. Beim Anzeichnen und Schneiden hatten sie jede Sekunde die hohe Konzentration halten müssen, die Konsequenzen eines Fehlers hätte sie um Tage zurückgeworfen. Jeweils zwei Rollen wurden über drei Meter nebeneinander ausgerollt, die Kanten mit Spiritus gesäubert, dann Zentimeter für Zentimeter miteinander verklebt – das Prena-Band immer exakt in der Mitte. Wenn Winfried nur die kleinste Abweichung bemerkte, kappte er das Klebeband, schnitt das mit Fett oder Staub verschmutzte Ende weg und setzte die Rolle neu an. So sprunghaft und ungestüm Winfried sein konnte, bei dem Ballonbau war er ein besessener Pedant gewesen. Stunden um Stunden hatten sie über der Folie gekniet und geklebt, bis ihnen die Augen zufielen. Die Folie wurde eingerollt und verstaut und am nächsten Abend andersherum ausgerollt, damit die Nähte mit dem breiteren Prena in einem zweiten Durchgang fest versiegelt werden konnten. Um die Dichtheit zu prüfen, strichen sie mit Fit-Wasser über die Kontaktstellen. Winfried drückte Luft in die Bahnen, Sabine suchte nach Bläschen.

Es war nicht einfach gewesen, die letzte Doppelbahn zu montieren. Winfried kroch in die fast fertige Kugel, um sie von innen zu verkleben. Die Vorstellung, dass der Ballon damit beinahe flugbereit war, hatte Sabine Angst gemacht.

Den endlosen Füllschlauch setzte Winfried alleine zusammen. Sie wurde zur Spezialistin im Knoten und Flechten der Schnüre. Winfried hatte Größe und Anordnung der geknüpften Rauten in einer Arbeitsanleitung skizziert. Es war ihr wie ein Wunder vorgekommen, dass alles haargenau aufging. Erhebend, wie das kunstvoll konstruierte Gebilde wuchs.

Abgeschottet von Freunden und Nachbarn, gab es Momente der Euphorie und leidenschaftlicher Nähe. Nie zuvor hatte Sabine für jemanden eine solch starke Liebe gefühlt wie für diesen Mann. Winfried. An anderen Tagen holte die Erschöpfung sie ein. Der Wunsch, wieder ein normales Leben zu führen, wuchs. Alles war zum Falschspiel geworden. Das Wissen um die verbotene Flucht war immer da: beim Schwatz mit der Kollegin, dem Gang zum Bäcker, beim Anstoßen auf die Oma bei der Geburtstagsfeier.

Ihre Gereiztheit. Mehrmals war sie laut geworden. Dann hatte Winfried sie geküsst, sie gestreichelt oder einen Tee gekocht. Manchmal überging er ihre Launen und bat sie fortzufahren. Immer konnte er sie durch seine ganz eigene Art beruhigen. Nur ein einziges Mal wurde er selber laut. Als Sabine ruhig und leise Zweifel an dem Unterfangen äußerte.

»Du musst wissen, was du willst«, hatte er geschrien.

Den Kollegen auf der Arbeit Normalität vorzugaukeln, wurde von Tag zu Tag anstrengender. Einmal hatte Sabine, weil die Müdigkeit nicht zu verbergen war, gesagt, sie habe nachts genäht. Als wäre es nur eine halbe Lüge, wenn man etwas erfand, das dem, was man verbarg, ähnlich war. Ihre persönlichen Interessen und Bedürfnisse hatte sie seit Langem zurückgestellt: Freunde besuchen, ein schönes Essen, einen Ausflug ins Umland – das hatte es seit Monaten nicht gegeben. Die gemeinsame Flucht war zur Droge geworden. Sie hatte ihr Leben ausgefüllt. Es gab fast nichts anderes. Jetzt war sie wieder nüchtern, alleine, ausgehöhlt und wusste nicht, wer sie war.

Als Sabine den Verhörraum in der Keibelstraße betrat, schlug ihr der immer gleiche Geruch entgegen: abgestandener Zigarettenrauch, der staubige Mief alter Tapeten, vermischt mit scharfem Putzmittel. Sie hatte es satt hierherzukommen.

»Guten Tag, Frau Freudenberg.«

»Tag!«

»Bitte!«

Oberleutnant Schwartz wies auf den roten gepolsterten Stuhl.

»Wie ist die neue Wohnung?«

»Ich fühle mich sehr wohl. Vielen Dank.«

Freunde würden sie trotzdem nicht werden.

»Die Staatssicherheit ist dafür zuständig, die Bürger zu schützen und Bedingungen zu schaffen, unter denen sie sich positiv entwickeln können. Wir möchten Ihnen den Neustart erleichtern.«

Leeres Gerede.

»Und ich kenne die Sachbearbeiterin der KWV ... privat ...«

Tat sie ihm unrecht? Dass er verstanden hatte, warum es bei den Eltern nicht mehr ging, hatte ihr sehr geholfen. Dass sie nicht in die Christburger Straße zurückkehren wollte, musste sie ihm auch nicht begründen. »Ich kann dort nicht mehr sein.« Das hatte genügt. Er hatte sogar von sich aus gesagt, dass er sich vorstellen könne, wie schmerzhaft es sein muss, jeden Tag aufs Neue an den Verlust erinnert zu werden.

»In der Bunsenstraße – läuft so weit?«

»Auch gut. Ja.«

Er hatte Professor Schumann verschiedene Zeugnisse und Empfehlungsschreiben weitergeleitet, woraufhin Schumann sich noch einmal intensiver damit befasst hatte, wie man ihr mehr Eigenverantwortung übertragen könnte. Vielleicht würde sie eine Experimentreihe des Solartechnikprogramms betreuen dürfen.

»Nimmt die Gruppe Sie freundlich auf?«

»Sehr.«

Er machte sich, wie beim letzten Mal, mit einem schwarzen Kugelschreiber handschriftliche Notizen.

»Die Kollegin Seidel?«

»Ist sehr freundlich und geduldig mit mir.«

Sie mochte Lisa Seidel.

»Sie haben noch Schwierigkeiten?«

»Dass man nicht weiß, wo etwas ist oder wer genau für was zuständig ist … so was. Aber ich finde mich zurecht.«

»Kollege Golshiri …«

»… spreche ich selten.«

»Warum?«

»Er betreut eine Experimentreihe zur Chlorgewinnung. In die wurde ich bisher nicht eingebunden.«

»Sie treffen ihn in der Kantine …?«

»Ja, doch, das kommt vor.«

»Gemeinsames Mittagessen?«

»Das gab es auch mal. Ja.«

»Wann?«

Sie wusste es nicht mehr genau.

»Vorgestern.«

»Golshiri und Sie?«

»Herr Golshiri, Frau Hadulka und ich.«

»Und da hat man über Berufliches gesprochen?«

»Beruflich und privat. Ganz normal.«

»Urlaub, Familie und so weiter …«

»Ja, genau.«

»Über die Ereignisse in Ungarn?«

Sabine stutzte.

»Überall wird darüber gesprochen«, legte er vor. »Sogar hier in der Kantine.«

Er hatte recht: In ganz Berlin war Ungarn Tagesgespräch. Es zu bestreiten, wäre albern.

»Es kam auch zur Sprache, ja, schon …«

»Sie werden vielleicht nicht im Einzelnen darauf geachtet haben, wie die Kollegen sich dazu positionieren …?«

»Das Ganze hat mich nicht weiter interessiert.«

Das klang nicht überzeugend. Er lächelte.

»Nicht?«

Sie hatte es in der *Tagesschau* gesehen: Mehr als fünfhundert

DDR-Bürger konnten bei einem Festakt in Sopron nach Österreich fliehen, weil ungarische Grenzbeamte die Pässe der DDR-Bürger aus unerklärlichen Gründen nicht kontrolliert hatten.

»Nein.«

Er nickte. Gnädig.

»Golshiri wird die Geflüchteten nicht verteufelt haben.«

Was sollte das?

»Ich glaube, das tut niemand, oder?«, sagte sie.

Tatsächlich hatten Frau Hadulka und Herr Golshiri darüber gesprochen, dass es an der Zeit sei, die Grenzen zu lockern. Sabine war währenddessen aufgestanden und hatte sich einen Kaffee geholt, in der Hoffnung, dass sie in der Zwischenzeit das Thema wechseln würden.

»Was hat denn Hadulka gesagt?«

»Nichts weiter.«

»Aha. Sie hat andere Probleme?«

»Wahrscheinlich. Ja.«

Sabine hatte zufällig mitbekommen, dass Frau Hadulka Urlaub beantragt hatte. In Ungarn. Nur sie und die Kinder. Weil es in jedem Urlaub Streit mit ihrem Mann gab.

Er wurde ernster: »Sie müssen verstehen, Frau Freudenberg, dass es unsere Pflicht ist zu erkunden, wie es um die Betriebe steht, auch die wissenschaftlichen. Dazu gehört ein allgemeines Stimmungsbild.«

»Ich bin ja noch neu ...«

»Es ist wichtig, dass Sie sich gut einleben und zu allen Mitarbeitern des Instituts eine gute Beziehung herstellen.«

»Ich bemühe mich«, sagte sie. Das stimmte nur halb. Sie wollte akzeptiert werden, aber ihren Kollegen und Kolleginnen nicht zu nahe kommen.

»Sehr schön. Und Frau Hadulka hat wirklich nichts von Beziehungsschwierigkeiten erzählt?«

Es war ein offenes Geheimnis. Sabine zögerte.

»Offensichtlich hat sie etwas erzählt …«

»Dass es manchmal Streit gibt, ist bekannt.«

Er machte sich eine Notiz.

»Kommt in den besten Familien vor. Worum geht's in dem Streit?«

Sollte sie ihm sagen, dass Hadulkas Mann sich betrank, während sie nach der Arbeit Haushalt und Kinder alleine schmeißen musste?

»Er bringt sich nicht groß ein, mit den Kindern, glaube ich.«

»Aha …«

Er notierte sich wieder etwas, schüttelte spöttisch den Kopf und klappte seinen Schreibblock zu.

»Tja, Männer!«

Sabine war erleichtert. Oder dachte er etwa, die Kollegin Hadulka würde mit den Kindern über Ungarn …? Sie hatte gerade erst den Urlaubsantrag gestellt. Am Ende würde er dafür sorgen, dass …

»So, Frau Freudenberg. Wir sind fast durch. Sie haben einen Besuch im Sperrgebiet beantragt, um das Grab Ihres Mannes zu besuchen.«

Sie errötete. »Ja.«

Sie wollte wenigstens sein Grab besuchen dürfen. Alleine. Ohne Begleitung aus Berlin.

Er öffnete seine Mappe und nahm einen rosafarbenen Schein heraus. »Ich gehe davon aus, dass Sie auch Ihren Schwager und den Schwiegervater treffen werden.«

»Ich weiß nicht.«

Sie fürchtete, sich Vorwürfe anhören zu müssen.

»Nicht ganz einfach, oder?«, fragte Schwartz einfühlsam, als er den Schein zu ihr rüberschob. Er war der Einzige, der es ansprach.

»Man muss der Trauer Raum geben, Frau Freudenberg. Fahren Sie! Und reden Sie mit den Verwandten! Bleiben Sie in Kontakt. Es wird Ihnen guttun.«

Er war auch nur ein Mensch.

»Wir sind fertig für heute.«

»Danke.« Wie oft hatte sie sich heute bedankt?

»Die nächste Einladung erhalten Sie, sobald Sie in Lüttgenrode waren.«

Wie lange würde das so weitergehen?

»Wir möchten nur sicherstellen, dass Sie sich gut wieder einfinden.«

Als könne er Gedanken lesen. Er erhob sich, und nun war ihr, als sei es das erste Mal, dass er ihr zum Abschied die Hand reichte.

»Auf Wiedersehen, Frau Freudenberg!«

Märchenstadt Bad Pyrmont

»Ostwald?!«

»Guten Tag, Herr Ostwald. Hier spricht Caroline Labusch aus Berlin. Meine Kollegen sitzen auch hier. Das sind der Regisseur Herr Kratochvil und der Unternehmensberater Herr Schmid, von dessen Apparat aus ich Sie anrufe. Wir haben Ihre Nummer von Ihrem Cousin Reinhold Freudenberg und wollten fragen, ob Sie Lust haben, sich mit mir … also uns … über Winfried Freudenberg zu unterhalten. Wir recherchieren seine Geschichte.«

»Ich weiß ja nicht, was Sie wissen wollen …«

»Weiß ich auch noch nicht so genau.«

»Das ist schlecht.«

Helmer Ostwald ist berenteter Klempner. Er war zweimal verheiratet, hat zwei längst erwachsene Kinder und züchtet in seiner Freizeit Brieftauben, mit denen er übrigens keine zusammengerollten Grußbotschaften verschickt, sondern Wettrennen fliegt.

In Bad Pyrmont lebt er seit seinem dritten Lebensjahr. Ich kenne seine Heimat, lustigerweise auch von einem »Tantenausflug«. Meine Tante Elfi, die nur sechzig Kilometer südlich wohnte, hatte sich anno dazumal zum Geburtstag eine Rattenfänger-Tour mit ihren Nichten durchs Weserbergland gewünscht.

»Zauberhaft, Kinder. Das sieht doch hier aus wie im Märchen«, hatte Elfi gesagt, als wir durch den Schlosspark spazierten. In der Fußgängerzone spendierte sie uns ein Banana Split. Dann durften wir im Palmengarten des Kurparks Verstecken spielen. Es kam uns vor, als seien wir in den Süden gereist. Wie mag Winfried Freudenberg es erlebt haben, ausgerechnet in diesem mit Palmen und Blumenrabatten übersäten schnuckeligen Kurstädtchen erstmals Fuß auf westdeutschen Boden zu setzen?

»Hat ihn alles nicht interessiert«, sagt Helmer.

»Verstehe. Was hat ihn denn interessiert?«

»Hier drüben, zu Elektro-Heise ist er hin. Zweimal. Hat sich angeguckt, was die an Elektronik da haben. Wollte gar nicht mehr rauskommen da. Hat gestaunt, wie weit die im Westen sind mit ihrer Technik. Im Krankenhaus war er auch, wo meine Frau als Krankenschwester gearbeitet hat. Und hat die gelöchert. Hat uns alle gelöchert. Wie es hier so funktioniert. Mit der Versorgung, Rente, Versicherungen. Was weiß ich. Es nahm kein Ende mit den Fragen. Und zur Bank sind wir. Ein paar Tausend Westmark hatte er dabei, womit er sich ein Konto eröffnet hat. Kurpark. Casino. Nein. So was war nicht seine Sache.«

Helmer ist 1945 geboren. Er verbrachte seine früheste Kindheit, wie die Cousins, in Lüttgenrode. 1948 entschieden seine Eltern, dass sie lieber in der britischen als in der russischen Besatzungszone leben möchten, und siedelten nach Bad Pyrmont über. 1961 wurde die Grenze dicht gemacht. Bis zum November 1989 durfte die Familie ihren Heimatort nicht mehr besuchen. Sie durften zwar mit einem Visum in die DDR einreisen, aber das Sperrgebiet war für Westdeutsche tabu.

Helmers Familie reiste trotzdem zu jedem größeren Familienfest in »die Zone«. Gefeiert wurde außerhalb des Sperrgebiets in einer Gaststätte. Helmer erinnert sich, wie er mit seinem feuerroten Opel Rekord über die Dörfer von Halberstadt nach Osterwieck fuhr.

»Einen Riesenumweg mussten wir nehmen, über die Transitautobahn. Heute sind das keine zwei Stunden bis Lüttgenrode. Damals warst du bald den ganzen Tag unterwegs. Und kamst durch Ortschaften, wo sie noch nie ein Westauto gesehen hatten. Da haben sie die Köpfe gereckt und gestaunt.«

Auch die Cousins, Reinhold und Winfried, bewunderten Helmers Auto und ließen sich gerne auf Spritztouren einladen.

»Als DDR-Bürger durften sie offiziell nicht ans Steuer. Dass sie nicht anfangen, von Westautos zu träumen. Da sind wir auf irgend so einen Feldweg, in der Pampa, damit sie doch mal fahren konnten. ›Mensch‹, hat Winnie gesagt, ›das ist’n Auto! Unsere Scheißkisten hier. Was die für ein Geholper machen!‹ Alles, was motorisiert war, da hat er nach dem Westen hin geguckt. ›Alles Mist hier‹, hat Winnie gesagt, ›alles Schrott!‹«

Helmer beschreibt Reinhold und Winfried als grundverschiedene Charaktere: der eine ruhig und besonnen, der andere getrieben und voller Ideen und Neugier. Was sie teilten, war zum einen ihre Begeisterung für neue Maschinen und zum anderen ihr Sträuben gegen jede Art von Unterdrückung. Bei einem von Helmers Besuchen heckten die Brüder den Plan aus, Cousin Helmer unter der Rückbank von Papa Rudolfs Lada zu verstecken und nach Lüttgenrode zu schmuggeln, damit er seinen Heimatort wiedersehen kann.

»Onkel Rudolf hat uns vorher erwischt. ›Das lasst ihr mal schön bleiben‹, hat er gesagt. War wohl besser so. Wenn die uns geschnappt hätten … Ich will es mir gar nicht ausmalen.«

Weil die Freudenbergs an Haus und Hof hingen, lernten sie, wie man Ärger vermeidet. Parteitreue Sozialisten, davon ist Helmer felsenfest überzeugt, waren sie alle nicht.

»Im Gegenteil. Die waren mit vielem nicht einverstanden.«

»Und haben das offen gesagt?«

»Wenn wir unter uns waren, ja. Da wurde offen gesprochen. Das kann ich Ihnen versichern!«

»Keine Angst vor feindlichen Ohren?«

»Nicht in der Familie. Nie.«

Helmer stand Reinhold allein schon des Alters wegen näher als dem kleinen Winnie. Dass er durch Winnies Besuch 1988 in Bad Pyrmont zu seinem Verbündeten wurde, war ihm gar nicht so recht. Trotzdem nahm er die Verantwortung wahr.

»Ich hatte mich schon gewundert über den, weil er eine Woche eher kam als die anderen. Ich sage: ›Sag mal, warum kommst du denn vorher und nicht gleichzeitig?‹ – ›Nee‹, sagt er. ›Ich habe mich von denen losgesagt. Ich möchte nicht, dass sie Ärger kriegen. Ich werde abhauen.‹ Ich sag: ›Wie willst du denn abhauen? Das ist doch riskant.‹ – ›Es gibt drei Möglichkeiten‹, sagt er zu mir: ›Freiheit, Bautzen oder Tod.‹ Ich sage: ›Du bist doch bescheuert! Was willst du denn in die DDR zurück und dann wieder rüber? Bleib einfach hier.‹ Wegen seiner Frau, sagt er. ›Ich habe das versprochen. Ich komme wieder.‹ Er ist dann noch zu einem Kumpel gefahren.«

»Ulrich Jäger …«

»Na, der aus dem Frankfurter Raum. Und von dort aus ging er im September als sozusagen freier Mensch zurück in die DDR.«

Bereits einen Monat später traf Helmer seinen Cousin Winfried wieder.

»Bei seiner Hochzeit in Berlin, auf dem Schiff. Das war die reinste Katastrophe. Und da habe ich seine Frau kennengelernt. Also, man hat sich die Hand gegeben, ein paar Worte gewechselt.«

Die Stimmung auf der Hochzeit sei miserabel gewesen. Die Familie Freudenberg und die Rosengrüns blieben vollständig voneinander abgekapselt.

»Wir hatten unsere Clique, und die hatten ihre. Das war schon bei der Ankunft alles schwierig mit der Unterbringung. Wir standen da rum, keiner kümmerte sich. Kein herzlicher Empfang war das. Bei der Feier kam auch keine Stimmung auf und war dann, so wie es in der DDR eben war, um Mitternacht vorbei. Da wollten wir noch ein bisschen privat weitermachen, irgendwo. Da kam der Schwiegervater an und machte seinen Terror. Wollte er nicht haben und sagte, er ruft die Polizei.«

»Warum das denn?«, frage ich.

»Das weiß keiner.«

»Ihr Cousin Reinhold hat auch angedeutet, dass die Familien sich nicht mochten. Was könnte der Konflikt gewesen sein?«

»Sabines Vater war ja so ein bisschen kommunistisch angehaucht.«

»War er? Woher wissen Sie das?«

»Das kriegte man schon mit. Da musste man aufpassen.«

»Und Winfried? Wie hat der seine Hochzeit erlebt?«

»Der hing immer an mir dran. Wenn ich rausging, frische Luft schnappen, kam er jedes Mal hinterher. Ich sage: ›Ey, das fällt auf, du hängst mir immer am Arsche, das ist nicht gut. Wenn es hier Spitzel gibt, die werden sagen, dass wir irgendwas am Laufen haben.‹ Er hat mir dann auch noch Geld gegeben auf der Hochzeit. Dollar. Ich frage ihn: ›Wie kommst du denn da ran?‹ – ›Ich komme überall ran.‹ Ich sage: ›Ist in Ordnung. Ich werde versuchen, es zu schleusen.‹ Und dann sage ich noch zu ihm: ›Du, ich wollte mir morgen eigentlich deine Wohnung angucken.‹ – ›Da kommt keiner rein. Da bin ich am Bauen.‹ – Ich frage: ›Was baust du denn?‹ – ›Ich bau 'n Ballon.‹ – ›Du bist ja bescheuert!‹, sage ich. Von da an wusste ich, was er vorhatte. Von der Familie wusste sonst kein Einziger davon.«

»Nur Sie?«

»Nur ich.«

»Was Sie da für eine Verantwortung hatten!«

»Ich konnte ihn von nichts anderem mehr überzeugen«, sagt Helmer unbeeindruckt. »War ja kein Rankommen.«

Der Besuch von Winfrieds Hochzeit war Helmers letzter Aufenthalt in der DDR. Zwei Wochen später trafen die ersten Pakete ein:

»Bücher hat er geschickt. Chemiebücher. So was. Und da war uns klar, dass er es ernst meinte.«

»Hat Winfried noch mehr von seinen Plänen erzählt? Wollte er in Bad Pyrmont arbeiten? Oder in Frankfurt?«

»Da hat er nichts von erzählt. Ich glaube nicht, dass er sich da festgelegt hat. In meinen Augen wollte er mit dem Ballonflug erst mal das große Geld machen. Eben mal aufsteigen, das hat noch keiner gemacht, über Berlin rüberfliegen und dann richtig abkassieren, bei den Medien. Das sind so meine Vermutungen.«

»Haben Sie sich das zusammengereimt, oder hat er das so gesagt?«

»So reime ich mir das zusammen. Vielleicht hat er's auch gesagt.«

»Das wissen sie nicht mehr?«

Keine Antwort. Ich sehe den exklusiven Bericht mit vierzehnseitiger Farbbildstrecke im *Stern* vor mir. »Einmal in den Himmel und dann frei – der Revoluzzer aus dem Grenzsperrgebiet«. Von den Honoraren gründet Winfried eine Firma, die seine Patente vermarktet, wandert in die USA aus, kauft sich eine Villa mit Blick über San Francisco Bay: Kühlschrank mit Ice Cube Dispenser, sieben Sorten Coca-Cola, Swimmingpool. Hobby: Paragliding. Sabine ist längst vergessen. Die Frauen liegen dem erfolgreichen Ballonpiloten zu Füßen …

»Aber Sie haben gesagt, es ging darum, seine Frau rauszuholen!«

»Ich kann Ihnen auch nur sagen, was er mir damals erzählt hat.«

Das Medienspektakel kam zustande. Nur ohne Geld. Und ohne Winfried. Am Mittag des 8. März 1989 klingelte im Hause Ostwald das Telefon:

»Als meine Tochter mir sagte, dass die Kriminalpolizei Berlin

175

mit mir sprechen will, war mir schon klar, dass es um Winfried geht.«

Zunächst hieß es nur, Winfried sei vermisst. Kurze Zeit später rief die Polizei erneut an und teilte Helmer mit, dass Winfrieds Leichnam gefunden worden sei.

»Und fragten mich, ob ich zu den Cousins in der DDR telefonischen Kontakt habe. Ich sage: ›Ja, ich habe die Telefonnummer, aber da durchzukommen, ist eine Katastrophe.‹ Als ich den Reinhold am Abend anrief, da hat es aber nur einmal geklingelt, und ich war drüben und konnte mich unterhalten. Da hatten sie direkt auf der anderen Seite die Schaltung drauf. Ich sage: ›Winfried ist abgehauen.‹ Dann wollte mein Cousin was sagen, aber sie haben uns getrennt, und die Leitung war blockiert.«

Reinhold und Helmer erinnern das Gespräch etwas verschieden. Was sich aber bei beiden einbrannte: dass die Stasi bereits über alle Vorgänge im Zusammenhang mit der Flucht wachte und man demzufolge nur ein paar Eckdaten austauschen, aber nicht reden konnte. Telefonüberwachung war auch im Westen ein Thema. Daran kann ich mich sehr gut erinnern. In meinem Elternhaus glaubten wir ebenfalls, ab und zu das Knacken zu hören, weil mein Vater als Wissenschaftler mit russischen wie amerikanischen Kollegen zusammenarbeitete und öffentlich als Kritiker der Wettrüstungspolitik auftrat. Nur fanden wir das lustig und gaben vor Freunden damit an: »Es kann sein, dass mein Vater vom russischen Geheimdienst überwacht wird.« Und auf die Überwachung – sei sie nur eingebildet oder nicht – folgten keine Konsequenzen. Für Helmer sah das im Fall Freudenberg anders aus:

»Die Polizei hat mich gewarnt. Ich sollte nicht auf die Idee kommen, mit dem Auto nach Berlin zu fahren: ›Sie werden in der DDR als Fluchthelfer gehandelt!‹, haben sie gesagt. ›Wir können für nichts garantieren.‹«

Was weder Helmer noch Reinhold bewusst war: dass die Stasi am Abend des 8. März 1989 nicht nur Reinholds Telefon abhörte, sondern schon recht viel über den Vorfall wusste. Viel mehr als die Verwandten und auch mehr als alle westlichen Journalisten und Polizisten zusammen. Nichts davon gaben sie preis. Mitwisser und Mittäter ausfindig zu machen, war wichtiger, als sich um Hinterbliebene zu kümmern.

Informieren und Austauschen konnten sich Reinhold und Helmer erst nach dem Mauerfall. Dass sie es konnten, heißt nicht, dass sie es taten. Helmer ist heute mehr oder weniger auf dem Stand vom März 1989:

»Er soll ja auch angegriffen worden sein. Von Hubschraubern.«

»Was meinen Sie damit: angegriffen von Hubschraubern?«

»Ja, von Hubschraubern der DDR. Oder den Russen. Weil er zum Westen rüberflog. Das hat die Kripo Berlin mir erzählt. Dann ist er nach Zehlendorf getrieben, wo er abgestürzt ist.«

»Herr Ostwald, ich bin mir ziemlich sicher, dass Winfried nicht beschossen wurde. Er ist beim Aufbruch in einer Stromleitung hängen geblieben. Dabei kam es an einer Plastiktüte zu Schmauchspuren, die man sich damals nicht erklären konnte. Da hat keiner geschossen.«

Während Ernst mir ein Handzeichen gibt, dass ich nicht so hochdrehen soll, rede ich mich um Kopf und Kragen: Winfried musste zwar von der Schäferstege bis zur Grenze noch gute sechs Kilometer über die DDR fliegen, aber selbst wenn man sich ein exzellentes Teamplay zwischen Volkspolizei und den Luftstreitkräften der NVA vorstellt, hätten DDR-Hubschrauber nicht nach West-Berlin fliegen können. Das wäre einer Kriegserklärung gleichgekommen! In meiner Rage fällt mir noch ein ganz neues Argument ein:

»Ganz ehrlich, Herr Ostwald. Wenn die auf den Ballon geschossen hätten! Der hatte über zehn Meter Durchmesser! Dann hätten sie getroffen!«

Helmer lässt sich von meinem Vortrag nicht aus der Ruhe bringen: »Na ja, damals sagten sie's anders.«

Wirklich beunruhigend findet Helmer bis heute nur die Vorstellung, dass Winfried mit dem Ballon so hoch geriet:

»Es war eine Minustemperatur von sechs Grad Celsius. Und er war nur mit einem T-Shirt bekleidet. Die Jacke konnte er sich nicht mehr anziehen, das hing alles noch mit am Ballon dran.«

»Wer hat das mit der Jacke gesagt? Das konnte doch keiner wissen.«

»Das weiß ich nicht mehr. Vielleicht einer von der Kriminalpolizei?«

Wir hören das zum ersten Mal. Es ist sehr gut möglich, dass Winfried seine Jacke in der Hektik des Aufbruchs nicht mehr anziehen konnte. Andererseits leuchtet nicht so recht ein, warum die Jacke bei seiner Ankunft am Ballon hing. Wie wir inzwischen wissen, diente die Jacke auch nicht als Sicherung. Sabine hatte in ihrer Vernehmung einen Gurt beschrieben, der um die Brust gebunden wurde. Die am Ballon festgeknotete Jacke ist nach wie vor nicht erklärbar.

Ein paar Tage nach Winfrieds Absturz meldete sich Ulrich Jäger bei Helmer.

»Sein Kumpel da, aus Frankfurt. Er rief an und meinte, Winnie hätte zu ihm gesagt: ›Wenn ich abhaue, dann schicke ich vorher nach Bad Pyrmont eine Postkarte. Dann wisst ihr, was los ist. Für den Fall, dass ich verhaftet werde.‹ Und die kam, die Postkarte. Es stand drauf: ›Die Urlaubsbilder sind hervorragend geworden. Ich schicke sie heute ab, am siebenten März.‹«

»Haben Sie die Postkarte noch?«

»Die hat meine Mama irgendwo in einem Karton drin gehabt. Sie ist ja alt geworden, siebenundneunzig Jahre. Jetzt ist sie schon eine Weile tot. Ob ich die noch finde …?«

»Was für ein Bild war drauf?«

178

»Das weiß ich nicht mehr.«

Schade. Winfrieds allerletztes Lebenszeichen.

Nach Winfrieds Tod lag bei den Ostwalds nicht nur die traurige Postkarte herum, sondern auch die geschmuggelten US-Dollar und die Bücher, die Winfried geschickt hatte. Sabine, die ja Winfrieds alleinige Erbin war, reiste Anfang 1990 nach Bad Pyrmont, um das Bargeld abzuholen und das Konto aufzulösen.

»Die anderen Sachen hat sie gar nicht mitgenommen«, erzählt Helmer.

Die Begegnung mit Sabine empfand er nicht als besonders angenehm. Über die Vergangenheit wurde kein einziges Wort gewechselt.

»Das ging kurz und schmerzlos. Zehn Minuten, dann war sie wieder weg. Seit damals habe ich von der Frau nie wieder was gehört und gesehen.«

Ich schaue zu Robert und Ernst.

»Habt ihr noch Fragen?«

Robert schüttelt nachdenklich den Kopf. Kaum habe ich gedankt und aufgelegt, brummelt er vor sich hin:

»Das hat uns jetzt auch nicht groß weitergebracht.«

Wie bitte? »Warum das denn nicht?«

»Weil du so fragst, dass die Antworten deinen Entwurf der Geschichte bestätigen.«

Sollte ich beleidigt sein? Immer muss ich die Telefonate führen, weil die beiden anderen denken, eine Frau wecke bei Männern mehr Vertrauen. Und dann werde ich noch kritisiert.

»Wie geht denn mein Entwurf der Geschichte?«, frage ich kühl.

»So ähnlich wie meiner ...«, sagt Ernst und drückt mich ins Sofa. »... willst du mitschreiben?«

»Winfried wuchs als behütetes Kind in der Provinz auf. Er war abenteuerlustig, ein bisschen leichtsinnig und unangepasst, neigte zur Selbstüberschätzung. Deswegen eckte er hier und da an; mal zu Recht, mal zu Unrecht. Politik war nicht sein Thema, aber er fand die DDR ein bisschen spaßlos, vielleicht auch wichtigtuerisch – wo man doch genau sah, dass die mühsam ausgetüftelte Ordnung nicht aufging. Dass die ganze DDR technisch so mies ausgestattet war, das hat ihn genervt. Diese Elegien, von wegen: ›Wie viel Verzweiflung muss in ihm geherrscht haben …?‹, das trifft auf ihn nicht zu. In die Falle bin ich auch erst getappt, aber bei genauerem Hinsehen gab es für ihn keine Not. Der kam beruflich gut zurecht, durfte mehrmals die Stelle wechseln, hatte Freunde, eine funktionierende Liebesbeziehung, keinen Ärger mit dem Staat. Das ist übrigens einer der Gründe, weshalb der Fall vergleichsweise unbekannt geblieben ist. Warum noch niemand daran gedacht hat, ihn zu verfilmen, und die Historiker sich da auch nicht groß reingehängt haben? Weil die Geschichte die Situation nicht auf den Punkt bringt. Also im Sinne der westlichen Geschichtsschreibung: Der musste nicht gehen. Der wurde nicht klein gehalten in der DDR. In erster Linie wollte Winfried als Daniel Düsentrieb vom Prenzlauer Berg den großen Coup landen, das wäre sein Auftakt als genialer Bastler im Land der unbegrenzten Möglichkeiten gewesen. Peinlich für den Westen, dass der Ostler sein Leben riskiert hat, um den westlichen Ansprüchen an Unterhaltung – möglichst groß und laut – gerecht zu werden. Nur weil er sich eine goldene Nase verdienen wollte. Das hat man verschwiegen. Oder verdrängt. Weil das genau die böse kapitalistische Verführung war, vor der sie im Osten warnten: schnell reich werden mit gefährlichem Körpereinsatz und ohne Mehrwert für die Gesellschaft. Und dann noch so krass: Das, was Winfried auf seinem missglückten Flug erlebt hat, damit hat keiner gerechnet, auch Winfried nicht. Das war die Hölle. Das will sich keiner ernsthaft vorstellen. Da gab's keine Euphorie, kein Erfolgserlebnis. Zu keinem Zeitpunkt. Kaum war er abgehoben, war ihm klar, dass dieses Projekt zum Scheitern verurteilt ist. Der wusste, dass sie Sabine schnappen werden. Und die Landung: Wie hat er sich das vorgestellt? Entweder sofort hinter der Grenze, was offensichtlich nicht gelang, oder wo? Da beginnen keine kilometerweiten Auen. Da sind Häuser, da knallt man einfach an die Wand. Ein Ballon mitten in der Stadt! Tegel war nach sechs Kilometern Ballonfahrt über Berlin-West das erste große freie Feld, das von oben zu erkennen war. Spätestens da wird er versucht haben zu landen. Er verlor bei dem Manöver Ballast und schoss in die Höhe. Mehrere Tausend Meter hoch. Das ganze Projekt war der Plan eines leichtsinnigen Wagehalses. Und wenn man ein politisches System oder ein Land zur Mitverantwortung ziehen sollte, wäre es weniger die DDR als vielmehr der kapitalistische Westen. Winfried hat sich nicht in den Tod gestürzt, um dem bösen Osten zu entkommen. Das hätte er – wie die Bad-Pyrmont-Reise beweist – anders bewerkstelligen können. Er hat sein und Sabines Leben riskiert, um dem Westen zu gefallen.«

Ich bin beeindruckt. Ernst hat eine politische 180-Grad-Wende hingelegt. Was sich anfangs noch als Vorwurf gegen die unterdrückerische DDR las, klingt jetzt wie eine Geschichte, deren Symbolik die kapitalistische Selbstgefälligkeit ankratzt:

Der Westen ist schuld! Wir sind schuld! Tagtäglich ergötzen wir uns an extremen Ereignissen und ermutigen damit Menschen in aller Welt, für eine gute Story die Grenzen zu sprengen, bis hin zum Einsatz von Leib und Leben.

»Bleibt die Frage, ob das alles so gelaufen wäre, wenn der Ballon wie geplant mit zwei Personen losgeflogen wäre. Und voll befüllt.«

»Ist berechtigt, die Frage«, sagt Ernst. »Andererseits will man sich nicht vorstellen, wie es Sabine bei diesem Höllenflug ergangen wäre! Was Winfried da riskiert hat, war in höchstem Maße fahrlässig!«

»Einspruch!«, fordere ich, die Hobbyermittlerin und Hobby-juristin.

»Aha?«

»In Frau Teichmanns Kategorien von Todesursachen bist du jetzt mehr oder weniger beim Selbsttod gelandet!«

»Fahrlässiger Selbsttod, falls es das gibt.«

»Das heißt dann Unfall.« Robert.

»Gut. Selbst verschuldeter Unfall«, sagt Ernst. »Motiv: Geld, Erfolg, Spaß.«

»Ich mache trotzdem Fremdeinwirkung geltend!«, sage ich und fühle mich wie die Rechtsanwältin des Nebenklägers.

»Wir könnten es hier – wenn auch sehr indirekt – mit fahrlässi-ger Tötung zu tun haben. Ich finde, alle, die auf irgendeine Weise dazu beigetragen oder nicht verhindert haben, dass er überstürzt aufgebrochen ist, sind mitschuldig: Winfried selbst, die zwei Vo-pos, Sascha ...«

»Helmer?«

»Hätte vehementer dagegenreden können.«

»Ulrich Jäger.«

»Auch.«

»Sabine?«

»Hätte alles tun müssen, was in ihrer Kraft stand, um ihn von diesem Flug abzuhalten, statt sich einfach nur abzuschneiden!«, fordere ich.

»Er hätte sie beinahe mit in den Tod gerissen«, sagt Ernst.

»Was soll denn das heißen? Man kann Sabine doch nicht ernst-haft als willenloses Opfer darstellen. Sie hätte sich gar nicht da-rauf einlassen müssen. Eine studierte Frau. Chemikerin. Die konnte die Risiken genauso gut einschätzen wie er. Die muss doch Verantwortung übernehmen! Und ganz besonders für einen Ehemann, der von jeher zur Leichtsinnigkeit neigt.«

Robert, der sich gern raushält, wenn Ernst und ich fabulieren, runzelt die Stirn.

»Was denkst du denn?«, frage ich.

»Ich würde jetzt gerne noch in die Unibibliothek gehen.«

»Okay ...?«

Ohne weitere Erklärung packt Robert seine Kopien ein und verschwindet.

Ernst schüttelt die stehen gelassene Jever-Fun-Flasche. Nicht mal halb leer. »Hätte ich doch Wein rausrücken sollen?«

20

Von der Gegenwart eingeholt

Sabine saß an ihrem großen schwarzen Schreibtisch und erstellte mithilfe ihrer neuen Microsoft-Vorlage die Juli-Rechnung. Die Vorlage hatte sie so clever mit der Rechnungsvorlage verknüpft, dass alle Daten automatisch eingesetzt wurden: in diesem Monat leider nur ein einziger Verkauf – ein Paket mit fünfzig Anschluss-schrauben-Dichtkegeln. Ihr deprimierender Monatsbonus betrug 6,95 Euro.

Ein heller Glockenton – Posteingang! – empfahl Sabine, ins E-Mail-Programm zu wechseln.

Von: <Dr. Jörg Werner>
Betreff: <Glucoseanteil>

Eine Kaufanfrage? Nein. Dr. Werner bat in seiner E-Mail ein weiteres Mal um ihre unbezahlte Unterstützung bei der Rest-stoff-Auswertung einer Versuchsreihe mit seinem zweiten Bio-reaktor. Zum Kauf eines neuen Glucosesensors hatte sie ihn also immer noch nicht ermutigen können, obwohl dieser sich fraglos zu einer weniger fehleranfälligen Durchführung seiner Versuchsreihe eignen würde. Sabine hatte so kurz vor Feierabend keine Lust mehr auf ein Telefonat und entschied sich, ihm nur den Leitfaden zur Behebung häufiger Fehlerquellen zu schicken und danach ihre jämmerliche Rechnung auszudrucken.

Während ihr Tintenstrahldrucker mitleidlos seinen Auftrag erfüllte, schaute Sabine aus dem Fenster, am Haus der Nachbarn vorbei, zwischen der Eiche und der Pappel hindurch auf die goldenen Weizenfelder. Ein schöner Blick, der sie und Stefan damals für diesen Bauplatz eingenommen hatte. Die neue Nachbarsfamilie hatte diesen Sommer unter der Eiche einen kleinen Pool aufgestellt. Sabine beobachtete, wie die kleine Tochter in rosa Badehose und rosa Schwimmflügeln an der Hand ihrer ebenfalls rosa gekleideten Mutter Richtung Pool stolperte, sich hineinheben ließ und zufrieden darin herumpaddelte, während die Mutter begann, das im Garten verstreute gelbe Plastikspielzeug aufzusammeln. Sie unterschieden sich äußerlich wenig von den anderen Nachbarsfamilien, aber sie waren die ersten Wessis, die in diese Siedlung gezogen waren. Sabine fragte sich, wie und warum es den ehemaligen DDR-Bürgern hier im Norden Berlins gelungen war, über ein Vierteljahrhundert unter sich zu bleiben.

Es war achtzehn Uhr zwei. Sie sollte zu Stefan hinuntergehen, einmal mit ihm die Treppe hinauf und wieder hinunter, dann das gemeinsame Abendessen vorbereiten. Stefan hatte seit seiner Erkrankung gute Fortschritte gemacht. Er bemühte sich, in den Alltag zurückzufinden, war optimistischer denn je, doch für sie war das Leben mit ihm von erstickender Gleichförmigkeit. Als gerade mal Fünfzigjährige lebte sie in einer Welt, die nur noch kleiner und stiller wurde. Seit ihr Sohn Karl* vor wenigen Monaten ausgezogen war, konnte sie das Rauschen der Bäume nicht mehr genießen. Es bewirkte, dass sie sich einsam fühlte.

Das Telefon klingelte, das musste Dr. Werner sein. Sabine räusperte sich mehrfach, bevor sie abhob.

»Leppin?«

»Guten Tag. Hier ist Robert Kratochvil aus Berlin. Störe ich?« Nie gehört. »Nein ...«

»Ich bin Theaterregisseur und unterstütze eine Recherche zu der Geschichte Ihres Ex-Mannes, Herrn Winfried Freudenberg. Sie hießen doch früher Freudenberg?«

»Ja«, sagte sie kühl.

»Ich habe mir erlaubt, Sie ausfindig zu machen, und würde mich freuen, wenn Sie kurz Zeit für mich hätten.«

Anfang der Neunzigerjahre, als sie wegen ihres Nachnamens noch leicht zu finden war, hatten einige Journalisten das Gespräch mit ihr gesucht – mal förmlich, mal schleimig, freundlich, unverschämt oder schlitzohrig. Seit sie Stefans Namen angenommen hatte, fanden nur noch wenige Neugierige den Weg zu ihr. Sie wollte nicht darüber reden. Seit mehr als zwanzig Jahren versuchte sie zu vergessen.

Herr Kratochvil war sachlich und überhaupt nicht aufdringlich. Er habe sich gemeinsam mit einem Privatmann und einer Autorin auf die Spuren von Winfrieds Geschichte begeben. Sie würden von einer renommierten Forschungseinrichtung unterstützt – der Name kam Sabine bekannt vor, ein unbeantworteter Brief in ihrem Papierkorb – und hätten zahlreiche Akten gesichtet, mit vielen Beteiligten gesprochen, auch über sie, Sabine.

»Wir wissen noch nicht, was wir mit dem Material machen«, sagte er. »Aber wir sind an einem Punkt angekommen, an dem es aus meiner Sicht notwendig wird, dass Sie persönlich zu Wort kommen.«

Sabines Kopf diktierte ein eindeutiges Nein. Hatte sie nicht längst alles gesagt, was für Fremde von Interesse war? Es gab eine fertige Version der Geschichte, die mehrfach in irgendwelchen Zeitungen abgedruckt worden war.

»Ich werde Ihnen nichts Neues erzählen können«, sagte sie.

»Was Sie uns erzählen, ist Ihre freie Entscheidung!«

Sabine mochte seine Stimme, aber sie hatte beschlossen, dass jeder, der sich wegen ihrer Vergangenheit an sie heranpirschte, ihren Seelenfrieden störte.

»Darf ich fragen, woher Sie meine Nummer haben?«

»In einem Verzeichnis von universitären Fachartikeln habe ich einen Eintrag gefunden, in dem Sie unter mehreren Namen geführt wurden, und da tauchte der Name Leppin auf. Den Namen Sabine Leppin habe ich im Internet in einem Expertennetzwerk wiedergefunden. Mit dieser Telefonnummer. Ich möchte Sie zu nichts drängen. Was halten Sie davon, wenn ich Ihnen einfach meine Telefonnummer hinterlasse. Und Sie denken in Ruhe darüber nach, ob Sie Lust haben, uns zu treffen.«

Sabine notierte drei Namen, die ihr nichts sagten, eine Festnetznummer und eine Handynummer. Sie wunderte sich, wie gefasst sie den Hörer wieder auflegte. Und dann überwältigte sie doch, ganz plötzlich, ein Gefühl, das nicht von Schuld und Verzweiflung geprägt war, so wie sie das kannte. Es war Sehnsucht. Nach Winfrieds Stimme, nach seinem Körper, seinen Haaren, dem Geruch, seiner Lebendigkeit, seiner rastlosen Abenteuerlust, nach der irrationalen Sicherheit, die sie in seiner Nähe empfunden hatte. Die Sicherheit, dass alles gut wird.

21

Die echte Sabine

Ernst, Robert und ich sitzen auf der Terrasse des Ristorante Veneziano, charmefrei gelegen an einer stark befahrenen Straße in Berlin-Steglitz. Das winterharte Grün in kieselsteinbespickten Betonkübeln erinnert nicht wirklich an Italien.

Robert sitzt da mit seinen braunen Haaren wie ein netter Bär. Er ist wieder guter Dinge. Ich – voller Misstrauen gegen unsere Interviewpartnerin – bin eine Spinne, die sich mit einem bunten Sommerkleid als Schmetterling verkleidet hatte. Ernst, unser Pinguin, wie immer im dunklen Anzug – ein Hybrid aus Staatsanwalt und Pflichtverteidiger. Zu keiner der Rollen passt der Blumenstrauß, den er für Sabine mitgebracht hat.

»Meinst du, damit lässt sie sich bestechen?«

»Caroline. Die Blumen sind einfach nur nett gemeint.«

Ob er sich damit nicht selbst belügt?

Ich sehe auf meine Sommerarme, wie sie sich schön gebräunt von dem weiß lackierten Gittertisch absetzen, und versuche, das Gänsehaut-Pelzchen glatt zu streichen.

»Ist dir kalt?«, fragt Ernst.

»Es soll nachher regnen«, lenke ich ab. Es ist wirklich sehr warm draußen. Regenwahrscheinlichkeit: zwölf Prozent. Das Pelzchen verrät, dass mir unbehaglich ist. Weil ich mich verstellen muss. Wir haben so viel über diese ahnungslose Frau geredet. Natürlich weiß sie, dass wir die Geschichte ihrer Flucht rekonstruieren wollen, aber sie weiß nicht, welche Vorwürfe wir heimlich bereithalten, das heißt, eigentlich nur ich. Ernst ist plötzlich auf ihrer Seite, weil er sich von Winfried oder vielmehr von der Unausgegorenheit seiner Planung distanziert hat. Er findet: Was auch immer geschehen ist, das war nicht zu Ende gedacht. Alles war besser als mitfliegen. Robert positioniert sich neutral. Er wäre – im Sinne der Frau Teichmann – der ideale Polizeibeamte. Er bewertet nicht, stellt am liebsten Tatsachen und Aussagen nebeneinander oder Widersprüche einander gegenüber und belässt es dabei. Allerdings versucht er nicht, den Fall zu lösen, sondern Gegensätze und verschiedene Möglichkeiten auf die Bühne zu bringen. Ich gehe anders vor. Ich folge meinem Gefühl und mache das zur Hypothese. Die lautet in Sabines Fall: eiskalter Wendehals. Kaum war das Ballonprojekt gescheitert, wurde das Schlupfloch zur neuen Nische gesucht: Schmusen mit der Stasi.

Ich heische bei meinen zwei Freunden Solidarität. »Wenn sie wüsste, dass wir ihr seit Monaten hinterherspionieren ...«

»So ungefähr weiß sie's ja«, sagt Ernst zu Robert. »Oder nicht?«

»Wir spionieren niemandem hinterher«, sagt der. »Wir recherchieren.«

Die »Frankfurter« haben zurückgerufen. Erst die Frau Dr. Jäger und, nachdem ich ihr geschildert habe, worum es geht, ihr Mann Ulrich. Noch am selben Abend. Es war ein bewegendes Gespräch. Ulrich Jäger ist für einen Mann seiner Generation sehr emotional und offenherzig. Nach wenigen Sätzen begann er zu weinen.

»Entschuldigen Sie!«

»Das macht doch nichts.«

»Dass ich ihn hab fliegen lassen! Ich kann mir das nicht verzeihen.«

Scheiße, ja. Echt.

»Er war so ein Herzensguter!«

Ich hatte plötzlich auch Tränen in den Augen. Jäger ist der

erste Beteiligte, der sich im Fall Freudenberg offen zu einer Mitschuld bekennt, obwohl er seinen Freund nur schwer von seinen Plänen hätte abhalten können.

Herr Jäger kennt Winfried aus Ilmenau. Dort haben sie an der Technischen Hochschule zusammen studiert. 1983 hatte Jäger einen Antrag auf ständige Ausreise gestellt, der ihm 1985 überraschend bewilligt worden war. Wie sich später herausstellte, hatte er einfach Glück gehabt. Die Regierung der DDR hatte 1984 beschlossen, den über Ausreisewünsche aufgebauten Druck abzulassen, indem sie auf einen Schlag zigtausend Anträge genehmigte. Dass er plötzlich übersiedeln durfte, kommunizierte Ulrich Jäger offen in seinem Freundes- und Bekanntenkreis. Er hatte nichts mehr zu verlieren, seine Freunde schon. Schließlich konnte man bei der Vergabe von Wohnraum, Ausbildungsplätzen, Arbeitsstellen, Reisegenehmigungen oder sonstigen Alltäglichkeiten, die über die Behörden geregelt wurden, benachteiligt werden, wenn man sich im Dunstkreis von Oppositionellen bewegte. Es trennte sich die Spreu vom Weizen.

»Viele distanzierten sich. Ich kann das verstehen. Es war trotzdem nicht schön. Am letzten Tag ... Wer da bei mir vorbeikam und sich zu mir bekannte – das waren die wirklichen Freunde. Zu diesen Menschen zählte Winnie.«

Zwei Jahre später durfte Jägers Verlobte Maria ebenfalls ausreisen. Die beiden fanden sich ins westdeutsche Leben gut ein, nahmen viele Chancen wahr, die ihnen in der DDR verwehrt gewesen waren, machten Fernreisen und sammelten Berufserfahrungen im »kapitalistischen Ausland«. Frau Jäger interessierte sich für naturheilkundliche Verfahren, die in der DDR verpönt waren, und machte diese zu ihrem Beruf.

Aus Dankbarkeit für die geschenkte Freiheit engagierte sich Ulrich Jäger für andere Menschen, die in den Westen wollten, es aber nicht durften: Er arbeitete als Fluchthelfer. Als Winfried ihn besuchte, lebte gerade eine Freundin bei ihm, der er geholfen hatte, über Ungarn und Österreich aus der DDR zu fliehen. Diese Frau war im Herbst 1988 noch ein Einzelfall. Die große Flüchtlingswelle über Ungarn und die Tschechoslowakei kam später, und doch wusste Winfried durch die Gespräche mit Jäger: Es gab diverse Möglichkeiten, die DDR auf weniger riskantem Wege zu verlassen als zu zweit in einem selbst gebauten Ballon.

Als ich Jäger mit unseren Überlegungen konfrontierte, dass es Winfried vor allem um schnelles Geld und Sensation gegangen sein könnte, wies er diesen Verdacht nicht zurück. Er erzählte, dass Winfried Freudenberg hinter vorgehaltener Hand von so manchem Kommilitonen als Spinner bezeichnet wurde.

»Wie soll ich ihn beschreiben? Er hat immer in der Zukunft gelebt. Immer Pläne gehabt. Sehr optimistisch, manchmal etwas realitätsfern.«

Über die Beziehung zwischen Winfried und Sabine konnte Ulrich nur theoretisieren. Er kannte Sabine nicht, vermutete dennoch, dass sie und Winfried großes Vertrauen zueinander hatten.

»Da wählt man sehr genau aus, mit wem man so etwas plant. Die müssen eine ganz enge Verbindung gehabt haben. Sie war ihm wichtig, das weiß ich. ›Wenn irgendetwas schiefgeht …‹, sagte er. Ich musste versprechen, dass ich mich um sie kümmere.«

Jäger hielt sein Wort. Als Sabine im Gefängnis saß, versuchte er, einen Freikauf zu erwirken.

»Aber sie wollte nicht mehr.«

Warum Sabine das abgelehnt hatte, wusste er nicht. Er hat nach dem Mauerfall nur ein einziges Mal mit ihr gesprochen. Er weiß nicht mehr, ob persönlich oder telefonisch.

»Ich weiß nur noch, dass wir nicht miteinander warm wurden.« Sabine war ihm suspekt.

»Da!«, sagt Ernst. Er hat auf dem rechten Auge eine künstliche Linse, mit der er gestochen scharf sieht. Ich sehe verschwommen eine dunkelhaarige Frau, die von der anderen Straßenseite auf unsere Seite wechselt. Als sie nah genug ist, erkenne ich ihren Stufenschnitt, die ordentliche Kleidung, alles ein bisschen Achtziger, und die markanten Brauen. Das ist Winfrieds Braut von dem alten Farbfoto, das Reinhold uns gezeigt hat. Das also ist Sabine Freudenberg!

Wir begrüßen sie herzlich. Sabine ist reserviert und freundlich, sie wirkt nervös. Das sind Ernst und ich auch, Robert natürlich nicht. Wir fragen, wo sie sitzen möchte; moderieren die Speisekarte an; bitten darum, sie einladen zu dürfen. Sie liest die Karte rauf und runter und bestellt schließlich das Tagesgericht, bevor wir drei Rechercheure uns für Spaghetti Napoli entscheiden – kein Budget für viermal Lamm an toskanischer Gemüsevariation. Weil ich es irgendwie unhöflich finde, dass wir alle drei das Gleiche bestellen, schwenke ich auf All'Arrabbiata um.

»Einen Rosé dazu?«

Robert geht mit. Ernst setzt mit Sabine auf San Pellegrino. Sabine ist älter als ich, aber sie hat etwas Mädchenhaftes an sich, eine irgendwie anziehende Unsicherheit. Je länger ich sie anschaue, desto mehr sehe ich die junge Chemie-Studentin vor mir, mit ihren sanften braunen Augen. Als Ernst ihr die Blumen überreicht, freut sie sich wirklich.

»Ach, danke schön! Das ist wirklich lieb von Ihnen.«

Eine braunäugige Freundin hat mal zu mir gesagt, die Blauäugigen dächten immer, die Braunäugigen seien sanft und lieb. Das sei nur so, weil man bei den Braunäugigen die Pupille nicht sieht, welche durch ein Weiterwerden und Zusammenziehen unbewusst etwas über das Innenleben verrät. Bei mir würde sie jedenfalls immer merken, wenn ich was im Schilde führe. Kein Wunder, wenn ich bei Sabine Skepsis auslöse. Undiplomatisch bin ich obendrein.

»Etwas rein Technisches, Frau Leppin, das Sie sicher leicht beantworten können: Hatten Sie denn für den Ballon ein Ventil konstruiert?«

Sabine weicht ein Stück zurück.

»Meine Güte! Ich weiß gar nicht, ob ich da jetzt so darüber reden kann. Ja, ich denke schon, dass Winfried ein Ventil eingeplant hatte. Wahrscheinlich hatten wir so was. Ja. Ich denke schon.«

Merkwürdig. Ernst sieht mich böse an.

»Wissen Sie noch, ob er eine Lederjacke trug, als Sie abflogen?«, frage ich weiter.

»Dazu habe ich überhaupt keine Erinnerung«, sagt sie und trinkt hastig mehrere Schlucke Sprudelwasser.

Ernst und Robert übernehmen galant: Sie erzählen, wo wir bereits waren, mit wem wir gesprochen haben, wie sehr wir uns freuen, dass Sie sich die Zeit genommen hat. Aber auch das löst – egal, was sie sagen – bei Sabine Unbehagen aus.

»Ach, mit Reinhold Freudenberg haben Sie gesprochen?« – »Sie haben die Stasi-Akte gesehen?« – »Die West-Berliner Polizeiakte?« – »Was haben Sie denn vor damit?« – »Ich kann mich nicht erinnern.« – »Weiß ich nicht.« – »Das ist für mich nicht einfach, darüber zu reden …«

Der Wein ist gut, das Essen nicht. Viel zu viele Spaghetti für einen warmen Sommerabend. Nur Sabine schafft ihren Teller.

Ich versuche noch einmal mein Glück:

»Die Situation an der Abflugstelle hat uns sehr beschäftigt, Frau Leppin …«

»Abflugstelle?«

»Vor der Gasreglerstation.«

»Ach so …«

Hui. Wir stecken schon so tief in der Geschichte, mit unseren eigenen Vokabeln für signifikante Orte und Ereignisse, das muss unheimlich für sie sein.

»Erinnern Sie sich denn noch an die genauen Abläufe?«

»Also, Sie stellen Fragen, die sich wirklich nicht gut anfühlen.« Sabine will einfach nicht. Schon gar nicht mit mir.

»Vollstes Verständnis«, unterbricht Ernst. »Vielleicht sprechen wir ein anderes Mal darüber.« Sie wirkt erleichtert. »Oder auch gar nicht«, fügt er hinzu und guckt mich dabei noch böser an als vorher.

»Ja«, sagt sie. »Vielleicht ein andermal. Danke.«

»Es geht ja heute erst einmal darum, dass wir uns kennenlernen«, singt Robert sonor.

»Wir denken, dass Sie einen wichtigen Beitrag zu unserem Verständnis der Geschichte leisten könnten. In dem Umfang, der für Sie angenehm ist. Nichts wird an die Öffentlichkeit gelangen, wenn Sie nicht einverstanden sind. Das können wir Ihnen versichern. Und wenn Sie eine Frage nicht beantworten können oder wollen, müssen Sie das nicht tun.«

»Gut …«, sagt sie zögerlich.

»Wäre es Ihnen denn recht, wenn wir uns ein weiteres Mal treffen und eine Film- oder Tonbandaufnahme machen?« Robert denkt vorausschauend, daran, dass wir für das Theaterstück, sollte es zustande kommen, Material bräuchten.

Sabine zuckt: »Wie jetzt – aufnehmen? Nein. Also, das bitte nicht.«

»Kein Problem.«

Von wegen!

»Was haben Sie denn vor, am Ende?«, fragt Sabine.

Ich habe das Gefühl, sie ist kurz davor abzuspringen. Der Eiertanz strengt mich an. Mir ist auch nicht mehr kalt, sondern heiß.

»Ehrlich gesagt«, schalte ich mich undiplomatisch wieder ein, »finden wir, Winfried hat ein Recht darauf, dass seine Geschichte noch einmal neu erzählt wird. Ganz einfach. Was wir daraus machen, sehen wir dann.«

Sabine sieht unsicher zwischen uns dreien hin und her: Robert wie immer bärig neutral; Ernst, der seinen Ärger unterdrückt; und ich darum bemüht, mit meinen hellen Augen braunäugig dreinzuschauen. Ulrich Jägers »nicht miteinander warm geworden« spukt in meinem Kopf herum.

»Ich habe versucht, nicht mehr so viel daran zu denken und auch nicht mehr davon zu sprechen«, sagt Sabine. »Damit abzuschließen. Aber jetzt merke ich …«

Wir halten alle drei den Atem an. Keiner von uns versteht, was in dieser Frau vor sich geht. Sabine räuspert sich.

»Ich würde sagen, wir versuchen es. Ohne Gewähr.«

22

Nahaufnahme

Ich sitze völlig verrenkt auf Ernsts Küchenhocker neben meiner Kamerafrau und quetsche meinen Kopf mühsam neben ihr Objektiv.

»Geht das so, Kirsten?«

Wir sind seit über zwanzig Jahren befreundet.

»Darfst aber das Stativ nicht berühren.«

Sabine wird auf dem großen Sofa sitzen, vor Ernsts Bücherwand. Ich habe keine andere Idee, wie ich ihren Blick beim Antworten Richtung Kamera holen kann.

Robert hat sich selbst übertrumpft. Er hat es geschafft, Sabine davon zu überzeugen, dass sie sich von uns filmen lässt. Er behauptet, er habe ihr einfach nur noch einmal transparent dargelegt, was wir vorhaben, nämlich ein Theaterstück zu entwickeln, dessen Form wir noch nicht kennen. So wie er arbeite, entstehe das Werk während der Proben.

Dass ich Sabine unsere Fragen stellen werde, ist das Ergebnis einer längeren Auseinandersetzung. Ernst hat sich nach unserem Essen im Veneziano darüber lustig gemacht, wie treffsicher ich mit meiner Art dafür sorge, dass Sabine Freudenberg sich verschließt. Ich habe das nicht bestritten, dafür die Herren darauf hingewiesen, dass sie zwar einen höflichen, sympathischen und respektvollen Eindruck machen, ich bei ihnen aber die Bereitschaft vermisse, auch an den schmerzhaften Fragen dranzubleiben. Deren Beantwortung könne uns am Ende eben jene Erkenntnis verschaffen, nach der wir suchen. Ich verstehe Sabines

Unbehagen bei bestimmten Fragen als Hinweis darauf, dass sich genau dort etwas Wichtiges versteckt.

Ernst brachte Strategien aus seiner Unternehmensberatung ein. Da werden Reaktionen durchgespielt und Gesprächsumwege vorgezeichnet, die man gehen könnte, wenn einem der kürzeste Weg zur ehrlichen Antwort von der Gesprächspartnerin versperrt wird. Robert fand, das sei manipulativ und insofern unmoralisch. Daraufhin entspann sich eine Diskussion um unsere Recherchearbeit, um Moral und Doppelmoral und inwiefern wir uns methodisch von der Stasi unterscheiden, wenn wir ausfechten, wie wir Frau Freudenberg am besten ihre Geheimnisse entlocken können.

Wir sind neugierig, ja, oder – das klingt neutraler – wissensdurstig. Wir wollen die Geschichte des Ehepaars Freudenberg verstehen und erhoffen uns davon einen ganzen Komplex von Erkenntnissen über Beziehungen, Liebesbeziehung, den Einfluss von Medien und Politik auf das Individuum, über Vergangenheitsbewältigung – die Themenvielfalt ist unerschöpflich. Als Künstler mit nicht zu unterdrückendem Selbstdarstellungstrieb wollen wir natürlich auch uns selbst in die Geschichte hineinprojizieren. Darf man das alles? Und darf man es zulasten anderer? Und kann man überhaupt davon reden, dass es zu Sabines Lasten geht, nur weil wir uns ihrem persönlichen Sperrgebiet nähern? Ich habe behauptet, dass sie selbst entscheiden muss und kann, ob sie uns passieren lässt. Am Ende wurde mir von den Männern das Vertrauen ausgesprochen, dass ich verantwortungsvoll mit der Situation umgehen werde.

Kaum ist Sabine eingetroffen, fühle ich mich gar nicht mehr so sicher – weder strategisch noch moralisch. Ich flüchte mich in die Rolle der Möchtegern-Dokumentarfilmerin.

»Wir hätten Sie gerne auf dem Sofa. Zwei Kameras laufen mit. Eine total, eine nah. Kirsten legt Ihnen jetzt noch ein Ansteckmikro an. Wenn Sie irgendetwas erzählen, das wir nicht verwenden sollen, sagen Sie es einfach im Anschluss. Hier steht Wasser. In der Küche gibt es Essen. Geben Sie bitte Bescheid, wenn Sie eine Pause brauchen.«

»In Ordnung«, sagt Sabine, die sich schön gemacht hat. Rote Bluse zum roten Lippenstift. Sie sieht gut aus, im gleißenden Schein der Filmlampen.

»Läuft?«, frage ich Kirsten.

»Läuft. Sabine, klatsch mal vor dein Gesicht.«

Lustig, dass Kirsten sie einfach duzt.

Sabine klatscht. »So?«

»Ja, genau so.«

»Soll ich jetzt was sagen?«

»Ich glaub schon«, sagt Kirsten.

»Ja. Gut. Also. Ich freue mich, hier zu sein«, sagt Sabine. »Dass ich hier meine Geschichte erzählen kann, sodass die Menschen da draußen davon erfahren und vielleicht etwas daraus lernen.«

Im Ernst jetzt? Sabine ist total unlocker. Das mit dem Aufnehmen behagt ihr einfach nicht.

»Wie fühlen Sie sich denn, wenn Sie hier so sitzen?«, will ich wissen. »Das Licht auf Sie gerichtet. Und so ausgefragt werden. Erinnert das auf irgendeine Weise an die Vernehmungen bei der Stasi?«

Sabine lacht unsicher. »Also, in gewisser Weise erinnert es von der Situation her vielleicht schon daran. Da gab es natürlich nicht so ein bequemes Sofa. Auch nicht so helle Lampen. Und ich war nicht freiwillig da.«

Sabine beschreibt ihre Vernehmungen bei der Stasi nicht als inhuman, nur sehr anstrengend.

»Das ging fast sechs Wochen lang. Jeden Tag wurde ich vernommen, sechs oder acht Stunden. Außer Sonntag. Und Karfreitag. Und sie fragten immer wieder das Gleiche. Wieder und wieder.«

»Was wollten die denn wissen?«

»Alles. Die wollten alles über mich wissen. Wirklich alles. Die kannten irgendwann jeden Winkel meines Lebens.«

»Damit es keinen unergründeten Ort in Ihrem Gedächtnis gab, um Geheimnisse zu verstecken.«

»Ja. So ungefähr.«

»Konnten Sie trotzdem Dinge geheim halten?«

»Was meinen Sie?«

»Ich meine, ob es Dinge gab, die Sie tatsächlich für sich behalten konnten und wollten?«

Sabine überlegt. Die Frage ist schwierig. Weil sie ja auch irgendwie impliziert, dass Sabine hier und jetzt diese Geheimnisse preisgeben soll.

»Ich weiß nicht, wie Sie das jetzt meinen …«, sagt sie.

»Ich auch nicht«, weiche ich aus.

Kirsten sieht mich irritiert an. Ich muss selbst erst warm werden.

»Wissen Sie, das hört sich nicht besonders angenehm an: dass Sie wieder und wieder die gleichen Sachen erzählen mussten, in einem wochenlangen Verhörmarathon. Aber Sie finden, es sei nicht unmenschlich gewesen …?«

Sabine bleibt dabei. Trotzdem hat die Zeit in den Fängen der Stasi deutliche Spuren bei ihr hinterlassen. Sie erzählt, dass sie sich während Gesprächen in der Öffentlichkeit plötzlich umdrehe oder leiser spreche, weil sie immer mitdenke, dass gewisse Äußerungen am Nachbartisch gehört werden könnten.

»Und wenn. Was könnte Ihnen passieren?«

»Wer weiß.«

»Die Stasi gibt es doch nicht mehr.«

»Die Leute gibt es ja noch.«

»Die haben ja nichts mehr zu melden.«

»Das könnte sich wieder ändern.«

»Glauben Sie das? Wirklich?«

»Ich weiß nicht. Nein. Wahrscheinlich ist es nicht so.«

»Oder denken Sie an strafrechtliche Konsequenzen?«

»Ja, auch.«

»Sie meinen, dass Sie sich auf irgendeine Weise schuldig gemacht haben könnten, die heute noch zur Strafverfolgung führt?«

Sabine erschrickt.

»Wer weiß.«

»Na, ich«, sage ich. »Republikflucht gibt es ja im BRD-Strafrecht nicht. Und alles andere, was man sich ausmalen könnte, wäre sowieso verjährt.«

»Denken Sie?«

»Ja. Das heißt: nein. Ich denke es nicht. Ich bin mir ganz sicher.«

Sabine hat dieses Vertrauen in die Rechtsstaatlichkeit nicht. Auch wenn die DDR so tat, als sei sie ein Rechtsstaat – man konnte ja nicht dagegen vorgehen, wenn die staatlichen Organe selbst das Recht brachen. Es ist wahrscheinlich nicht einfach, der Justiz ungebrochen zu vertrauen, wenn man staatliche Willkür einmal am eigenen Leibe erlebt hat.

Sabine erzählt von ihrer Kindheit. Sie findet, sie sei sehr behütet aufgewachsen, in einer vierköpfigen Familie. Ihre Schwester Susanne ist nur wenige Jahre jünger als sie, die beiden verstanden sich prima. Die Familie lebte in einem großen Eigenheim mit Garten im grünen Ost-Berliner Randbezirk Zeuthen*. Sabine las und bastelte gerne. Draußen Toben kam auch vor, ja, aber in Maßen. Lieber kochte sie Miniatur-Essen in ihrer gut ausgestatteten Puppenküche oder spielte mit Freunden Stadt, Land, Fluss. Als Jugendliche besuchte sie einen Sportverein, lernte fleißig für die Schule und engagierte sich in den Jugendverbänden, zum Beispiel als FDJ-Klassensekretär, später sogar als FDJ-Studienjahressprecher. Sabine verwendet immer noch – so war es in der DDR üblich – die männliche Form, auch wenn sie über ihre eigenen Ämter spricht. Sie übernahm gerne Verantwortung für die Gemeinschaft. Dass die Gemeinschaft es ihr dankte, bezweifelt sie selbstironisch:

»Ich habe mich damit nicht immer beliebt gemacht, glaube ich. Ich hatte kein Verständnis dafür, wenn jemand sich nicht gesellschaftlich engagieren wollte. Ich war überzeugt, dass es wirklich wichtig ist, dass jeder sich in den Dienst der Sache stellt.«

»Waren die anderen nicht einfach weniger naiv? Weil sie wussten oder ahnten, dass die FDJ eigentlich eine politisch gefärbte Institution war, in der die Kinder üben sollten, sich ins System einzufügen? Wurde man als FDJ-Sekretärin oder Studienjahressprecherin nicht vor allem von der Schulleitung dafür missbraucht, die Schülerschaft zu kontrollieren?«

Für mich ist das eine rhetorische Frage, weil ich dachte, es sei allgemein bekannt, dass es so war, aber Sabine hat ihre eigene Sicht.

»Nicht nur. Man hat auch vermittelt, wenn es Probleme gab. Zum Beispiel erinnere ich mich an einen Fall. Da hatte ein Schüler auf dem Müll oder was weiß ich wo ein paar Westkassetten gefunden und war in der Schule damit erwischt worden. Mir tat das wirklich leid. Er hatte ja letztlich nichts gemacht, das war jedem klar, aber es musste Konsequenzen haben, und man beriet sich, wie man jetzt verfährt. Und ich war dann auch dabei, als Studienjahressprecher.«

»Und haben gesagt, sie finden, die sollen den Jungen in Ruhe lassen.«

»So direkt natürlich nicht.«

»Und indirekt?«

»Man hat eher versucht, ruhig zu bleiben und nach Lösungen zu suchen, sodass es am Ende für ihn halbwegs gut ausgehen kann.«

Ich bin wirklich erstaunt, wie unterschiedlich groß unsere Ansprüche an Meinungsfreiheit und Mitbestimmung sind. Je fester ich daran glaube, dass meine Ansprüche gerechtfertigt sind und überhaupt meine Vorstellungen von einer guten gerechten Gesellschaftsordnung, desto mehr sollte ich mich fragen, inwiefern ich selbst von Kindheit an manipuliert wurde, ohne es zu merken. Sei es die allzu positive Bewertung von Wirtschaftswachstum, Konsum und Handel, sei es die eurozentristische, männerfixierte Geschichtsschreibung oder die Arroganz der wirtschaftlich stärkeren Länder. Es wäre völlig naiv zu denken, dass ich mein kritisches Denken völlig unbeeinflusst entfalten konnte.

Sabines Mutter, Anneliese*, arbeitete als Arzthelferin. Ihr Vater Werner* unterhielt im grünen Berliner Vorort Zeuthen einen privat geführten Blumenladen. Diese Form der Selbstständigkeit war in der DDR eine Seltenheit und eigentlich nicht vorgesehen. Um den privaten Einzelhandel einzudämmen, wurde eine absurd hohe Besteuerung erhoben, die die Wirtschaftlichkeit eines legal geführten, unabhängigen kleinen Ladens in vielen Fällen ausschloss. Sabines Vater fand einen Weg, durch den steuerbegünstigten Anschluss an eine Handelsgenossenschaft sein Geschäft weiterzuführen. Die ganz persönliche Einschränkung, nicht so unabhängig bleiben zu können wie geplant, ließ ihn das Wirtschaftskonzept der DDR durchaus mit Skepsis betrachten. Ein Systemkritiker war er jedoch nicht.

Was ihn zum Beispiel wenig störte, waren die autoritären Strukturen in der DDR. Seine Töchter übten darin vom zarten Kindesalter an, ein Gesellschaftskonzept zu bedienen, das ihm nicht falsch vorkam: der patriarchal organisierte Sozialstaat.

Sabine beschreibt ihren Vater als liebend, beschützend, unaggressiv streng, im Privaten bestimmerisch und fordernd, nach außen hin eher konfliktscheu. Insbesondere mit den staatlichen Behörden wollte er nicht in Konflikt geraten. Das tat er nicht aus Unterwürfigkeit. Er fand den Sozialismus überwiegend gut und teilte die öffentliche Kritik an der dekadenten westlichen Konsumgesellschaft. Irrationalität und Exzessivität waren ihm auch nicht geheuer.

Sabine denkt nicht, dass ihre angepasste Kinderpersönlichkeit im Wesentlichen durch ihre Erziehung hervorgerufen wurde. Es scheint ihr bis heute natürlich, dass sie sich und die anderen Kinder als Teil einer großen Gemeinschaft betrachtete, der sich das Individuum unterzuordnen hatte. Weil der Alltag dann einfach besser funktionierte.

Sie fühlte sich durch die strengen Eltern nicht eingeschränkt. Immerhin durfte man innerhalb der Familie seine Meinung frei äußern.

»Ja, gut. Ich hatte natürlich auch selten eine Meinung, die von der meiner Eltern so stark abwich. Eher, wenn es um Kleinigkeiten ging. In den meisten Fragen war man sich einig.«

Aufgrund ihrer sehr guten schulischen Leistungen, ergänzt um ihr gesellschaftliches Engagement, wurde sie von ihren Lehrern für die Erweiterte Oberschule vorgeschlagen und durfte nach einem glänzenden Abitur das studieren, was sie sich wünschte: Chemie.

Auch an der Universität übernahm sie das Amt des FDJ-Sekretärs. In dieser Funktion war sie für die Kommunikation zwischen Studienleitung und Studierenden zuständig, mit Schwerpunkt auf die studentischen Belange. In der Praxis wurde dieses Amt regelmäßig von der Studienleitung als Sprachrohr und Kontrollorgan instrumentalisiert. Sabine war trotzdem davon überzeugt, dass die Studenten und Studentinnen demokratisch mitgestalten konnten, sich aber zu wenig einbrachten.

»Viele Probleme und Verbesserungsvorschläge wurden diskutiert und auch kommuniziert. Allerdings fiel mir damals schon auf, dass das nicht immer auch zu Veränderungen oder Verbesserungen führte.«

Sabine war klar, dass das Engagement in der FDJ ihr manche Türen öffnete, und sie gibt zu, dass ihr diese Vorteile nicht unangenehm waren. Trotzdem, so stellt sie klar, gründeten sich ihre Erfolge im Studium auf Interesse, Ehrgeiz und Disziplin. Ihr Diplom wurde mit »sehr gut« bewertet.

»Was war Ihr Thema?«

Sie überlegt.

»Irgendwas in der physikalischen Chemie.«

Warum wirkt sie jetzt ein bisschen beschämt?

»Sie haben danach promoviert?«

»Mit der Promotion begonnen, ja, im Sommer 88. Und davor noch trat jemand von der Hochschule an mich heran und legte mir nahe, in die Partei einzutreten. Da bin ich sehr erschrocken.«

»Warum erschrocken?«

»Weil ich gemerkt habe, dass die was mit mir vorhaben. Ich habe mich immer aus Überzeugung engagiert, und plötzlich stand das alles unter einem anderen Vorzeichen. Ich wollte auf gar keinen Fall in die SED eintreten. Das haben die auch erst mal so akzeptiert. Aber ich bin sicher, dass sie später noch mal an mich herangetreten wären.«

»Warum war das so schlimm für Sie? Wie ich verstanden habe, entsprach das, was die SED vertreten hat, Ihren Überzeugungen.«

»Kann sein. Teilweise ja, teilweise nicht. Das war mehr so ein Gefühl, dass ich davon vereinnahmt werde. Ich kann das nicht erklären.«

»Wann haben Sie denn Winfried kennengelernt?«

»Das war noch vor dem Diplom. Im Februar 86.«

»Der war ganz anders als Sie!«

»Das kann man wohl sagen. Ja.«

»Er ordnete sich nicht gerne unter.«

»Nein.«

»Verweigerte sich schon in der Schule. Kam immer zu spät …«

»Das kann gut sein. Das würde zu ihm passen. Darüber haben wir, glaube ich, nie gesprochen.«

»Wurde nicht zum Abitur zugelassen. Kämpfte sich irgendwie durch, bis er endlich das Abitur machen und sein Studium aufnehmen konnte. Und er war überhaupt nicht von dem System überzeugt, in dem er lebte.«

»Nein. Das war er nicht.«

»Sie mochten sich trotzdem?«

»Er hat mir schon gefallen, ja.«

»Und Sie ihm.«

»Ich denke schon. Ja. Man war sich sympathisch.«

»Auf Anhieb?«

»Er wollte mich jedenfalls wiedersehen. Und ich hatte auch nichts dagegen.«

Sabine ist ein Phänomen. Wie schafft sie es, die Begegnung mit ihrem späteren Ehemann derart unromantisch rüberzubringen?

»Was hat Ihnen an Winfried gefallen?«

»Ich weiß nicht. Wie soll ich das beschreiben?«

»Das kann ich Ihnen ja nicht vorgeben.«

»Das ist eben so, wenn man sich mag. Irgendwie unerklärlich.«

23

Der Unbekannte

Der spirrelige DJ entschied sich für das dritte und doofste Lied von Karussell: »Kleine Frauen«. Ein Hase, ein Bär, ein Cowboy, eine Indianerin und ein Pilz stürmten auf die Tanzfläche und schüttelten sich zu: »Sie lächeln dich an wie'n Kind. Doch du weißt nie genau – was sie im Schilde führ'n, die kleinen Frauen.«

Sabine hatte nicht die geringste Lust, für diesen Song von ihrem Barhocker aufzustehen. Sie hätte sich als Dreizehnjährige niemals in Schale geschmissen und ältere Männer angelächelt. Ihre Freundin Babsi – mit viel Schmuck und bunten Tüchern als Zigeunerin verkleidet – verzog ebenfalls das Gesicht.

»Du hast da 'nen Fleck«, sagte sie.

»Wo?«, fragte Sabine und sah nervös an ihrem rosafarbenen Overall herunter. Das Thema ihres Kostüms war nur bedingt als »Schulkind« erkennbar. Sie hatte es in letzter Sekunde zusammengestoppelt: Zöpfe mit Schleifen, babyrosa Klamotten, dicke aufgemalte Sommersprossen.

»Scherz!«, sagte Babsi.

Unpassend, fand Sabine, denn sie hatte nie einen Fleck auf der Kleidung.

»Willst du noch 'n Rum?«

»Ich weiß nicht …«

Anlass, sich zu betrinken, hätte es gegeben. Tobias, der zur Faschingsfeier als Förster gekommen war, tanzte fröhlich mit den Kommilitoninnen, obwohl er sich angeblich »nicht leichtfertig« vor nur kurzer Zeit von Sabine getrennt hatte.

Es fühlte sich komisch an, keinen Freund zu haben.

»Cola?«, schlug Babsi vor. »Ich lade dich ein.«

»Cola ist gut.«

Babsi rückte ein Stück weiter, um die Frau hinterm Tresen mit rasselnden Armbändern auf sich aufmerksam zu machen. Sabine beobachtete die Tanzenden, tunlichst darauf bedacht, Förster Tobias' Blick nicht zu kreuzen.

Ein älterer Student, den sie noch nie gesehen hatte, lehnte an der Wand. Er sah ebenfalls den Tanzenden zu, schien dabei nur besser gelaunt zu sein als Sabine. Er war gar nicht verkleidet. Schon allein das gefiel ihr. Er war eher klein, sah sportlich aus und männlich, dunkelhaarig, bärtig. Er trug eine lässige Lederjacke und nippte nachdenklich an seinem Getränk. Auch Cola.

»Hier. Mit Zitronenscheibe!«

Schön, dass Babsi zurück war. Sabine fühlte sich unter den Studenten nie so ganz integriert. Es war wichtig, eine Freundin an der Seite zu haben. Die Musik wechselte endlich: »Super Trouper« von Abba.

»Alleine würde ich auch nicht tanzen wollen«, sagte eine Männerstimme neben ihr.

Sabine zuckte zusammen. Neben ihr stand der fremde Mann, der ihr aufgefallen war. Ausgerechnet er.

»Zu zweit schon …«

Sabine sah zu Babsi, die aufhörte, an ihrer Zitronenscheibe zu lutschen, und dem Mann lachend zuprostete.

»Winfried …«, sagte er und reichte Sabine die Hand.

Sabine wurde rot: »Sabine.«

Er begrüßte auch Babsi per Handschlag, aber es war offensichtlich, dass er zu ihnen getreten war, um Sabine kennenzulernen.

»Und?«

»Was?«

»Na. Tanzen.«

Sabine hatte mehr Mühe als sonst, locker zu bleiben. Sie war nie die beste aller Tänzerinnen gewesen, aber auch nicht unmusikalisch. Stolz sah sie sich um: Hatten die anderen mitbekommen, dass der lässige Typ in der Lederjacke sie ausgewählt hatte? Er freute sich an der Musik, lachte, schnipste, war eins mit dem Rhythmus und probierte immer wieder neue Bewegungen aus. Sabine merkte, wie sie sich neben ihm freier und freier fühlte. Nachdem das zweite Abba-Lied zu Ende ging, nahm er ihre Hand und zog sie von der Tanzfläche Richtung Bar. Seine Hand war warm und trocken, sie fühlte sich gut an. Trotzdem war sie erleichtert, als er wieder losließ.

»Rum?«, fragte er, als sie sich an die Bar setzten. »Oder Cola? Oder Cola-Rum?«

»Ja.«

»Ja – was?« Er lachte.

»Rum. Ohne alles.« Sie lachte ebenfalls.

Winfried redete viel – war er nervös? Er sprang von einem Thema zum anderen: Westmusik – seinem Beruf als Ingenieur, er studierte gar nicht mehr, wie alt mochte er sein? – vom Wandern in den Bergen und dass er gerne Skifahren lernen würde. Erst hörte sie vor Aufregung nicht richtig zu, dann erschrak sie vor dem, was er sagte:

»Glaubst du an Gott?«

»Ist das eine Überprüfung?«

»Ja klar. Das ist eine Prüfung, ob du die sozialistischen Ideale erfüllst. Was dachtest du?«

»Kein Problem. Ich glaube nicht an Gott.«

»Wie kannst du das so sicher wissen?«

»Und du?«

»Ich glaube nicht, dass es Gott gibt. Ich bin mir aber auch nicht sicher, dass es ihn nicht gibt. Vielleicht sollte ich öfter in die Kirche gehen.«

»Bist du in der Kirche?«

Information erhalten auch die Gen. Krenz, Müller, Fischer/Krolikowski, Fischer und Ahrendt

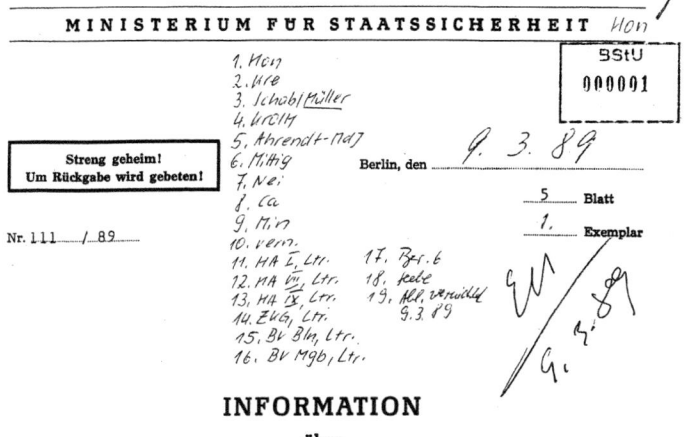

MINISTERIUM FÜR STAATSSICHERHEIT Hon

1. Hon
2. Ure
3. Schabl/Müller
4. Wölfl

BStU

000001

5. Ahrendt-Na7

Berlin, den 9. 3. 89

6. Mittig
7. Nei
8. Ca

5 Blatt

9. Min
10. vern.

1. Exemplar

11. HA I, Ltr.   17. Bfr. 6
12. HA VII, Ltr.   18. Jebe
13. HA IX, Ltr.   19. Alf. verwült
14. ZKG, Ltr.   9.3.89
15. BV Bln, Ltr.
16. BV Mgb, Ltr.

Streng geheim!
Um Rückgabe wird gebeten!

Nr. 111 / 89

INFORMATION

über

das ungesetzliche Verlassen der DDR durch eine männliche Person mittels Gasballon nach Westberlin am 8. März 1989

In den Morgenstunden des 8. März 1989 hat der Bürger der DDR

Freudenberg, Winfried (32)
geb. am 29. August 1956
Hauptwohnung: Lüttgenrode, Kr. Halberstadt/Magdeburg, █████
Nebenwohnung: 1055 Berlin, Christburger Str. 41
Beruf: Diplomingenieur für Informationstechnik
tätig gewesen als Ingenieur für Systementwicklung Gas/Mikro-
rechentechnik und Prozeßsteuerung im VEB Energiekombinat
Berlin

mittels eines selbstgefertigten Gasballons widerrechtlich die Staatsgrenze der DDR nach Westberlin überflogen.

Erstinformation des DDR-Ministeriums für Staatssicherheit (Stasi) zur Flucht des Winfried Freudenberg

Tatortdokumentation der Stasi: Gasreglerstation
in Berlin-Blankenburg am 8. 3. 1989

12

13

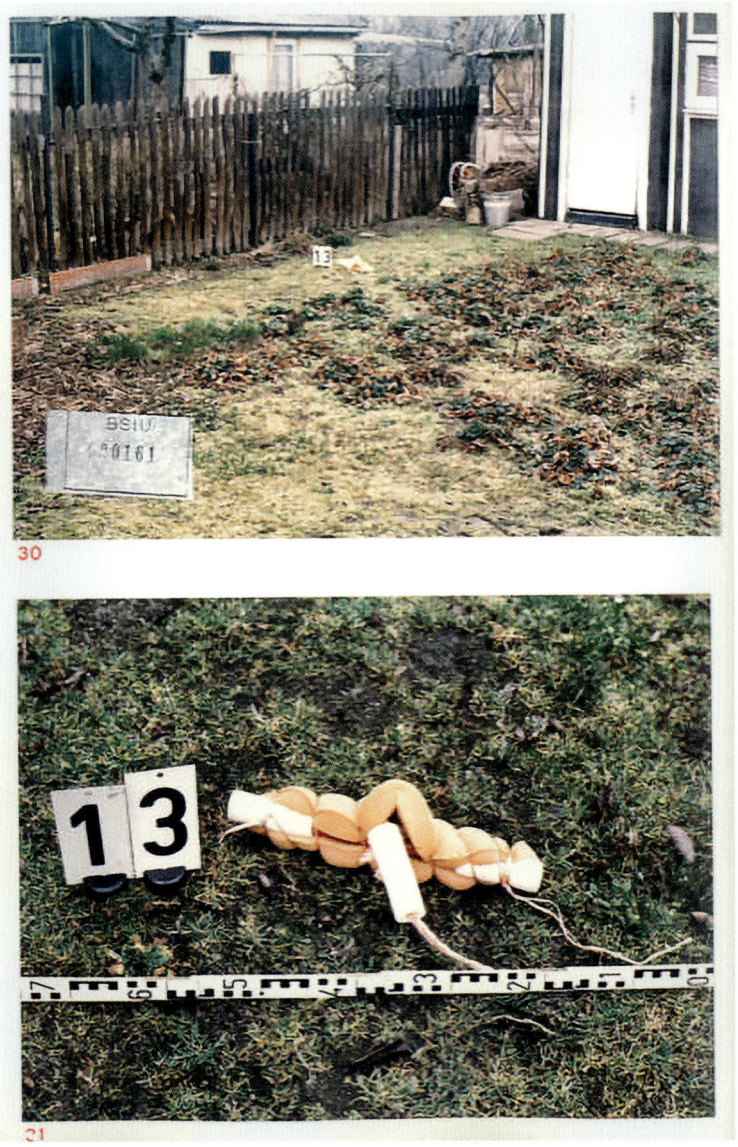

Tatortdokumentation: Sabines abgeschnittener Sitz

Sitz von meinem Mann was ohne Schaungsummi
geflochtenes Hauptseil (Halteseil)
geflochtenes Verbindungsseil
Ledergürtel
Sitzholz

Das Halteseil des Sitzkonstruktion wurde erst am Ablandeort im Korbring befestigt.

Aus Freudenbergs Stasi-Akte: Sabine musste die Sitzkonstruktion am Ballon zeichnen

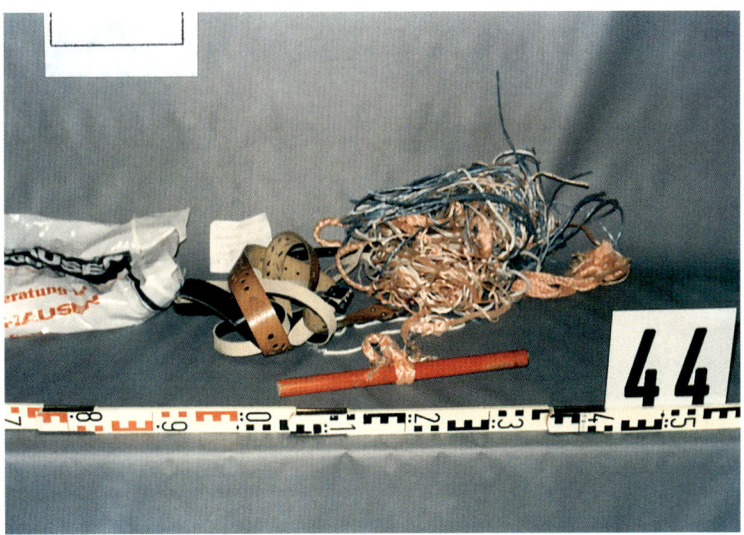

Alle Fundgegenstände wurden von der Westberliner Polizei in die DDR zurückgeschickt. Hier: Sitzkonstruktion am Ballon, dokumentiert von der Stasi

Der Stasi gelang es, die Rücksendung des Ballons zu erwirken. Der Ballon wurde in Ost-Berlin vermessen, fotografiert und dann vernichtet.

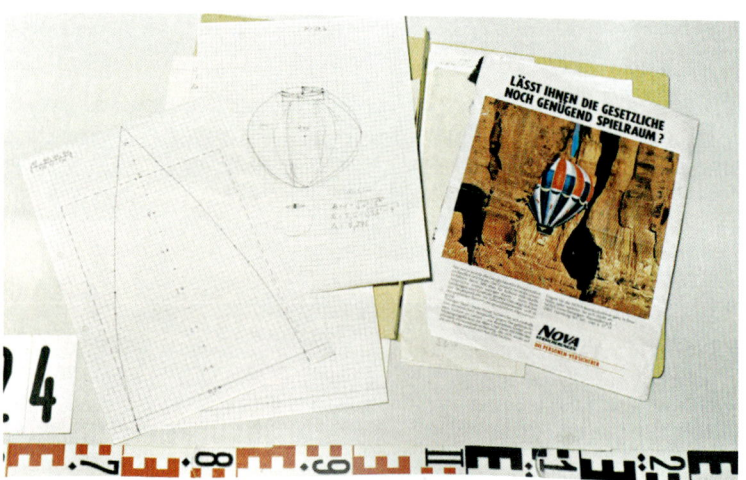

Von der Stasi eingezogene Tatmittel: Berechnungen, Konstruktionszeichnungen, Ballon-Foto aus West-Zeitung

Fotodokumentation der Stasi zur Beweisführung vor dem DDR-Straf-
gericht: Rekonstruktion des Ballonbaus in Freudenbergs Wohnung

VERSIONEN

1.) Beide Beschuldigte (FREUDENBERG,Winfried und
Sabine) handelten aus verfestigten,ablehnenden
Positionen gegenüber der sozialistischen Gesellschaftsordnung , wobei sie durch westliche Medien bzw. Personen /Organisationen/Einrichtungen/
Institutionen des bzw. im Kap. Ausland inspiriert,
angeleitet,unterstützt wurden.

2.) Die Beschuldigten entschlossen sich zur Durchführung
des spektakulären Angriffes auf die Staatsgrenze,um
durch dessen Vermarktung in derBRD/WB den Start ins
erhoffte dortige Leben finanzieren zu können .

3.) Zunächst entwickelte nur der Beschuldigte entsprechende Aktivitäten und zog seine Frau erst zu einem
späteren Zeitpunkt ins Vertrauen. Diese hat dann aus
Liebe zum Mann eingewilligt,mitzumachen .

4.) Die Beschuldigte war der inspirierende Teil und hat
den Ehemann beeinflußt,einen Flugballon herzustellen
und dies nur zum Zwecke der Verwendung bei einem 213.

5.) Der/die Beschuldigten haben mit der Herstellung eines
Flugballons begonnen, um sich als Wissenschaftler/
Intelligenz zuzuweisen, um auszuprobiren,welche Fähig
keiten und Fertigkeiten sie besitzen. Im Zusammenhang
mit der Fertigstellung wurde die Frage der Verwendung
des Flugballon durch den/die Beschuldigte(n) hin zum
213 gelenkt, unter Beachtung der jeweiligen Haltung
zur DDR .

6.) Die Beschuldigten wurde durch Dritte beeinflußt und
inspiriert,Ballon zu bauen und zum 213 zu verwenden-
im Sinne es Testes,ob diese Art Fluggerät für weitere
213 genutzt werden kann .

7.) Die Beschuldigte hat aus Angst nicht im Gestell des
Ballons platz genommen, der Ballon war nicht richtig
gefüllt und sie befürchtete Probleme beim Start.
Entsprechend ist nur der Beschuldigte aufgestiegen.

8.) Die Beschuldigte wollte gar nicht mittels Ballon die
DDR ungesetzlich verlassen,half nur ihrem Mann bei
den Vorbereitungen.Im Sinne einer zwischen ihnen ge-
troffenen Vereinbarung sollte sie nach erfolgreichem
Verlauf des 213 AstA stellen zu ihrem Mann .

Stasi-Akte S. Freudenberg: Spekulationen der Stasi über die emotionalen
Hintergründe der Tat

»Und wenn?«

»Dann nichts«, sagte sie. Niemand, wirklich niemand aus ihrem Bekanntenkreis war Mitglied der Kirche.

»Ein bisschen komisch käme es dir vor …«

Ja, das käme ihr komisch vor. Ihm könnte sie es durchgehen lassen.

»Ich finde die Kirche altmodisch und …«

»Ach ja?«

»… nicht unbedingt friedensstiftend.«

»Warum?«

»Wenn man die Geschichte betrachtet, wurde wegen der Kirche, oder vielleicht sollte man sagen: wegen des Glaubens, ziemlich viel Blut vergossen, oder?«

»Die Kirche hat jetzt andere Aufgaben. Die haben schon was mit Frieden zu tun.«

Es faszinierte sie, mit jemandem zu sprechen, der so furchtlos und offen aussprach, was er dachte.

»Die Kirche behält sich vor, den Staat zu kritisieren«, sagte er. »Ist das nicht wichtig?«

»Ich weiß nicht …«

»Oder darf man den Staat nicht kritisieren?«

»Doch. Natürlich darf man das.«

»Aber man sollte nicht?«

»Themawechsel.«

Er grinste.

»Sprechen wir über dich.«

Sabine erzählte von ihrem Studium, von ihrer Leidenschaft für Chemie; dass sie sich eigentlich für die organische Chemie entschieden hatte – Lebensmittelchemie hatte sie interessiert, mehr oder weniger durch ein Versehen der Verwaltung war sie in der technisch-physikalischen Chemie gelandet.

»Wäre ich Chemiker, wäre das mein Fach«, sagte er. Ihm fiel

gleich eine Reihe von kuriosen Experimenten mit selbst gebauten Bomben ein, die er von ihr evaluiert haben wollte.

»Das ist Schulchemie«, fand sie, staunte aber über seine Ideen. Er bewunderte sie für ihren Sachverstand. Sie erzählte, dass sie gerne fotografierte und selber im Heimlabor Abzüge machte, sich sogar damit ein Zubrot verdiente; dass sie seit Kurzem im Studentenheim wohnte; sich mit ihrer Zimmernachbarin Babsi, die er schon kennengelernt hatte, sehr gut verstand; dass sie immer noch viel zu ihren Eltern nach Zeuthen pendelte, auch weil ihre Schwester da wohnte – mit Mann und Kind –, und wie herrlich sie es fand, dass Berlin diesen Winter im Schnee versinke. Das könne man draußen im Zeuthen noch mehr genießen als in der Stadt.

»Dann machen wir am Wochenende einen Schneespaziergang. Ich hole dich bei deinen Eltern ab.«

»Da kann ich nicht!«, schoss Sabine zurück. Ihr Vater würde ihn hinauswerfen. Ihr war auch unheimlich, wie sehr sie diesen Winfried, den sie gar nicht kannte, mochte. Obwohl er merkwürdig war. Überdreht. Und trotzdem ruhig. Zu alt. Und nahm kein Blatt vor den Mund. Ein Anhänger der Kirche war er – das war schräg. Passte gar nicht zu ihm. Und schon gar nicht zu ihr. Vielleicht wollte er sie nur provozieren. Winfried betrachtete sie, lächelnd. Sabine wandte beschämt den Blick ab:

»Ist auch schon spät jetzt, oder …? Ich glaube, ich sollte langsam …«

»Wo finde ich dich, wenn ich dich suche?«

Ihr Herz pochte.

»Das ist eben schwierig …«

Wo war eigentlich Babsi?

»Im Studentenwohnheim?«

»Ich bin ja meistens in der Uni.«

Er grinste wieder. »Okay …«

Hieß das, er würde nicht nach ihr suchen?

»Noch mal tanzen?«, fragte er. Sie sah zu der sich unermüdlich drehenden Spiegelkugel. Förster Tobias tanzte mit einem Rotkäppchen. Zigeunerin Babsi unterhielt sich am Rand der Tanzfläche mit dem Pilz. Da spürte Sabine Winfrieds warme Hand in ihrer. Sie ließ sich mitziehen. Nur noch ein Tanz! Dann würde sie gehen. Ganz sicher. Oder zwei. So leicht würde sie nicht zu haben sein.

24

Point of no return

Ich kriege gleich einen Krampf im Bein, und Sabine hat Schweiß-
perlen auf der Stirn. Wir müssen nachpudern.

»Ich war Anfang zwanzig«, erzählt sie, »und er acht Jahre älter als ich. Für mich ein gestandener Mann. Trotzdem hatten
wir viele Themen, über die wir uns austauschen konnten. Und
er wollte mich wieder treffen. Ich habe mich da erst ein bisschen
zurückgehalten, mich aber sehr wohl gefühlt in seiner Nähe.
Mich sehr in meiner Mitte gefühlt, wenn ich bei ihm war. Darum hatte ich nichts dagegen, mit ihm zu sein.«

Zum Kitsch neigt Sabine wirklich nicht. Mich wundert, dass
sie glasige Augen bekommt.

»Wir haben sehr viel Zeit miteinander verbracht, auch bevor
ich bei ihm eingezogen bin … – jetzt habe ich schon einen Kloß
im Hals!«

»Nimm einen Schluck Wasser«, sagt Kirsten unbeeindruckt,
die Fernsehfrau, abgestumpft gegen Tränen vor laufender Kamera. Ihre sanfte Bestimmtheit überzeugt. Sabine trinkt und spricht
weiter:

»Nur dass er sein Leben im Westen verbringen wollte. Ich war
da anfangs gar nicht von angetan …«

»Wann hat er Ihnen das gesagt?«

»Das weiß ich nicht mehr.«

»Nach ein paar Monaten? Nach einem Jahr?«

»Ja, vielleicht, ich weiß es nicht …«

So was weiß man doch noch!

»Was dachten Sie, als er damit ankam? Sie hatten selber nie mit dem Gedanken gespielt?«

»Aus meiner Sicht hätte man in der DDR ein gutes Leben führen können. Ich kam gar nicht drauf, dass es woanders besser ist. Nach und nach habe ich dann nicht mehr alles so rosig gesehen. Mit der Zeit. Mir ging es vor allem darum, mit ihm zusammen zu sein. Zusammen zu bleiben. Ich wäre wahrscheinlich zur Antarktis, zum Nordpol oder sonst wohin mit ihm gegangen. Egal wohin. Ich wollte einfach mein Leben mit ihm verbringen.«

Sabine hat wieder Tränen in den Augen.

»Gab es denn keine Alternativen?«

»Für ihn nicht.«

»Auch keine Ideen, das Land anders zu verlassen als mit dem Ballon?«

»Ideen schon, aber das Sperrgebiet kam für ihn schon mal nicht infrage, weil er die Familie nicht mit reinziehen wollte. Und an allen Grenzen wurde geschossen. Das wollte er ausschließen.«

»Und Sie?«

»Ich?«, fragt sie so, als stünde ihr kein Mitspracherecht zu.

»Er hätte doch bei seiner ersten Westreise dableiben und Sie irgendwie nachholen können.«

»Das stellt man sich heute einfacher vor, als es war. Wir waren ja noch nicht mal verheiratet. Und selbst wenn: Er hätte mich in große Schwierigkeiten gebracht. Das kann einen die Arbeitsstelle kosten. Man hätte unter Verdacht gestanden ... Mithilfe zur Republikflucht ... Es gab die Wahrscheinlichkeit, dass die mich direkt verhaften.«

Jetzt bin ich verwirrt. »Ich dachte, Sie wurden verhaftet!«

»Das stimmt, ja. Genau.«

»Und Sie kamen ins Gefängnis. Und haben auch Ihre Arbeitsstelle verloren!«

»Im Prinzip schon, ja.«

»Ähm …?«

»Ich habe ja diesen speziellen Arbeitsplatz bekommen«, sagt sie. »Der nicht direkt in der Forschung war … also, ich weiß auch nicht, wieso ich da den Platz in der Bunsenstraße bekommen habe, in der physikalischen Chemie. Promovieren durfte ich da jedenfalls nicht. Aber es stimmt schon, dass es nicht so schlimm kam …«

Eben. Das genau ist der Anlass für Freunde und Verwandte, bis heute Misstrauen gegen Sabine zu hegen.

»Gab es denn eine Vereinbarung mit der Stasi, dass Sie sozusagen im Gegenzug ein bisschen … wie soll ich sagen …«

»Mit der Stasi?«

»… dass Sie denen Bericht erstatten!«

»Wieso Vereinbarung?«

»Gab es denn noch Kontakt zur Stasi, nachdem Sie aus der Haft entlassen wurden?«

»Ich musste da regelmäßig hin. Ja. In die Keibelstraße. Da war eigentlich die Polizei. Aber die Stasi saß mit drin, im selben Gebäude. Da hatten sie mich auch vorher schon einmal vernommen, direkt nach der Verhaftung. Jedenfalls musste ich dort – das war so alle paar Wochen – vorstellig werden.«

»Was wollten die von Ihnen?«

»Die haben sich um mich gekümmert. Ja, doch. So muss man das wirklich sagen. Ich wollte und sollte ja nun in der DDR bleiben. Und da hat man sich um mich gekümmert, dass ich das irgendwie hinkriege.«

»Aus Nettigkeit …«

Glaubt sie das wirklich?

»Das waren ja auch nur Menschen. Die haben mir auch eine Wohnung besorgt. In meiner Wohnung, in der Christburger Straße, da konnte ich nicht mehr bleiben. Das waren schon günstige Umstände für mich, nach diesem schweren Straftatbestand, zu dem ich verurteilt war. Gut, die haben dann schon mal gefragt, was die Leute um mich herum so tun und wissen und machen ...«

»Also haben Sie denen doch irgendwie zugearbeitet ...«

»Wie jetzt? Zugearbeitet?«

»Na ja, Bericht erstatten, was die anderen um Sie herum so tun und wissen und machen. Als inoffizielle Mitarbeiterin.«

»Sie glauben, ich wurde als IM geführt?«

»Das müssten Sie doch wissen! Haben Sie mal Ihre Akte angefordert?«

»Ganz am Anfang, ja, einundneunzig oder zweiundneunzig ... habe ich nicht komplett gelesen, da war viel, vielleicht noch nicht alles, aber IM ... – den Ausdruck IM kannte ich damals übrigens gar nicht. Davon hat man ja später erst erfahren.«

»Wie muss man sich das denn konkret vorstellen, mit dem Fragen nach ›tun und wissen und machen‹?«

»Dass man sich unterhielt, wie es so läuft auf der Arbeit. Wie es mir geht. Und dann wurde noch die eine oder andere Frage gestellt. Viel mehr war das nicht. Ich weiß es nicht mehr.«

Also gut, da komme ich nicht weiter.

»Und zu Ihrem Schwiegervater? Und Reinhold? Hatten Sie da noch Kontakt?«

»Anfangs schon. Das wurde mir nur immer mehr zur Last. Mein Schwiegervater war ja sehr, sehr traurig, dass er seinen Sohn verloren hatte. Nur: Ich konnte es ja nicht mehr rückgängig machen. Er hielt mir vor, dass ich Winfried hätte abhalten müssen. Dabei trug ich selber schon so viele Schuldgefühle mit mir herum. Das war ganz schrecklich für mich. Er wollte nicht, dass wir das machen. Er hatte gehofft, dass wir uns noch anders entscheiden.«

»Wollen Sie damit sagen, er wusste Bescheid?«

Sabine nickt.

»Winfried hatte ihn eingeweiht.«

Im Dezember 1988 war Rudolf nach Berlin gekommen, um seinen Sohn zu besuchen. Winfried war zu dieser Zeit nur noch selten in Lüttgenrode, und der Vater hatte ihn vermisst.

»Winfried hat ihm erklärt, wie wir fliehen wollen und warum. Er war sehr dagegen. Nachdem er wieder nach Lüttgenrode gefahren war, hat er uns eine Karte geschrieben. Ich glaube, so was wie: Überlegt euch das noch mal gut mit der neuen Wohnung. Damit meinte er: Bleibt doch hier!«

»War noch jemand eingeweiht?«

»Nein.«

»Würden Sie's mir sagen? Ich meine, jetzt ist es ja egal.«

»Nur er. Sonst niemand. Ich wollte das auch gar nicht, aber Winfried war wichtig, dass sein Vater ihn versteht.«

»Ich glaube, Reinhold weiß gar nicht, dass sein Vater eingeweiht wurde …«

»Nein?«

Ich sehe schon wieder Tränen in ihren Augen. Dass ihr das alles noch so nahegeht, erstaunt mich. Nach so vielen Jahren.

»Sie mochten Ihren Schwiegervater, oder?«

»Er war ein sehr lieber Vater für Winfried. Wir haben uns immer gut verstanden.«

Sabine ist sichtbar zusammengesackt. Anfangs saß sie noch kerzengerade auf dem Sofa.

»Darf ich noch mal zurückspringen, Frau Freudenberg – Entschuldigung: Leppin.«

»Macht nichts. Aber ich glaube, jetzt bräuchte ich langsam eine Pause.«

»Jetzt sofort?«

»Was wollten Sie denn fragen?«

»Also. Im September 1988 reiste Winfried ja nach Bad Pyrmont. Und Sie sagen, dass es überhaupt nicht zur Debatte stand, dass er dortbleibt. Alleine.«

»Das kam nicht für ihn infrage.«

»Und für Sie?«

»Sie müssen sich vorstellen: Man war komplett mit den Vorbereitungen beschäftigt. Mit dem Entschluss zu heiraten war das besiegelt. Ich konnte gar keinen Gedanken daran verschwenden, es doch noch anders zu machen. Nein. Und ich bin jetzt auch nicht der Mensch, der sich einmal für etwas entschlossen hat und dann umkippt und sagt: ›Ich mach's jetzt nicht.‹ Wenn ich jemandem versprochen habe, wir ziehen das durch, dann bleibe ich dabei.«

Ich nicke verständnisvoll und denke für mich: Das ist es eben. Jemand, der so pflichtbewusst und verbindlich ist wie Sabine, springt erst im letzten Moment ab. Das Eintreffen der Polizei kurz vor Abflug war für sie die erste Gelegenheit auszusteigen. Aber da sind wir noch gar nicht.

»Der Plan stand also felsenfest. Er wollte und er sollte wiederkommen aus Bad Pyrmont – und tat das auch.«

»Ich meine sogar, mit etwas Verspätung«, sagt sie.

»Ach! Das wusste ich gar nicht.«

»Nur ein paar Stunden.«

»Und selbst da dachten Sie nicht …?«

»Doch, das kann sein. Ja, vielleicht.«

»… er könnte entgegen der Abmachung in Bad Pyrmont geblieben sein?«

»Ich habe den Gedanken gehabt, ja.«

»Und wie fühlte sich das an?«

»Wenn ich ehrlich sein soll …«

»Ja, bitte.«

»Ich hätte es ihm nicht übel genommen.«

»Weil Sie wussten, er holt sie nach?«

»Weil ich eine tierische Angst hatte. Dann hätte der ganze Stress ein Ende gehabt. Ich hätte das irgendwie geschafft. Auch wenn er mich nicht nachgeholt hätte, ich hätte das durchgestanden.«

»Wusste er das?«

»So habe ich ihm das nicht gesagt.«

»Warum nicht?«

Sabine schluckt. Ich breche jetzt nicht ab, nein. Ich warte. Sabine ist eine erwachsene Frau. Wenn sie nicht antworten will, dann muss sie es nicht tun.

»Ich weiß nicht, ob ich das jetzt hier …«, beginnt sie. »Das könnte die ganze Romantik Ihrer Geschichte sprengen.«

»Das halte ich aus.«

»Ich hatte Angst, dass er mich verlässt«, sagt sie.

Ich sehe zu Kirsten. Die starrt nur auf ihr Display.

»Karte ist voll. Macht ihr beiden mal 'ne Pause.«

25

Fluchtgedanken

Der Regen tröpfelte aufs Zeltdach. Sabine lag auf dem Rücken. Winfried saß mit angezogenen Beinen neben ihr – im Begriff aufzustehen. »Ich schau mal, ob der Laden noch aufhat.«

»Was willst du denn kaufen?«

»Milch. Für morgen früh.« Er zog vorsichtig den Reißverschluss auf, schaute hinaus und verschwand zwischen den Wohnwagen.

Das Wetter sollte morgen wieder sonnig werden, doch es war kaum vorstellbar, nur einen einzigen freudvollen Tag hier zu verbringen. Sie verfluchte diesen Urlaub. Sie verfluchte die Ostsee, den Zeltplatz mit den rot verbrannten, dickbäuchigen Saufköpfen, die Quallen am Strand, den Regen, die unbequeme Luftmatratze, die nicht hundertprozentig luftdicht war. Ihr erster Urlaub war so schön gewesen, sie sehnte sich in die Karpaten zurück. Die Wanderungen, das Freiheitsgefühl; die Erschöpfung, wenn sie zum Zeltplatz zurückkamen; Biertrinken mit Günther und Paula am Lagerfeuer, bevor sie todmüde ins Zelt krochen. Einmal hatten sie ein Geräusch gehört, das wie ein Bär klang, und ängstlich den Atem angehalten – bis der Bär sich als schnarchende Oma im Nachbarzelt entpuppte. Dass sie und Winfried sich gefunden hatten, schien ihr damals eine glückliche Fügung gewesen zu sein.

Diesmal war die Stimmung schon auf der Hinfahrt gedrückt gewesen, Winfried irgendwie abwesend und ungewöhnlich still.

Heute der lange Spaziergang am Strand, bis sie endlich an einer einsamen Stelle angekommen waren, wo sie ins Wasser sprangen und die nasse Haut von der Sonne trocknen ließen. Am Nachmittag kauften sie Eis, waren immer noch irrsinnig hungrig, kochten auf dem Petroleumkocher Nudeln in Schmelzkäsesoße und Petersilie und nahmen die Schüsseln, als es anfing zu regnen, gemütlich mit ins Zelt. Nach dem Essen lagen sie zärtlich und eigentlich glücklich beieinander, bis Winfried es einfach so in die Stille hinein sprach:

»Ich möchte im Westen leben.«

»Was?«

»Mit dir. Ich will abhauen.«

Es war sofort klar, dass ihn der Gedanke schon lange beschäftigt hatte. Sie hätte das ahnen müssen, so kritisch, wie er die Heimat sah, und so sehnsüchtig, wie er von den Möglichkeiten im Westen schwärmte. Trotzdem hatten seine Worte sie wie ein Schlag getroffen.

»Wie willst du denn überhaupt abhauen?«

»In einem Ballon.«

Das Ratschen des Reißverschlusses klang nicht mehr gemütlich. Winfried kroch nass wie ein Hund zurück ins Zelt.

»Der Laden hat auf, aber keine Milch mehr.«

Als er seine Jacke auszog, schleuderte er ihr versehentlich Wassertropfen ins Gesicht.

»Hättest du die nicht draußen ausziehen können?«

»Das Vordach ist nicht dicht. Da kann man jetzt nichts ablegen.«

»Sollen wir zurückfahren?«, fragte sie.

»Weil wir keine Milch mehr haben?«

Sie schwieg.

»Das Wetter soll morgen besser werden«, sagte er.

»Ich weiß …«

Er sah sie an. Natürlich spürte er, dass etwas nicht stimmte.

»Heute«, sagte sie.

Warum noch zwei Tage ausharren? Sie wollte heim, in ihr Bett, in die vertraute Umgebung.

Winfried überging ihre Gefühle nicht, sondern griff nach ihrer Hand und sah ihr in die Augen »Wenn du nicht mitwillst ...«

»Du musst mir Zeit geben!«, wehrte sie sich.

»... es ist deine Entscheidung.«

Das machte sie wütend.

»Soll das heißen, du bist fest entschlossen?«

26

Vergessen

»Läuft?«

»Läuft!«

»Also …«

»Warte mal, Caro, sie guckt an der Kamera vorbei.«

»Ich muss jemanden anschauen«, sagt Sabine.

»Okay, okay«, sage ich und quetsche mich wieder dahin, wo ich war.

»Besser«, sagen Sabine und Kirsten gleichzeitig. Vielleicht sollte ich doch noch mit Yoga anfangen.

»Ich würde gerne mit Ihnen über den Aufbruch sprechen.«

»Okay.«

»Wie ist damals die Entscheidung gefallen, am 7. März abzufliegen?«

»Diese Reglerstation, die lag in einem Gebiet von Wochenendgrundstücken, wo es ja erst losging, wenn es wärmer wurde. Deswegen war die Deadline für die Aktion spätestens Anfang April. Der Ballon war Ende Februar fertig, und für uns hieß das: Entweder demnächst, oder es verschiebt sich noch ein halbes Jahr bis in den Herbst rein. Winfried wollte die Sache aber so schnell wie möglich durchziehen. Also haben wir jeden Tag den Wetterbericht gehört, ob das mit dem Wind passt. Und am 7. März war das der Fall.«

»Mir ist ja das Vernehmungsprotokoll vom 8. März bekannt, da steht was von einem Besuch des Abschnittbevollmächtigten …«

»Dann wissen Sie mehr als ich.«

»… der Sie als Volkspolizeihelfer werben wollte.«

Sie überlegt. Auch wenn der Besuch des ABV einen Impuls geliefert haben mag, scheint der nicht entscheidend gewesen zu sein.

»Dann springe ich nach vorne: Was mich interessiert, ist die Situation an der Abflugstelle, kurz bevor die Polizei kam. Wo befanden Sie sich da? Ich meine, wo genau? Wie weit weg von Winfried?«

»Das kann ich Ihnen nicht sagen. Winfried hatte minutiös durchgerechnet, wie lange es dauern würde, bis der Ballon voll war. Meine Aufgabe war nachzuschauen, wie viel Zeit rum war, also welcher Füllzustand da ist.«

»Als Sie das Auto hörten …«

»Da war ich schon festgeschnallt. Winfried nicht. Ich habe auf der Wiese gestanden. Es waren vielleicht noch fünf oder zehn Minuten, bis es so weit ist.«

»So wenig?«

»Vielleicht auch mehr. Ich hab jedenfalls das Auto gehört, aber ich konnte es nicht sehen, weil diese Hütte dazwischen war, diese Wellblechgarage. Ob es mit Martinshorn ankam …? Wahrscheinlich nicht, denn ich war mir zu dem Zeitpunkt nicht sicher, ob es überhaupt ein Polizeiauto war. Ich habe es nur vermutet. Eigentlich bin ich froh, dass die Erinnerung immer mehr verblasst. Das hielt vor dem Tor, und man musste damit rechnen, dass in ein paar Minuten jemand auf das Grundstück kommt. Winfried hat sich startklar gemacht, um abzufliegen. Ich aber nicht. Weil: Nach dem Füllzustand ging es nicht für beide.«

»Das wussten Sie so genau?«

»Das habe ich vermutet. Fest stand für mich immer: Wenn nur einer fliegt, wird er das sein und nicht ich.«

»Und dann?«

Sabine schweigt. Für mich ist unklar, ob sie versucht, sich zu entsinnen, oder ob sie überlegt, was sie jetzt antworten soll.

»Sie haben ja das Vernehmungsprotokoll gelesen. Da steht wahrscheinlich mehr drin, als ich jetzt erinnere. Ich habe es damals so beschrieben, wie es war.«

»Es steht nicht drin, was sie miteinander besprochen haben. Sie müssen sich ja irgendwie verständigt haben.«

»Ich glaube, da wurde nicht groß gesprochen. Das musste alles sehr schnell gehen.«

Sie weicht meinem Blick aus.

»Sie meinen: gar nicht gesprochen? In dem Protokoll heißt es, Sie hätten ihm vorgeschlagen, das Unternehmen alleine zu verwirklichen. Dann war es in Wirklichkeit anders?«

»Wissen Sie, diese Situation an der Abflugstelle ist nach wie vor ein rotes Tuch für mich. Ich habe jahrelang nicht drüber gesprochen. Weil ich nicht konnte. Jetzt kann ich drüber sprechen, aber ich erinnere mich nicht mehr. Was da genau abgelaufen ist, kann ich nicht wiedergeben. Die Gefühle dazu, die erinnere ich. Das war, als ob ich nicht ich bin. Ich glaube, ich als ich, Sabine, hätte das gar nicht so umsetzen können. Ich musste schon neben mich treten, um die Situation überhaupt zu bewältigen.«

»Wissen Sie, wer sich wann abgeschnitten hat? Wer hat das Halteseil gekappt?«

Sie überlegt. Und schüttelt den Kopf.

»Tut mir leid.«

Betretenes Schweigen. Von uns beiden.

»Gibt es einen Moment, an dem die Erinnerung wieder einsetzt?«, frage ich, um es aufzulösen.

»Ich glaube, als ich fluchtartig das Gelände verlassen habe. Ab dem Moment kann ich mich nämlich wieder erinnern. Wie ich da über die Zäune gesprungen bin und über eine Wiese gerannt. Ich wusste gar nicht, wohin. Einfach weg. Ich weiß, dass ich an einem Lokal vorbeilief, in dem wir mit dem Institut irgendwann mal Fasching gefeiert haben. Dann wusste ich den Weg wieder. Unterwegs habe ich noch Sachen fortgeworfen.«

»Was haben Sie weggeworfen?«

»Papiere. Mit Kontakten im Westen. Ich bin dann zu unserer Wohnung gelaufen, hab aber noch mal umgedreht, weil ich dachte: Was will ich denn jetzt da? Und habe mich irgendwo auf eine Bank gesetzt. Ich habe sogar noch angefangen, einen Brief zu schreiben, an die Verwandten in Bad Pyrmont, dass es schief gegangen ist.«

»Die Karte kam an«, sage ich. »Das hat der Cousin aus Bad Pyrmont uns erzählt.«

»Das stimmt. Die Karte. Die hatte Winfried abgeschickt. Vorher. Damit sie wissen, dass wir los sind. Aber den Brief habe ich zerrissen. Und bin dann doch zu unserer Wohnung gelaufen. Wo sie schon auf mich gewartet haben.«

Manche Abläufe erinnert sie noch so genau, andere will sie vergessen haben.

»Und die Situation davor, an der Abflugstelle. Die Minuten, bevor er losflog und bevor Sie wegrannten, da ist die Erinnerung wirklich weg? Ganz weg?«

Sabine macht eine Geste des Bedauerns. Sperrgebiet.

27

Inside BStU: Winfried

Meine Sachbearbeiterin Frau Pohlmann* führt mich in den überheizten Vorbereitungsraum. Aus den Plattenbaufenstern kann man die Stirn der Volksbühne sehen, wo in Frakturschrift das aktuelle Stück angekündigt wird: *Judith*. Regie: Frank Castorf. Der kommt auch aus der DDR, hat dort Ärger gemacht und Ärger bekommen, aber ausgeharrt.

Als ich ablege, bemerke ich einen sympathischen älteren Herrn, der an einem der kleinen Tische sitzt und in ein selbst geschmiertes Pausenbrot beißt. Smartphone, Jacke und Tasche muss ich wegschließen, damit ich hier nicht unerlaubt knipse oder – noch schlimmer – Teile einer Stasi-Akte verschwinden lasse. Meine Laptophülle, in die stapelweise DIN-A4-Blätter hineinpassen würden, darf mit. Weil ich einen vertrauenswürdigen Eindruck mache? Vielleicht auch, weil es hier nicht um die öffentliche Demontage einer einflussreichen Persönlichkeit geht. Nur um Winfried und Sabine. Kleine Fische.

Das Theaterprojekt haben wir erfolgreich abgeschlossen. Ernst und Robert sind zufrieden. Sabine kam nur kurz zu Wort, dafür ganz zum Schluss, wie geplant als Erscheinung auf einer Leinwand, mitten im Publikum. Mit tränenerstickter Stimme resümiert sie ihre Betroffenheit. Sie hat das Geschehen bis heute nicht verwunden, so viel wurde deutlich.

Sabine hat einmal heimlich zwischen den Besuchern gesessen, sich aber unauffällig aus dem Zuschauerraum verdrückt, bevor sie zu sehen war. Angesprochen werden wollte sie nicht. Ein weiteres Mal hat sie mit mir zusammen hinter einer Tür zugehört, wie Schauspieler die Szene an der Abflugstelle nachstellen – und plötzlich gelacht. Nicht vor Freude oder weil sie uns auslachen wollte, sondern weil sie sich plötzlich da so stehen sah und es ihr so absurd vorkam, wie sie heimlich der Annäherung an ihre eigene Geschichte lauscht.

Wir haben uns danach noch zweimal getroffen, im Abstand von vielen Wochen. Bei unserem letzten Treffen erzählte sie mir, dass die Auseinandersetzung mit der Vergangenheit sie aufgeweckt habe: Sie hat sich vor einigen Wochen von Stefan getrennt.

»Unglaublich. Oje. Wirklich?«

»Es hat sich was verändert«, sagte sie. Sie habe Stefan immer noch sehr gern und möchte das Familienleben mit ihm nicht missen. Doch ihr sei bewusst geworden, dass sie zu wenig in die Welt hinausgetreten sei. Das, was Winfried ausmachte, sei auch ein Teil von ihr. Nachdem er im März 89 verunglückt sei, habe sie sich tiefer denn je in ihre kleine vertraute DDR-Welt zurückgezogen und nach dem Mauerfall nicht die Möglichkeiten genutzt, die ihr offenstanden. Jetzt habe sie den Sprung gewagt, sich eine eigene Wohnung gesucht und mit ihrem besten Freund eine Beratungsfirma gegründet.

»Wir fliegen nächste Woche nach Amerika!«

Ich war platt.

»Zum ersten Mal?«

»Ich war noch nie in Übersee.«

Sabine hat sich entschlossen, in der Erinnerungsarbeit mit mir noch weiter zu gehen. Wir wollen uns nach ihrer Amerika-Reise regelmäßig treffen und versuchen, ihre Geschichte weiter zu rekonstruieren. Damit ich mich darauf vorbereiten kann, hat sie mir eine Vollmacht ausgestellt, mit der ich ihre Akte bei der Behörde des Bundesbeauftragten zur Aufarbeitung der Stasi-Unterlagen einsehen darf. Ihr Vertrauen imponiert mir wahnsinnig. Sie weiß, wie skeptisch und neugierig und beharrlich ich bin.

Durch die Glastür des Vorbereitungsraums sehe ich eine krumme Archivarin mit Perücke, die pflichtbewusst ihr Wägelchen voller Papierstapel über den teppichbespannten Gang schiebt. Die mir zugeordnete rot gefärbte Frau Pohlmann ist die extrovertierte Version und lässt sich zu einer Plauderei hinreißen. Sie ist selber in der DDR aufgewachsen und war keine Regimegegnerin, eher systemkonform, erzählt sie.

»Ehrlich gesagt, habe ich das auch alles nicht so ernst genommen. Zu flüchten wäre mir schon in den Sinn gekommen, allein deshalb, weil ich so neugierig war. Aber ich wäre das Risiko nicht eingegangen. Niemals.«

Sie macht den Job in dieser Behörde nicht aus Überzeugung, sondern um Geld zu verdienen. Das darf sie. Gesinnungsprüfungen gibt es nicht mehr. Und sie leistet hervorragende Arbeit: Die Akten waren schneller da als versprochen. Geduldig erklärt sie mir, was ich bei der Sichtung und Verwertung zu beachten habe. Der graue Herr am Nachbartisch unterbricht uns:

»Es ist eine Idiotie. Wirklich! Idiotie! Dass Leute, die damals mit der Staatssicherheit kooperiert haben und heute in entscheidenden Posten sitzen, nicht zur Verantwortung gezogen werden, nur weil kein Journalist sich dahinterklemmt. Das ist der sechste Antrag auf Akteneinsicht im Fall Schmitz*, den ich gestellt habe. Und jetzt ist es durch. Weil ich eine kleine Veröffentlichung machen konnte, in einem unwichtigen Magazin. Deswegen recherchiere ich jetzt mit einem anderen Status. Als Publizist.«

»Was recherchieren Sie denn?«, frage ich neugierig.

Frau Pohlmann sieht durch die Glastür:

»Eigentlich wäre jetzt bald Mittag …«

Die Kolleginnen stehen mit leeren Wägelchen und Mägen vor dem Fahrstuhl.

»Entweder gehen wir jetzt in den Lesesaal, oder ich hole Sie in dreißig Minuten hier im Besprechungsraum ab.«

Ich bleibe.

Herr Roggenstein*, Jahrgang 1947, gelernter Schuhmacher, wurde 1966 in der DDR wegen Volksverhetzung verhaftet.

»Weil ich Flugblätter gedruckt habe. Und verteilt natürlich. Ja, ja. Wir waren eine ganze Bande. Gewaltbereit. Wir haben gefordert, dass die Grenze abgebaut wird.«

Roggenstein saß zwölf Jahre im Stasi-Gefängnis Hohenschönhausen.

»70 000 D-Mark hat die BRD für mich bezahlt. Da kam ein Bus. Frühmorgens. Waren noch andere dabei, die rausgekauft wurden. An der Grenze wurde das Kennzeichen ausgewechselt. Und dann ging es rüber nach Gießen.«

»Erinnern Sie sich, wie Sie dort in Empfang genommen wurden?«

»Kurz vor Weihnachten war das«, sagt er.

»Hat sich jemand um Sie gekümmert?«

»Wir bekamen unser Begrüßungsgeld. In so 'ner Tüte. Und dann noch eine Tüte mit Süßigkeiten. Die habe ich verschenkt, an einen kleinen Jungen.«

Keine psychologische Begleitung. Keine Trauma-Arbeit!

»Schlafmittel haben sie uns gegeben. Die anderen haben die genommen. Das half denen. Dass sie endlich wieder durchschlafen konnten. Nur ich kann das nicht nehmen. Weil sie mir in der Haft Beruhigungsmittel gegeben haben. Ich habe in meiner Akte gelesen, dass sie mich als besonders willensstark eingeschätzt haben. Sie dachten, dass ich von den Mitteln kooperativer werde und rede.«

»Die wollten wissen, mit wem Sie unter einer Decke steckten?«

»Ja, ja. Natürlich. Natürlich.«

»Aber Sie haben dichtgehalten?«

Er antwortet nicht, sondern springt von seinem Stuhl auf und kommt in langsamen Schritten auf mich zu. In der Mitte des Zimmers bleibt er stehen und presst mit zusammengebissenen Zähnen hervor: »Sie haben mich gefesselt, an den Füßen, an den Armen. Und dann zehn Meter Verband – immer wieder rum um den Kopf.« Sein Tonfall wird drohend, die Gesten ausladend: »Hier rüber. Da rüber. Und wieder. Und wieder. Haben mir zur Strafe das Maul gestopft!«

»Arschlöcher!«, sage ich. Er braucht Solidarität.

»Schweine!«, schreit er.

»Ja. Schweine!«, schreie ich verhalten und drehe mich um, ob jemand über den Flur kommt. Dass ich mit ihm schreie, beruhigt ihn. Der Mann ist gebrochen. Alleingelassen mit seiner Wut. Frau Pohlmann und ihre Kolleginnen können die Traumatisierten, die alle naselang in der BStU auflaufen, nicht auffangen.

Ist den europäischen Bürgern, Politikern und Behördenmitarbeitern eigentlich klar, mit welch schweren Traumata politisch verfolgte Flüchtlinge heute bei uns ankommen? Turnschuhe und Äpfel verteilen reicht nicht. Und was hat man eigentlich aus der Aufarbeitung deutsch-deutscher Geschichte über das Lindern solcher Wundschmerzen gelernt? Kaum zu glauben, dass es Menschen gibt, die meinen, man müsse traumatisierte Geflüchtete kurzhalten.

Frau Pohlmann, die in nur zwanzig Minuten ihren Rinderbraten mit Klößen aufgegessen hat, führt mich zu Platz dreizehn. Die Fläche auf dem Tisch reicht für die Akten nicht aus; es steht ein voll beladenes Wägelchen daneben. Surrende Lüftung, lichtdurchlässige Jalousien, Neonröhren an der Decke. An jedem zweiten Tisch sitzt ein fleißiger Mann oder eine fleißige Frau und blättert leise durch seine oder ihre Aktenberge.

»Ach so«, sagt Frau Pohlmann. »In der schmalen Akte hier sind Fotos drin, die Sie sich lieber nicht anschauen, falls Sie zartbesaitet sind …«

»Alles klar. Danke.«

Als sie weg ist, schaue ich als Erstes hinein.

Die Akte enthält Dokumente zur Rückführung des Leichnams nach Ost-Berlin. Sabines Vater Werner Rosengrün* wurde einbestellt und musste den vor vier Wochen verstorbenen Winfried für die Stasi identifizieren. Obwohl den Ost-Berliner Behörden das pathologische Gutachten der Freien Universität Berlin vorlag, beauftragte die Generalstaatsanwaltschaft der DDR die Gerichtsmedizin der Charité, die inzwischen völlig verfaulte Leiche abermals zu öffnen.[90]

Die Bilder sind verstörend. Winfrieds Leiche kam ordentlich präpariert im Osten an. Von den Pathologen des Ost-Berliner Universitätsklinikums Charité wurde sie ohne Not brachial zerlegt. Die Einzelteile gingen direkt ins Krematorium. Ich wünschte, ich hätte die Bilder nicht angeschaut. Jetzt ist es zu spät.

Diese zweite Obduktion brachte selbstverständlich überhaupt keine Erkenntnisse. Die Respektlosigkeit, mit der die folgsamen Wissenschaftler den Toten posthum zermetzelt haben, ist einfach nur widerwärtig. Mir ist klar, dass ein jeder Pathologe sagen würde, eine Obduktion sehe eben nicht so schön aus, aber was diese Bilder zeigen, ist für mich trotzdem eine Totenschändung, die von Perversion und Hilflosigkeit zeugt: Was in aller Welt hätte man denn da noch herausfinden können? Umso mehr leuchtet Winfried Freudenbergs Mut, sich gegen diese Gewalttäter aufzulehnen.

Ich habe mehr als zehn Akten zu Sabine bekommen und drei Akten zu Winfried: Der Vorgang »Regler« enthält die Zeugenaussagen zur Situation an der Abflugstelle und zahlreiche Bilder vom Tatort.

In der zweiteiligen Akte »Winfried Freudenberg« kann man unter anderem nachvollziehen, wie die Stasi versucht hat, Winfrieds Biografie zu rekapitulieren.[91] Dazu gab es nicht viel Material. Seine Schullaufbahn war schlecht dokumentiert. Die Stasi konnte lediglich aus alten Personalakten der Institutionen und Betriebe, mit denen Winfried in Berührung gekommen war, ein paar Beurteilungen, Gesprächsprotokolle, Zeugnisse und Lebensläufe zusammenklauben. Zielstellung der Stasi war herauszufinden, ob es Mitwisser oder sogar Verbündete gab. Meine Zielstellung ist, etwas über Winfrieds Charakter zu erfahren. Was war er für ein Mensch?

Beim Lesen seiner Zeugnisse von der TU Ilmenau fällt auf, dass Winfried mehr schlechte als gute Noten nach Hause trug. Ein paar wenige sehr gute Noten beweisen jedoch, dass er rein theoretisch unter besonderen Bedingungen zu Höchstleistungen fähig war. Es wäre vermessen, aus diesen Zeugnissen viel herzuleiten, außer dass er kein Übererfüller war.

Interessanter sind die Dokumente zum Verlauf seiner ersten Berufsjahre. Im Februar 1985, als er sein Diplom erwarb, war er mit seinen achtundzwanzig Jahren nicht mehr blutjung. Im Rahmen eines Berufsanfängerprogramms wurde ihm eine Arbeit als Entwicklungsingenieur/Elektronik beim Elektronikhersteller VEB Steremat zugewiesen. Dort kam er kläglich zurecht. Seine Arbeitgeber waren mit ihm nicht zufrieden und umgekehrt.

Nach einem Jahr suchte er das Gespräch mit den Vorgesetzten und schlug vor, zukünftig als Patentingenieur zu arbeiten. Er wollte sich berufsbegleitend dafür qualifizieren. In dem Protokoll dieses Gesprächs wurde vermerkt, dass Winfried einige Kritik anbrachte: an den Laborbedingungen, an den Weiterbildungsmöglichkeiten und dass er oft allein am Schreibtisch arbeiten müsse, obwohl er sich mehr Teamarbeit wünschte. Er soll angegeben haben, langfristig auch mehr Geld verdienen zu wollen. Abschließend heißt es in der Zusammenfassung des Arbeitgebers, die Kaderleitung habe ihm den Wechsel in eine andere Abteilung mündlich zugesagt. Diese Zusage mündete offensichtlich nicht in Taten. Aus einem handschriftlichen Antrag Winfrieds vom 30. Juni 1986 geht hervor, dass er um einen Betriebswechsel bittet, weil die versprochene Umsetzung innerhalb des Betriebs nicht erfolgt ist. Bei diesem Brief handelt es sich – abgesehen von einem nüchternen Lebenslauf – um den einzigen Text in der kompletten Dokumentensammlung, welcher von Winfried selbst verfasst wurde:

Mit der Absicht einer Qualifizierung orientierte ich [mich] auf einen innerbetrieblichen Abteilungswechsel, der mir dann von den zuständigen Abteilungsleitern und der Kaderleitung zugesichert wurde. Jedoch kurze Zeit vor dem abgesprochenen Abteilungswechsel zog der Abteilungsleiter der neuen Abteilung […] seine Zusicherung falsch begründet zurück. Diese widersprüchlichen Kaderentscheidungen und die mir im Betrieb fehlende berufliche Perspektive haben mein Vertrauen zu diesem Betrieb sehr in Frage gestellt. Deshalb bitte ich mit der Beendigung meiner jetzigen Arbeitsaufgabe um einen Überleitungsvertrag zum VEB Milchhof Berlin, der […] mir eine interessante qualifiziertere Arbeit mit ausgezeichnetem Entwicklungsweg in Aussicht stellt.[92]

Der Antrag wurde abgelehnt. Weil man in der DDR nicht selbstbestimmt den Arbeitgeber wechseln durfte, musste Winfried weiter im VEB Steremat arbeiten, obwohl er für seinen Abteilungsleiter auch nicht gerade die Traumbesetzung darstellte. Im September 1986 lässt sich dieser in einem Zwischenbericht über Winfried aus:

Nur bei ununterbrochener Aufsicht kann man seine
Arbeitsleistung als durchschnittlich bezeichnen.
Erteilte Arbeitsaufträge wurden von ihm unwillig
und rein formal ausgeführt. Von allen [...] Absolventen und Praktikanten zeigte Kollege Freudenberg
die schlechteste Arbeitsmoral.[93]

Eine Gehaltserhöhung bekam Winfried trotzdem. Drei Wochen
später folgte eine weitere Beurteilung durch seine Kollegen:

Zur geleisteten Arbeit [...] wird übereinstimmend
von den Struktureinheiten festgestellt, daß die
vom Kollegen Freudenberg gezeigte persönliche Initiative und die Arbeitsleistung stark davon abhin-
gen, ob die Arbeit seinen persönlichen Interessen
entsprach [...] Die Abteilung FML bemängelte seine
Arbeitsmoral und daß er keine persönliche Initiative zeigte und nur bei ununterbrochener Aufsicht
eine durchschnittliche Arbeitsleistung erreichte.[94]

Gelobt wurde nur seine sogenannte gesellschaftliche Arbeit, welche eine große Rolle in der DDR spielte. Mitarbeiter wurden angehalten, ehrenamtlich soziale Aufgaben zu übernehmen. Winfried war im Deutschen Roten Kreuz aktiv und hatte zweimal als
Sanitäter in einem Ferienlager des Betriebs die Kinderbetreuung
unterstützt.

Sein Wunsch, als Patentingenieur zu arbeiten, wurde weiterhin missachtet. Immerhin wurde er in eine andere Abteilung
versetzt, die Radiokontrolle. Nachdem er dort fünf Monate gearbeitet hatte, fand wieder ein Gespräch mit ihm statt:

An einfachen, belegbaren Beispielen wurde durch
Koll. Voss* und Mainhof* klargestellt, daß Koll.

Freudenberg wohl fachlich in der Lage wäre, die
Aufgaben zu beherrschen [...] die Berichterstattung
und Information an die Leitung [...] jedoch nicht erfüllt habe. [95]

Winfried ließ diese Kritik, er kommuniziere nicht adäquat mit seinen Vorgesetzten, an sich abprallen. Er soll in dem Gespräch selbstbewusst vorgetragen haben, dass er sich benachteiligt fühle. Er habe zu wenig Einarbeitungszeit erhalten und mehr Aufgaben übernommen als ursprünglich vorgesehen. Er räumte ein, bei der Bearbeitung dieser Aufgaben die Prioritäten anders gesetzt zu haben als sein Vorgesetzter, das aber ganz bewusst, im Sinne des Betriebes. Jener Vorgesetzte rügte Winfried daraufhin für sein vorlautes Reden. Die Parteien gingen im Unfrieden auseinander.

Kollege Freudenberg ist mit dem Ergebnis nicht zufrieden und sieht Widersprüche. [96]

Freudenberg bewarb sich mehrfach bei anderen Betrieben, was durchaus möglich war. Nur mussten diese dem VEB Steremat darüber Mitteilung machen, wenn sie eine Übernahme in Betracht zogen, und von den Behörden die Zustimmung für diese Übernahme einholen. In der sozialistischen DDR gab es keine freie Berufswahl. Der Bedarf an Arbeitskräften wurde zentral analysiert, die Ausbildungsplätze dementsprechend koordiniert, und die Verteilung der Arbeitsstellen von oben vorgegeben.[97] Wer eigene Pläne machte, musste viel Kraft aufwenden und damit rechnen, sich nicht durchsetzen zu können. Winfried war insofern privilegiert, als er als Ingenieur für elektronische Datenverarbeitung eine Qualifikation erworben hatte, die zu diesem Zeitpunkt übernachgefragt war. Zum 31. Juli 1987 wurde sein Vertrag endlich aufgehoben. Am 1. Oktober 1987 trat er eine Stelle beim VEB Milchhof an – eine Verteilungsstelle für DDR-Milch, die, geradezu symbolträchtig, ein Drittel weniger Fett enthielt als die Vollmilch im Westen: 2,2 Prozent.

Wie Winfried sich im VEB Milchhof als Ingenieur für elektronische Datenverarbeitung einbringen konnte, ist unklar. Von seiner Tätigkeit dort zeugt nur ein einziges Dokument, nämlich der Aufhebungsvertrag zum 30. April 1988, ein halbes Jahr nach Dienstantritt. Winfried hatte sich also sofort nach einem neuen Arbeitgeber umgesehen, diesmal allerdings ging es ihm vermutlich nicht mehr um die Selbstverwirklichung am Arbeitsplatz, sondern darum, sich mittelfristig Zugang zu größeren Gasmengen zu verschaffen. Wieder konnte er sich durchsetzen. Am 1. Juni 1988 nahm er beim VEB Energiekombinat Berlin, Abteilung Investorvorbereitung Gas, eine Tätigkeit als »Ingenieur für Systementwicklung Gas/Mikrorechentechnik und Prozeßsteuerung« auf. In seinem ersten Arbeitszeugnis vom 22. Juli 1988, also sieben Wochen nach seiner Einstellung, wird der bis dahin sperrige Winfried so beschrieben, als sei er ausgewechselt worden:

In der kurzen Zeit seiner Anwesenheit — seit
1.6.88 — hat er sich gut in das Abteilungskollek-
tiv eingefügt. Kameradschaftlich und geduldig beantwortet er anstehende Fragen der Kolleginnen und
Kollegen hinsichtlich der möglichen Arbeitsratio-
nalisierung durch den Einsatz moderner Computer.
  Koll. Freudenberg hat die Bedeutung seiner Arbeit
zur Lösung der Probleme beim Aufbau unserer Hauptstadt klar erkannt. Zielstrebig und bewusst eignet
er sich das notwendige Spezialwissen an.[98]

Die neuen Arbeitgeber hatten nicht den geringsten Schimmer, warum Winfried sich bemühte, am neuen Arbeitsplatz eine gute

Figur zu machen. Es gelang ihm, sich in eine Position zu bringen, in der er auch vor Ort, an den Gasreglerstationen, zu tun hatte. Der Kollege, der ihm den Schlüssel für die Reglerstation Blankenburg aushändigte, hatte – so ergab die Befragung durch einen Stasi-Mitarbeiter – dabei nicht das geringste Misstrauen gegen den Ingenieur gehegt.

Am 8. März fehlte Winfried auf der Arbeitsstelle und ward seitdem nicht mehr gesehen. Die Gespräche über sein spurloses Verschwinden wurden gut dokumentiert, da sich unter den Mitarbeitern ein »Inoffizieller Mitarbeiter« der Stasi befand. Dieser Spitzel schilderte in einem zweiseitigen Bericht, dass das Kollegium den tragischen Absturz des DDR-Bürgers Winfried Freudenberg in den westlichen Medien verfolgt und sofort mit den betriebsinternen Gerüchten über einen Gasdiebstahl in Blankenburg zusammengebracht hatte. Für die Kollegen war klar, dass Freudenberg in einem Erdgasballon über die Mauer geflogen war. Diese Kollegen gehörten also zu den wenigen Menschen, die sofort recht genau wussten, was geschehen war.

Insgesamt wird die Handlung des F. als Tat eines »Wahnsinnigen« eingeschätzt, ohnehin war er unter dem Spitznamen »Willi Wahnsinn« bekannt.[99]

Den Namen »Willi Wahnsinn« hatte er sich, laut seinem Abteilungsleiter, durch eine gewisse Sprunghaftigkeit im persönlichen Umgang mit den Kollegen verdient und weil er halsbrecherisch Fahrrad fuhr. Grundsätzlich mochte man ihn. Niemand zweifelte an seinen fachlichen Fähigkeiten.

Die Kollegen, so der Spitzel, nahmen großen Anteil an seinem Schicksal, verfolgten weiterhin die Berichte in Radio und Fernsehen und hofften, dass der Vorfall die staatlichen Organe wenigstens dazu ermutige, die Beschränkung der Reisefreiheit zu lockern.

Es war genau das geschehen, was man befürchtet hatte: Die Menschen in Winfrieds Umgebung fühlten sich durch Winfrieds Tat zur Kritik an der Regierung ermutigt. Umso wichtiger war es, die Öffentlichkeit von allen Informationen abzuschirmen.

Es gab einen weiteren Spitzel in Winfrieds Bekanntenkreis, der Winfried beim Armeedienst kennengelernt hatte und nur noch in losem Kontakt zu ihm stand. Zur Tat konnte er nicht viel sagen, sondern nur eine allgemeine Einschätzung abgeben:

```
Seine politische Haltung gegenüber der DDR war
äußerst kritisch. Die Grundlagen dazu liegen auch
in der Tatsache, daß W. F. als Fachmann einen sehr
umfangreichen Einblick in den Stand der Entwick-
lungen beider Staaten hatte [...] Charakterlich mo-
ralisch war W. F. bedingt durch sein entschlossenes
Auftreten erst einmal schwierig einzuordnen. Je-
doch muß auch davon ausgegangen werden, daß, be-
dingt durch seine Fähigkeit, die täglichen Ereig-
nisse und Geschehnisse um ihn herum sehr sachlich
einzuschätzen, bei ihm eine Persönlichkeit gegeben
war, die jederzeit genau beurteilen konnte, wel-
cher Vorteil daraus für ihn entnehmbar war. Daraus
folgt, daß er hauptsächlich nach materiellen Idea-
len ausgerichtet war. Sein gesamtes Persönlich-
keitsbild kann als gefestigt eingeordnet werden,
auch wenn er sich anderem Einfluß unterordnete. [100]
```

Er ließ nicht unerwähnt, dass der hilfsbereite Winfried ihm regelmäßig – wohl als Freundschaftsdienst – Geräte reparierte, zum Beispiel ein Batterieladegerät und eine Thermofühlereinrichtung für sein Auto. Der Spitzel merkte am Ende seines Berichts an, dass er einige Geräte noch nicht zurückbekommen habe und sich in Winfrieds Wohnung wahrscheinlich noch Pakete mit seiner

Anschrift befinden. Dumm gelaufen. Ob die Stasi seinem Wink mit dem Zaunpfahl folgte und ihm die Geräte nach der Wohnungsdurchsuchung zuschickte? Sein hilfsbereiter Kumpel stand dafür jedenfalls nicht mehr zur Verfügung.[101]

Winfried Freudenbergs Leiche war von West-Berlin nach Ost-Berlin überführt worden. Die Staatssicherheit hatte sie rüde zerlegt. Der Mann konnte unmöglich in einem Sarg beerdigt werden. Sabine wurde genötigt, ihr schriftliches Einverständnis zu geben, dass er eingeäschert werden darf. Nun musste die Stasi noch die Trauerfeier hinter sich bringen.

Sabine wünschte sich für die Grabrede, dass nicht ein Pfarrer sprechen sollte, sondern ein weltlicher Redner, der Winfried bei der Beerdigung von Sabines Großvater beeindruckt hatte. Davon musste erst Winfrieds christlicher Vater Rudolf überzeugt werden. Man ließ ihr zunächst freie Hand, Sabines Wunsch war ja ganz im Sinne der kirchenkritischen Regierung. In einem liebevollen Brief warb sie bei ihrem christlichen Schwiegervater um Verständnis für ihre Entscheidung. Seine Antwort findet sich nicht in den Akten, aber aus einem weiteren Schreiben Sabines geht hervor, dass er sehr wütend gewesen sein muss. Sabine versuchte ein weiteres Mal, ihren Wunsch zu begründen. Mir fällt auf, dass es sich bei diesem zweiten Brief nicht um eine Kopie handelt, sondern um das Original, mit blauem Kuli auf weißes Papier geschrieben:

```
[Lieber Schwiegervater]
  Dein Brief hat mich sehr erschüttert, es tut mir
wirklich aufrichtig leid, daß alles so schrecklich
gekommen ist und daß Du so darunter zu leiden hast,
das wollten wir beide ganz bestimmt nicht, ganz im
Gegenteil, wir wollten uns ein glückliches Leben
aufbauen und auch Dir damit Freude schenken […]
```

Wir haben [...] oft über weltanschauliche Fragen
gesprochen. Daher weiß ich, daß er besonders in den
letzten Jahren 5–6 Jahren [...] eine sehr differenzierte Haltung zur Kirche entwickelt hat. Auf der
einen Seite war er dafür, die Kirche zu unterstützen, z. B. mit Spenden [...] Er hat auch gesehen, daß
viele Menschen den christlichen Glauben brauchen
und er tolerierte das. Für sich selber und sein
Seelenheil hat er aber in der Kirche keinen Nut-
zen gesehen [...] Daraus wird auch resultieren, daß
er die Beerdigung meines Opas mit einem weltlichen
Redner so gut fand, der für meinen verstorbenen Opa
ganz persönliche Worte fand, so daß die Angehörigen
und Gäste sein Leben mit allem, was er geleistet
hat noch einmal widergespiegelt bekamen. Winfried
sagte mir, daß er das in dieser Art und Weise zum
ersten Mal erlebte und daß er das als eine bessere
Würdigung des Toten auf dem Weg zu seiner letzten
Ruhestätte als er es bisher erlebte empfand.

Es tut mir leid, wenn ich Dich enttäuschen muß
und Dir sage, daß ich bei meiner Meinung zu Winfrieds Beisetzung bleibe. [...] In seinem Interesse kann ich nicht anders handeln [...] Bitte versuch
mich zu verstehen, auch für mich ist das alles sehr
sehr schwer [...][102]

Der Brief wurde einbehalten. Rudolf bekam ihn nie zu sehen.
Man darf vermuten, dass die durchtrennte persönliche Kommunikation dazu beigetragen hat, wie enttäuscht Rudolf von Sabine war. Dass sein Sohn nicht kirchlich beerdigt wurde, hatte
ihm zugesetzt. Der Berliner Redner, welcher anstelle eines Pfar-
rers die Beisetzung durchführte, wird das mit seiner Ansprache
nicht wettgemacht haben können, denn – das wusste Winfrieds

Familie nicht – es handelte sich nicht um den Mann, für den Sabine sich – in Winfrieds Sinne – entschieden hatte. Kaum hatte sie sich gegen den Schwiegervater durchgesetzt, musste sie eine weitere Einwilligung unterschreiben, dass ein Stasi-Mitarbeiter den Redner aussuchen darf. O Wunder! Es wurde ein staatsnaher Redner des Berliner VEB Bestattungswesens nach Lüttgenrode geschickt und von der Staatssicherheit instruiert, wie er Winfried zu verabschieden hatte.[103]

Bei der Beisetzung am 24. April 1989 in Lüttgenrode sollte es fraglos nicht um die letzte Würdigung eines geliebten Menschen gehen. Für die Stasi stand im Vordergrund, eine weitere Beschädigung der DDR abzuwenden. Inhalt und Sprache des Stasi-»Maßnahmeplans« zur Beisetzung und Trauerfeier des Winfried Freudenberg zeugen von erbärmlicher Herzlosigkeit:

```
Zur Verhinderung von feindlich-negativen Aktivi-
täten werden [...] folgende politisch-operative Maß-
nahmen durchgeführt:
— Wiedereingliederung der Sabine FREUDENBERG in
  den Arbeitsprozeß;
— politisch-operative Absicherung der Sabine
  FREUDENBERG im Arbeits- und Freizeitbereich;
— Durchführung von vorbeugenden Gesprächen mit den
  Familienangehörigen [...] zur Verhinderung von
  öffentlichkeitswirksamen Maßnahmen westlicher
  Massenmedien;
— [...] Konspirative Absicherung der Trauerfeier und
  des Grabes von WF auf dem Friedhof in Lüttgen-
  rode;
— Instruierung des Trauerredners des VEB Friedhofs-
  und Bestattungswesen Berlin unter Beachtung der
  politisch-operativen Zielstellung;
— Beschaffung des Blumen- und Kranzschmuckes.[104]
```

Als ich Ernst auf dem Heimweg von der BStU anrufe, nimmt er mit mir Anteil an diesem bitteren Abschied.

Als ich von den Dokumenten erzähle, die mir Winfrieds optimistisches, anpackendes Wesen so plastisch vor Augen geführt haben, ermahnt er mich, den Toten nicht anhand seiner Stasi-Akte zu charakterisieren.

Ich bin skeptisch. »Kann man das so generell sagen?«

»Frag mal die Leute von der Stiftung. Oder andere Stasi-Opfer«, sagt Ernst, der mir in letzter Zeit ganz schlecht gelaunt daherkommt.

»Frag du doch!«, sage ich trotzig.

Durch die Lektüre der Akten wird in meiner Vorstellung unwillkürlich ein Bild von Winfried Freudenberg gezeichnet, ob ich das will oder nicht. Ich lese einen großen Drang nach Selbstverwirklichung heraus, mit dem Winfried ständig aneckte. Er hatte die Energie, immer wieder den Mund aufzumachen und für das einzutreten, was ihm wichtig war. Manch einer empfand ihn vielleicht als etwas spinnert oder anstrengend, leichtsinnig, draufgängerisch; auf andere wirkte er luzide, eigenständig denkend; kritisch im positiven Sinne; gutmütig, freundschaftlich, hilfsbereit, lebensfroh. Ich lese ebenfalls heraus, dass ein Mann wie Winfried Freudenberg in die Karriere-Schubladen der geordneten DDR-Welt nicht reinzupressen war. Im Westen hätte er vielleicht in einem Thinktank gearbeitet oder als selbstständiger Erfinder ein Start-up gegründet. Vielleicht wäre er bei *Wetten, dass …?* mit einem verrückten Stunt aufgetreten oder hätte dem ehemaligen Konditormeister und Überlebenskünstler Rüdiger Nehberg Konkurrenz gemacht. Jenseits der Grenze lag für Winfried ein ganzes Meer von Möglichkeiten. In der DDR fühlte er sich wie ein Vogel im Käfig.

28

Inside BStU: Spurensuche

Sabine wurde am 8. März 1989 vor ihrer Wohnungstür verhaftet, in die Polizeistation Keibelstraße gebracht, über mehrere Stunden verhört und danach einem Haftrichter im nahe gelegenen Bezirksgericht Littenstraße vorgeführt. Der wies sie in die Untersuchungshaftanstalt Pankow ein, wo sie in den kommenden Wochen um die sechzig weitere Vernehmungen über sich ergehen lassen musste. Parallel schwärmte ein ganzes Team von Stasi-Ermittlern aus, um die Hintergründe der Tat von allen Seiten zu beleuchten. Der Tatort wurde in Hunderten von Fotos und Beschreibungstexten dokumentiert und analysiert; die Wohnung in der Christburger Straße auf den Kopf gestellt.

Mithilfe von Sabines Unterschrift konnten die in West-Berlin aufgefundenen Gegenstände angefordert und in Augenschein genommen werden, darunter auch der Ballon, den die Ermittler bei Sonnenschein auf einer Wiese ausrollten und mithilfe eines Krans, dessen Schatten auf den Fotos zu sehen ist, verewigten. Ein kunstfertiges Gebilde, das keiner verstand. Dementsprechend kann man auf den Bildern auch nicht das erkennen, was relevant wäre. Zum Beispiel, wie und wo die Hülle aufgeplatzt oder gerissen war. Die Farbfotos der Habseligkeiten sind anrührend: Taschen mit Kleinkram und Kleidern; die typischen Polyesterstoffe, mit zeitlos scheußlichen Blumenmustern bedruckt; Stapel von Geld, eine Bibel; Winfrieds blutbeflecktes rosafarbenes Hemd; seine Armbanduhr.

Auf einem der Bilder sind die mit Schnüren verwickelten Ledergurte zu erkennen, die Winfried in der Vertikalen hätten halten sollen. Sie sind unversehrt, die Schnallen sind geöffnet. Wer hat sie geöffnet? Oder hatte er sie gar nicht erst zugemacht?

Es wurden Gutachten und Stellungnahmen angefordert, vorsichtig Zeugen befragt, die etwas hätten bemerken können, darunter der Fahrer des besagten Nachtbusses.

Der arglose Fahrer erinnerte sich an Sascha und dessen Bitte, in der Nähe einer Telefonzelle abgesetzt zu werden. Ansonsten will er nichts Außergewöhnliches bemerkt haben. Darauf hatte die Stasi gehofft. Die Verbreitung des Wissens um Freudenbergs »Anschlag auf die Grenze der DDR« sollte ja, so gut es ging, eingedämmt werden.

Eine Bewohnerin der Kleingartenanlage Blankenburg identifizierte Winfried und Sabine mithilfe von Hochzeitsfotos, die ihr vorgelegt wurden – und übrigens später bei der Rückgabe persönlicher Gegenstände an Sabine fehlten. Sie war in der Tatnacht vor Ort gewesen, hatte das Paar bereits einige Tage zuvor auf dem Gelände der Gasreglerstation herumstiefeln gesehen und in der Nacht vom 7. auf den 8. März gegen 23.00 Uhr ein Privatauto in der Schäferstege bemerkt, ohne sich dabei etwas zu denken. Sie gab an, die Tat, also das Füllen des Ballons, verschlafen zu haben. Doch auch sie wurde durch den knallenden Lichtblitz geweckt. Handelte es sich bei dieser Dame um die ältere Frau, die im Sommer mit der Heckenschere auf Hirschgeweih-Krüger zeigte? Wenn ja, nehme ihr nicht übel, dass sie uns von dem Stasi-Besuch nichts erzählt hat.

Eine Bewohnerin des Mietshauses Christburger Straße hatte das Paar ebenfalls in der Tatnacht beobachtet:

Ich muss zunächst voranstellen, daß ich am Abend des 7. März 1989 Besuch erwartete. Gegen 22.30 hörte ich unmittelbar vor meiner Wohnungstür Geräusche. Ich wollte nachschauen, ob der erwartete

Besuch bereits vor der Tür steht. Da es mir jedoch peinlich gewesen wäre, wenn ich die Tür geöffnet hätte, und jemand anderes vor der Tür stehen würde, schaute ich zunächst durch den »Türspion« im Treppenhaus. Dabei sah ich, wie Winfried Freudenberg, der gerade leicht gebückt an meiner Tür vorbei ging, und ich ihn dadurch genau erkennen konnte, gemeinsam mit einer zweiten Person ein langes Paket die Treppe herunterschaffte. [105]

In einem zweiten Bericht werden weitere Erinnerungen dieser Nachbarin noch einmal zusammengefasst:

Auffällig war, daß sich beide Personen sehr ruhig verhielten, nicht miteinander sprachen und versuchten, keinen Lärm zu verursachen. Wenige Minuten später wurde durch die Auskunftsperson [die Nachbarin] bemerkt, daß sich der Ermittelte mit der zweiten Person in einem abgeparkten Pkw Typ: Trabant, Farbe: hellblau oder türkis befand [...] Zum Zeitpunkt der Feststellung war der Ermittelte mit einer braunen Lederjacke bekleidet. [106]

Die Lederjacke! Winfried hatte seine Lederjacke an. Natürlich könnte er sie später ausgezogen haben, um beim schweißtreibenden Ausrollen und Füllen des Ballons mehr Bewegungsfreiheit zu haben, aber es war kühl draußen, nur acht Grad Celsius, und warum hing die Jacke später zwischen den Tüten und Bündeln?

Es wurde eine weitere Mieterin der Christburger Straße befragt. Sie hatte in der Tatnacht nichts bemerkt, sich jedoch an den Tagen zuvor darüber gewundert, dass ...

```
der F. am Wochenende 4./5. 3. 1989 scheinbar unmoti-
viert von seinem Balkon aus den Luftraum beobach-
tete. 107
```

»Jeder Zweite hier war Horch und Guck«, hatte die ältere Dame
über ihre Nachbarn in der Kleingartenanlage gesagt. Freudenbergs Nachbarinnen in der Christburger Straße gehörten nicht
der Stasi an, aber sie waren – so wie die Dame von der Schäferstege – wachsam und auskunftsfreudig.

Selbstverständlich knöpften die Ermittler sich Rudolf und Reinhold Freudenberg vor, außerdem Winfrieds besten Freund Günther* und Sabines Eltern. Sie alle versicherten glaubhaft, von
nichts gewusst zu haben, und wurden danach auch nicht mehr
groß befragt. Stattdessen wurden »operative Kontrollmaßnah-
men« eingeleitet: Postkontrolle, Telefonüberwachung, Verwan-
zung.

Denunziant Sascha, der glorreiche Kronzeuge, entpuppte sich als
Problemfall. Voller Stolz, die Republikflüchtlinge gestellt zu haben, tat er seine Heldentat überall kund. Noch in der Nacht lief
er zu seiner Freundin Jennifer*:

```
Ich sagte ihr, daß ich jetzt auf der Polizei war
und welchen Sachverhalt ich beobachtet habe. Sie
war aber sehr desinteressiert [...] Weiterhin habe
ich am Mittwoch, den 8. März 1989 meine derzei-
tige Chefin Hertha Jakoby* darüber in Kenntnis ge-
setzt, warum ich bei der Polizei war, aber keine
Details. 108
```

Dann meldete er sich mit stolzgeschwellter Brust bei seinem Bruder:

Telefonisch fragte ich ihn, ob er viel Arbeit hätte. Ich sagte ihm, dies hat er mir zu verdanken, da ich die VP informiert habe über den Sachverhalt mit dem Ballon. Des weiteren habe ich mit meinem Freund Jörg Ohldorf* darüber gesprochen, der aber davon nichts wissen wollte [...] Am Mittwoch habe ich noch mit meinem Kumpel René Amelung* [...] über alles gesprochen, da wir bei ihm im Westfernsehen einen Bericht über den abgestürzten Ballon gesehen haben. Ihm sagte ich auch, daß ich der war, der den Ballon hat starten sehen und die VP gerufen hat. Ich habe dann noch mit Uwe*, Nachname unbekannt [...] der im Haus 14 arbeitet, gesprochen.

Desweiteren habe ich mich mit mehreren Bereitschaftspolizisten in der Bar des AWH [Arbeiterwohnheims] am Mittwoch unterhalten. Diese kommen in die Bar aus dem angrenzenden Objekt. Sie erzählten mir, daß sie in der Sache auch im Einsatz waren. [109]

Alle Personen, mit denen er gesprochen hatte, wurden von der Stasi aufgesucht und zum Stillschweigen verpflichtet. Statt des großen Lobes erhielt Sascha eine Rüge, er habe zu dieser Ballon-Sache fortan die Klappe zu halten.

29

Oberleutnant Schwartz

Zwischen dem 9. März und dem 20. April 1989 wurde Sabine etwa sechzigmal verhört. Montag bis Freitag, manchmal samstags, von acht oder neun Uhr bis mittags und nach dem Mittagessen weitere drei bis vier Stunden. Anfangs wechselten die Namen der Vernehmer noch, doch immer häufiger übernahm ein Herr Oberleutnant Schwartz* die Gesprächsführung. In den letzten Wochen wurde Sabine beinahe nur noch dem Herrn Schwartz vorgeführt. Er kümmerte sich auch nach der Haftentlassung um Sabines Wiedereingliederung. In einem Aktenvermerk vom 20. Juli heißt es, er habe sie »in Vorbereitung der gerichtlichen Hauptverhandlung« sogar an ihrem neuen Arbeitsplatz in der Bunsenstraße aufgesucht:

```
Es gibt keine Probleme in Hinsicht auf die gericht-
liche HV [Hauptverhandlung] am 24. 07. 89 [...]
   Ein Wohnungsangebot für die Greifenhagener Straße
[...] wurde von der Beschuldigten noch nicht endgül-
tig beantwortet. 110
```

Herr Schwartz sollte herausfinden, wie Winfried und Sabine den Entschluss fassten zu fliehen; wie die Flucht geplant und umgesetzt wurde und ob es Mitwisser oder gar Mittäter gab. Er sollte herausarbeiten, wer oder was das Ehepaar zu der Tat inspirierte: welche Personen – auch aus dem westlichen Ausland – und welche westlichen Medien.

Um Schwartz herum war ein ganzes Ermittlerteam im Fall Freudenberg in Berlin unterwegs. Das landesweite Netzwerk wurde aktiviert und die Fühler nach Ilmenau und Lüttgenrode ausgestreckt. Es sollte sichergestellt werden, dass so wenig Informationen wie möglich über die Ballonflucht nach außen drangen – weder im Osten, wo verlorene Seelen auf neue Fluchtideen geierten, noch im Westen, wo die feindlich-kapitalistische Presse darauf lauerte, den Fall als Symbol der ostdeutschen Trostlosigkeit auszuschlachten.

Sabine hatte sich entschieden, ihren Vernehmern offen Auskunft zu erteilen. Darin sah sie ihre einzige Chance, denn die Tat – versuchte Republikflucht – war nicht mehr zu kaschieren. Herr Schwartz sollte nun einerseits ihre Geständnisse auf Wahrhaftigkeit abklopfen; andererseits helfen, sie zu bekehren, sodass sie schon bald als rechtschaffene DDR-Bürgerin wieder eingegliedert werden konnte. Ein Freikauf-Deal mit der BRD war von oben nicht vorgesehen. Eigentlich war der Verkauf politischer Häftlinge an die BRD ja eine lukrative Einnahmequelle, aber Sabine Freudenberg sollte hierbleiben. Man fürchtete, sie würde mit ihrer Geschichte in der BRD eine schlechte Lobbyistin für die DDR abgeben. Außerdem sah man in ihr das Potenzial, doch noch einmal eine Vorzeige-DDR-Bürgerin zu werden. Bis Winfried sie »verführte«, hatte sie sich schließlich gut gemacht.[111]

Die arme Sabine, die im Interview mit uns so en passant hinwarf, dass die Stasi-Mitarbeiter ja »auch nur Menschen« gewesen seien, wusste nicht, dass die Milde und die Unterstützung, die sie zum Beispiel von Herrn Schwartz erfuhr, nur Teil eines von oben diktierten Masterplans war:

[Es] ist grundsätzlich zu versuchen, die Beschuldigte zur Rückkehr in die DDR zu bewegen. Dazu dienen mehrere Sprecher [Gespräche] mit den Eltern,

der entsprechende Einfluss des RA [Rechtsanwalts]
sowie die behutsame und taktvolle Behandlung durch
den U-Führer [Untersuchungsführer]. Dieser sollte
in den Vernehmungen striktes Rauchverbot einhalten,
da die Beschuldigte an Asthma-Bronchiale erkrankt
ist und Zigarettenrauch der Beschuldigten schadet.
[...] Nach Möglichkeit ist zu prüfen, in wieweit die
Zusammenlegung der Beschuldigten mit einer anderen Inhaftierten, die die DDR nicht verlassen will,
realisiert werden kann [...] In den Vernehmungen
ist der Beschuldigten die Möglichkeit einzuräumen,
ihre Antworten zu überlegen. Sie will keine vor-
eiligen und falschen Aussagen zu Protokoll geben.
Durch einfühlsames Eingehen auf die Haltung sowie
durch dennoch strikte Hinführung der Beschuldigten
auf die Beantwortung der Fragen, ist die Geständ-
nisbereitschaft aufrecht erhaltbar. Gegenwärtig
ist durch den U-Führer zu vermeiden, daß der F. [...]
als Verbrecher dargestellt wird. Es besteht der-
zeit die latente Gefahr, daß die Beschuldigte bei
derartigem Herangehen »abblockt« und in Gedenken
an ihren Mann nicht mehr bereit ist, kooperativ an
der EV [Ermittlungsverfahrens-] Bearbeitung mit-
zuwirken. [112]

Sabine sollte professionell manipuliert werden. Ihr Rechtsanwalt
wurde in den mehrseitigen Katalog strategischer Maßnahmen
mit aufgenommen:

[...] 7. Konfrontation der Beschuldigten mit Auszügen
aus westlichen Medien zum Zwecke der Rückgewinnung?
(Schocktherapie, Aufzeichnungen der unmenschlichen
Sensationshascherei, Zwingen zum Überdenken einge-

nommener Erwartungshaltungen hinsichtlich Lebens
in Westberlin!)
   8. Welche Haltung hat sie jetzt zur Straftat?
Inwieweit erkennt Beschuldigte nicht nur Fehler der
Entschlußfassung, sondern ist sie fähig generell
Abstand zu gewinnen, kann sie sich vom Einfluß ihres Mannes in unserem Sinne lösen?
   9. Zentrale Einstimmung des RA [Rechtsanwalts]
auf Rückgewinnung, um Erkenntnisprozeß zu unterstützen!
   10. Ist soziales Umfeld in der DDR positiv, um
Besch. wieder aufnehmen zu können und keinen Rück-
fall zuzulassen? (Eltern positiv, wollen Tochter
in der DDR behalten).[113]

Herr Schwartz sollte Sabines Persönlichkeit ergründen, insbesondere ihr Verhältnis zu Winfried in Bezug auf die Tat. In
einer merkwürdigen Übersicht, die mich an unser eigenes Vorgehen erinnert, wurden alle erdenklichen Möglichkeiten durchgespielt:

V E R S I O N E N
   1.) Beide Beschuldigten handelten aus verfestigten, ablehnenden Positionen gegenüber der sozialistischen Gesellschaftsordnung [...]
   2.) Die Beschuldigten entschlossen sich zur
Durchführung des spektakulären Angriffes auf die
Staatsgrenze, um durch dessen Vermarktung in der
BRD/WB [West-Berlin] den Start ins erhoffte dortige Leben finanzieren zu können.
   3.) Zunächst entwickelte nur der Beschuldigte
entsprechende Aktivitäten und zog seine Frau erst
zu einem späteren Zeitpunkt ins Vertrauen. Diese

hat dann aus Liebe zu ihrem Mann eingewilligt, mitzumachen.

4.) Die Beschuldigte war der inspirierende Teil und hat den Ehemann beeinflusst, einen Flugballon herzustellen [...]

5.) Der/die Beschuldigten haben mit der Herstellung eines Flugballons begonnen, um sich als Wissenschaftler/Intelligenz zu beweisen [...]

6.) Die Beschuldigten wurden durch Dritte beeinflusst und inspiriert [...] im Sinne eines Testes, ob diese Art Fluggerät für weitere 213 genutzt werden kann.

7.) Die Beschuldigte hat aus Angst nicht im Gestell des Ballons Platz genommen, der Ballon war nicht richtig gefüllt und sie befürchtete Probleme beim Start [...]

8.) Die Beschuldigte wollte gar nicht mittels Ballon die DDR ungesetzlich verlassen, half nur ihrem Mann bei den Vorbereitungen [...][114]

Sabine gab folgsam Auskunft über ihr Verhältnis zur Familie, zu Freunden, Schule, Studium, Ehe, Beruf und zum Ballonbau. Sie sollte dem Herrn Schwartz wieder und wieder bis ins Detail erzählen, wie es zu der Idee gekommen war; wie der Ballonbau vorbereitet wurde; wie er umgesetzt wurde und wie sie die Vorbereitungshandlungen in der Tatnacht erlebte. Was sie erzählte, wurde akribisch von ihm dokumentiert und mit anderen Ermittlungsergebnissen abgeglichen. Erzählte sie die Umstände ein zweites oder drittes Mal und wich dabei von der vorhergehenden Schilderung ab, konfrontierte er sie mit den Widersprüchen. So konnte der Vernehmer ausmachen, ob nur die Erinnerung geschwächelt hatte, ob sie sich unklar ausgedrückt hatte oder ob sie an dieser Stelle tatsächlich etwas verschleierte.

Es gab keine Widersprüche. Nur eine Sache schien Schwartz nicht glaubwürdig: dass das Ehepaar diesen riesigen Ballon wirklich ohne Hilfe in ihrem Zwanzig-Quadratmeter-Wohnzimmer gebaut hatte. Da halfen auch Sabines komplizierte Erläuterungen nichts, mit welcher speziellen Faltung der Ballon aus- und eingerollt wurde oder mit welcher ausgeklügelten Technik die fertige Hülle mit dem Ballonnetz verbunden wurde. Um die immer gleichen Gespräche darüber zu beenden, schlug Sabine dem Vernehmer vor, den Ballonbau in ihrer Wohnung in der Christburger Straße eigenhändig nachzustellen. Es entstand der in der Gerichtsakte erwähnte Bildbericht vom 28. März: Auf den Fotos sieht man, wie Sabine in ihrer Wohnung eine Plane ausrollt. Sie trägt Markierungen auf und verklebt zwei Ballonbahnen mit durchsichtigem Prena-Klebeband. Neben ihr steht Herr Schwartz und schaut ihr auf die Finger.

Aus der Rekonstruktion ist die Schlussfolgerung zu ziehen, daß die bisherigen Aussagen der Beschuldigten zum Aufbau der Ballonhülle bzw. zu deren Herstellung in der Wohnung der Wahrheit entsprechen können.[115]

Am 7. April 1989 hatte Schwartz Sabine Freudenberg bereits vier Wochen verhört und ihr noch kein einziges relevantes Geheimnis entlocken können. Er unternahm einen letzten Anlauf, ohne zu wissen, dass es tatsächlich ein Geheimnis gab. Doch dann legte sie ihm versehentlich eine Spur.

Es begann damit, dass Sabine erklären musste, woher das viele Bargeld kam, das Winfried über dem Flughafen Tegel verloren hatte. Sie legte offen, dass es vom Verkauf eines Ladas auf dem Automarkt Glienicke stammte. Der Wagen brachte Winfried 30 000 Ostmark ein, obwohl der Neupreis nur etwa 25 000 Ostmark betragen hatte. Der hohe Preis war leicht zu erzielen gewesen, da gebrauchte Autos in der DDR heiß begehrt waren. Neuwagen waren kontingentiert. Wer einen kaufen wollte, musste das beim Industrieverband Fahrzeugbau beantragen. Die Wartezeit betrug in den Achtzigerjahren bis zu sechzehn Jahre.

Weil Winfried mit 30 000 Ostmark einen zwar marktüblichen, aber illegalen Wucherpreis erzielt hatte, wurden in dem Kaufvertrag nur 18 000 Mark ausgewiesen. Das Schwarzgeld interessierte Herrn Schwartz nicht, sondern dass der offizielle Fahrzeughalter Winfrieds Vater Rudolf war. Er hatte seinem Sohn den Wagen als eine Art Erbzahlung überlassen. Schwartz' findige Kollegen suchten den Käufer auf und stellten fest, dass dem Kaufvertrag ordnungsgemäß eine Vollmacht Rudolfs beilag, dass Winfried den Wagen veräußern darf. Schwartz hielt Sabine diese Vollmacht triumphierend unter die Nase.

Frage:
Wie begründeten Sie Ihrem Schwiegervater gegenüber
den beabsichtigten Verkauf des Lada?

Antwort:
Mein Mann musste meinem Schwiegervater diesbezüglich nichts erklären, es war ja sein PKW.

Vorhalt:
Ihre Aussage erscheint dem Untersuchungsorgan
unglaubhaft, zumal es sich bei diesem PKW um eine
Erbteilauszahlung an Ihren Ehemann handelte und Ihr
Schwiegervater diesbezüglich eine Vollmacht zum
Verkauf unterzeichnen mußte. Nehmen Sie wahrheitsgemäß dazu Stellung![116]

Wie Schwartz sie nun tatsächlich einschüchterte, geht aus dem Protokoll nicht hervor. Jedenfalls knickte Sabine ein. Der stolze

Oberleutnant protokollierte das in seiner merkwürdigen Amts-sprache:

Antwort:
Entgegen einer strikten Abmachung zwischen mir und
meinem Ehemann, keiner dritten Person irgendetwas
über unseren beabsichtigten ungesetzlichen Grenzübertritt zu erzählen, hat mein Mann seinen Vater
am 21. 1. 1989 eingeweiht. [117]

In einer handschriftlichen Erklärung sollte sie ihre Erinnerung dazu genauer schildern:

7. 4. 89 — Schilderung zum 21. 1. 89
Schon am Abend vorher hatte mein Mann den Gedanken an mich herangetragen, ob er nicht seinen Vater einweihen solle. Ich sagte zu ihm, daß ich das
an seiner Stelle nicht tun würde [...] Am Sonnabend
fuhren mein Mann und sein Vater mit dem LADA zum
Einkaufen. Ich blieb in der Wohnung und kochte Mittag. Gegen 12.00—12.30 kehrten sie zurück [...] Mein
Schwiegervater setzte sich an den Küchentisch [...]
mein Mann etwas später auf den zweiten Stuhl. Bis
dahin waren nur belanglose Worte gewechselt worden.
Aber am Benehmen der beiden und am Gesicht meines
Schwiegervaters war abzulesen, daß mein Mann doch
etwas gesagt hatte, was mein Mann kurz darauf auch
in Worte faßte, welche konkret weiß ich nicht mehr.
Damals dort in der Küche hat mein Schwiegervater
kaum etwas dazu gesagt, er war nur fassungslos [...]
Mein Schwiegervater brachte nur immer seine Angst
und sein Unverständnis der Sache, mit diesem Ballon die DDR verlassen zu wollen gegenüber zum Aus-

druck. Gegen 13.00 aßen wir Mittag in der Wohnstube. Das verlief auch ziemlich ruhig und hatte den gleichen Grundtenor wie die Zeit vorher in der Küche. Mein Schwiegervater fragte immer wieder, warum wir diesen Schritt gehen wollten [...] Er brachte auch [...] seine Angst zum Ausdruck, daß mit dem Ballon etwas passieren könnte.

Nach dem Essen räumten mein Mann und ich den Tisch ab, mein Schwiegervater wollte ein bißchen Mittagsruhe halten, ich wusch ab, mein Mann war in der Zeit bei Clausens* aus dem Haus, 2 bzw. 3 Etagen unter uns und hat ihnen [...] beim Laden einer Autobatterie geholfen. Anschließend kam er noch zu mir in die Küche und ich sagte zu ihm, er möchte doch aufhören, seinen Vater weiter zu belasten. Trotzdem war es meinem Mann nicht möglich aufzuhören, von unserem Vorhaben zu erzählen, was ich dann aber auch verstehen konnte, zumal auch mein Schwiegervater und ich nichts anderes mehr denken konnten an diesem Tag. Im Laufe des Nachmittags bzw. wohl auch schon im Auto muß mein Mann ihm erzählt haben, wie der Ballon aussehen soll, welches Material und wie verarbeitet und daß es ein Gasballon sein soll [...] Ich weiß noch, daß mein Mann ihm die noch unfertige zusammengerollte Ballonhülle zeigen wollte, mein Schwiegervater wollte diese aber nicht sehen.

Gegen 16.00 haben wir Kaffee getrunken, wobei es wieder nur um das eine Thema ging. Nach meiner Erinnerung spielten auch unsere Motive in der Unterhaltung eine große Rolle, besonders auch die Wohnraumsituation, wo mein Schwiegervater uns zustimmte, aber auch die Perspektive und Tendenz, die

wir aus der wirtschaftlichen Situation in der DDR
für uns ableiteten und daß wir auch keine Chance
sehen, mit einem Ausreiseantrag legal die DDR verlassen zu können. Mein Mann und auch ich bekräf-
tigten immer wieder, daß das, was […] er in den
Jugendjahren von ihm an Unterstützung bekommen hat,
ihm sehr geholfen hat und daß er seinem Vater sehr
dankbar dafür ist […]

Mein Mann hat immer wieder versucht, meinem
Schwiegervater klar zu machen, daß das Ballon-
unternehmen gut durchdacht ist bzw. weiterhin
[sein] wird und daß dabei nichts passieren kann,
außer daß wir im Gefängnis landen könnten, für den
Fall gaben wir ihm die Adresse von Ulrich Jäger,
denn mein Schwiegervater konnte ja in die BRD
fahren […]

Ca. zwischen 18-19.00 wurde der Fernseher an-
geschaltet, auf Wunsch meines Schwiegervaters.
Danach habe ich Abendbrot gemacht, wir aßen bis
21/21.30 Abendbrot. Bis ca. 24.00 haben wir noch
gemütlich in der Wohnstube zusammengesessen und
uns unterhalten, ich glaube, wir haben uns auch
über allgemeine Themen unterhalten […]

Man möge mir verzeihen, wenn ich das eine oder
andere, woran sich mein Schwiegervater vielleicht
noch erinnert, vergessen habe.

Sabine Freudenberg[118]

Das war Sabines letzter vertrauter Moment mit ihrem Schwiegervater gewesen. Rudolfs Mitwisserschaft blieb ohne Konsequenzen. Er war Rentner, und die Stasi ging nicht davon aus,
dass er mit irgendjemandem darüber reden würde. Höchstwahr-
scheinlich behielt er das Geheimnis tatsächlich für sich.

Sabine hatte gestanden und bewiesen, dass sie an dem Ballonbau aktiv beteiligt war. Ihr wissenschaftlicher Hintergrund sprach in diesem Zusammenhang für sich. Ihr Diplomarbeitsthema war das »Zünd- und Stabilitätsverhalten der Erdgas-Diffusions-flamme« gewesen, ihr Promotionsthema »Die gezielte Synthese von C2-Verbindungen auf Basis der Methan-Diffusionsflamme«. Methan ist der Hauptbestandteil von Erdgas. Sabine kannte sich wirklich gut aus. Trotzdem zog sie sich immer wieder darauf zurück, ihrem Mann blind vertraut zu haben, und bestand darauf, dass sie die Gefährlichkeit des Vorhabens nicht habe einschätzen können.

Oberleutnant Schwartz ließ ihr diese Nische. Er muss damit gekämpft haben, dass sie diese nicht noch besser zu ihrem Vorteil nutzte. Winfried war tot. Sie hätte alles auf ihn schieben dürfen, auch ihre kritische Haltung, die er ja durchaus genährt hatte. Aber das tat sie nicht. Am 17. April, nur drei Tage vor ihrer Entlassung, schilderte sie zum wiederholten Male ihre »Gesinnungs-Biografie«:

Geprägt durch die Erziehung im Elternhaus und in der Schule, durchlief ich alle Stationen der gesellschaftlichen Mitarbeit. Insbesondere in der FDJ hatte ich zahlreiche Funktionen inne. Vom FDJ-Klassensekretär über den GO-Sekretär an der EOS war ich dann 4 Jahre FDJ-Studienjahr-Sekretär an der Universität. Wenn ich meine gesellschafts-politische Entwicklung darstellen soll, so muß ich darin eine Zweiteilung vornehmen. Bis Anfang 1986 war ich in gewisser Hinsicht mit einer rosaroten Brille behaftet.
    Ich bemühte mich nach Kräften und aus persön-licher Überzeugung, die FDJ-Arbeit zu gestalten.
[...] Ich war der Auffassung, daß Richtlinien von hö-

heren Leitungen unbedingt und mit allen Mitteln durchgesetzt werden müssen. In dieser Periode habe ich meine Mitstudenten sehr gestreßt. Ich ging ihnen permanent mit irgendwelchen Forderungen auf die Nerven, was mit sich brachte, daß ich zunehmend einen weniger guten Ruf im Studienjahr hatte. Dies ging soweit, daß ich teilweise meines Engagements [wegen] belächelt wurde.

Nachdem ich meinen Mann kennenlernte und somit Zugang zu dessen Meinungen und Ansichten erlangte, wurde ich toleranter, sah ich kritischer auf Probleme und begann offensiv die Dinge anzugehen. Ich ging z. B. davon ab, meine Mitstudenten ohne jede Toleranz und mit Verbissenheit auf die Erfüllung von Aufgaben hinzuweisen, im Gegenteil, die von mir gezeigte Toleranz brachte es mit sich, daß die Arbeit besser lief. Der unabdingbare vermeintliche Zwang, alles was von der FDJ-GOL kommt auch durchdrücken zu müssen, brachte nicht die Erfolge, die mir meine tolerantere Herangehensweise einbrachte. Außerdem gestalteten sich die zwischenmenschlichen Beziehungen besser. Und vor allem merkte ich, daß mit weniger Engagement auch noch alles zur Zufriedenheit gelöst werden kann.

Ich hatte jetzt auch mehr Zeit, andere Aspekte des Lebens zu betrachten, welche mir zum Teil erst so richtig ins Bewußtsein gelangten, weil mein Ehemann mit mir darüber sprach. Insbesondere stellte ich fest, daß die gesellschaftliche Perspektive ein Punkt war, wo viele meiner Mitstudenten und auch Kollegen die gleichen Ansichten vertreten wie mein Mann. Ich halte es z. B. für sehr trivial, wenn die Sektion Chemie schriftlich begründen muß, warum

259

sie für die Laborarbeit Glasgerätschaften benötigt
[...] Jahr für Jahr wird mehr gespart, aber keine Ab-
striche an den Planaufgaben gemacht. Da sich diese
Problematik nicht nur in der Sektion Chemie zeigt,
sondern auch in anderen gesellschaftlichen Berei-
chen zu verzeichnen ist — letztlich wiesen doch die
Diskussionen mit den Freunden und Bekannten meines
Mannes in die gleiche Richtung — war ich zunehmend
der Meinung, daß mein Mann recht hat, wenn er mir
gegenüber sagt, daß wir in der BRD oder Westberlin
bessere Arbeits- und Lebensbedingungen vorfinden.[119]

Sabine hatte einfach keine Lust, ihre Kritik am maroden System der DDR zurückzunehmen. Sie hatte unumstößlich erkannt,
dass der Realsozialismus ein Schwindel war:

Alle meine Aktivitäten in der FDJ wurden von mir
aus Überzeugung realisiert [...] Andererseits kann
ich jetzt sagen und einschätzen, daß meine Kenntnisse der marxistisch-leninistischen Weltanschau-
ung hauptsächlich durch die Schule und das Studium
vermittelt wurden und ich einsehen mußte, daß die
Vermittlung dieser Kenntnisse zu oft dadurch ge-
kennzeichnet sind, daß Widersprüche nicht erklärt
[wurden] und umfassend zur Sprache kamen.
    [...] Mein Mann hatte mir durch seine Auffassung
zum Leben »die Augen geöffnet« [...] Eine Erweiterung
meines Wissens, u. a. durch meinen Mann hervorgerufen, stellte mich zunächst vor Probleme, wie
ich diese neuen Erkenntnisse mit meinen bisherigen Idealen vereinbaren kann. Da ich dies zunächst
nicht schaffte und mein Mann überzeugend argumen-
tieren konnte, zog er mich auf Positionen, die ent-

gegen meiner bisherigen Entwicklung wirkten. Doch
in zunehmendem Maße gelangte ich persönlich zu der
Auffassung, daß mein Ehemann recht hat, aber daß
ich aufgrund meiner eigenen Erkenntnis früher oder
später auch zu solchen Ansichten gekommen wäre. [120]

Sabine war über die vielen Gespräche mit dem Herrn Schwartz
klar geworden, dass ihre kritische Einstellung zur DDR auf der
unumkehrbaren Bewusstwerdung tatsächlicher Missstände be-
ruhte. Sie gab offen zu, dass sie sich nur aus Pragmatismus ruhig
verhalten werde:

[...] Ich sehe ein, daß der Entschluß zum illegalen
Verlassen der DDR vor allem hinsichtlich der Me-
thode ein großer Fehler war, doch werde ich nicht
zu meiner früheren Haltung zurückfinden [...] Ich
kann nicht mehr völlig überzeugt in der DDR wei-
terarbeiten. Mein Mann hatte mir viele Dinge auf-
gezeigt, die zu Veränderungen drängen. Doch bin
ich weder gewillt noch in der Lage, allein diese
Veränderungen anzuregen [...] Momentan erachte ich
es für richtig, in der DDR zu bleiben, obwohl ich
weiß, daß die Probleme nicht geringer wurden und
werden, sondern im Gegenteil, eher angewachsen
sind, doch ich will es versuchen. [121]

Man kann das als Milde auslegen, als Ignoranz oder auch als
Ehrgeiz, die Zielstellung zu erfüllen, dass Herr Schwartz in seinem gerichtswirksamen Schlussbericht vom 3. Mai 1989 Sabines differenzierte Analyse einfach überging. Er behauptete, dass
Sabine von Winfried zu allem angestiftet worden war und nun
durch die Gespräche bekehrt sei:

[Es] vollzog sich eine Entwicklung, in der die
Beschuldigte die Lebensmaxime ihres Mannes als
die einzig richtige betrachtete und widerspruchs-
los dessen ablehnende Einstellungen zu Teilbereichen der gesellschaftlichen Entwicklung in der DDR
übernahm [...] Sie brachte in der Untersuchung wiederholt zum Ausdruck, daß sie die Verwerflichkeit
ihrer Handlung einsieht und erklärte, sich zukünftig in der DDR den Anforderungen entsprechend zu
verhalten, da sie von ihrem Entschluß zum ungesetzlichen Verlassen der DDR Abstand genommen habe. [122]

Auf dieser Grundlage erging im Juli 1989 das milde Urteil. Sabine sollte die Chance erhalten, dort weiterzumachen, wo sie vor
der ersten Begegnung mit Winfried stehen geblieben war. Man
ließ sie wieder frei.

30

Goldgräber

Ich nippe schon mal an meinem Rotwein. Bisschen unangenehm, so ganz allein zwischen den fröhlich plaudernden Grüppchen. Ich könnte mein Handy entsperren und dumm rumsurfen, und bin auch schon dabei. Der süße Kellner – er spricht, so ist man's hier gewohnt, kein Wort Deutsch – stolpert unbeholfen zwischen den Holztischen herum und setzt einen Cocktail bei mir ab:

»Gin Basil?«

»Oh, no. No!«

»Are you sure?«

»Very sure!«

Was denkt der von mir? Diddelipp. Text von Sabine:

Liebe Caroline. Wird 15 Minuten später. LG S.

Na, vielen Dank. Trotzdem nett, dass sie die lange Fahrt nach Berlin-Mitte auf sich nimmt.

Wir duzen uns jetzt. Aus gutem Grunde. Wir wollten neulich telefonisch besprechen, wie und wann wir unsere Gespräche fortsetzen. Ich muss wohl herumgedruckst haben, und weil sie mich inzwischen auch schon ganz gut kennt, hat sie mir diesmal etwas aus der Nase gezogen und nicht umgekehrt, nämlich dass ich Streit mit Ernst hatte. Obwohl ich gar nicht vorhatte, ihr davon zu erzählen, habe ich es plötzlich rausgehauen: Er fand, dass ich die Geschichte an mich reiße und die Recherchen nicht allein fortsetzen sollte. Schließlich habe er Winfrieds Geschichte ausgegraben, wir haben uns da zu dritt durchgekämpft, und nun würde ich alleine auf Sabine hocken und meine Geschichte daraus machen. Ich fand den Vorwurf total bescheuert. Er hat ja keine Zeit mehr weiterzurecherchieren, auf seinem Schreibtisch stapelt sich unbearbeitete Post, und sein aktuelles Prozessoptimierungsprojekt wird ihn für die nächsten Monate in Beschlag nehmen. Selbst wenn er Zeit hätte, wären stundenlange Eins-zu-eins-Gespräche mit Sabine oder tagelanges Aktenwälzen in der BStU nicht seine Sache. Und aus diesem Grund darf ich es auch nicht? Robert fand, ich sei ein freier Mensch, und freut sich auf neue Erkenntnisse. Er heckt selbst schon wieder ganz andere Projekte aus. »Viel Erfolg!«, hat er gewünscht. »Aber irgendwann musst du loslassen!«

Sabine hat mich in dem Telefonat über den Fortgang des Projekts sehr entlastet. Sie sagte, das sei ja vor allem ihre Entscheidung, wie es weitergehe. Die Gespräche täten ihr gut. Es schmerze, über die Vergangenheit zu sprechen, aber danach fühle sie sich leichter.

Sie hat Ernst verteidigt, dem sie nie vergessen werde, dass er die Initiative ergriff, Winfried diese Würdigung zuteilwerden zu lassen. Robert sei es gelungen, ihren Mann in dem Theaterstück noch einmal zum Leben zu erwecken. Dass Ernst sich jetzt über mich ärgere, sei männliche Eitelkeit, die ich nicht allzu ernst nehmen dürfe. Das Problem vieler Frauen – und da schließe sie sich mit ein – sei ja bekanntermaßen, dass sie sich zu viele Gedanken darum machen, ob es den Männern gut gehe. Ernst und ich seien doch ein tolles Team, und sie sei überzeugt, dass wir wieder zusammenfinden werden.

Was Sabine zu mir sagte, war so ausgleichend und solidarisch. Es hat mich erst beschämt, weil es um mich und Ernst, unsere Eitelkeiten und Streitigkeiten, nicht gehen sollte. Und dann wurde mir klar, dass es für sie total okay ist, wenn sich nicht immer alles um sie dreht. Dass es ihr guttut zu wissen, dass Ernst, Robert und ich keine undurchdringliche Taskforce sind und ich, ihr neugieriges Gegenüber, so wie sie aus Fleisch und Blut. Am Ende des Telefonats schlug sie mir das Du vor.

Durch Sabine friedlicher gestimmt, habe ich mich gleich am nächsten Tag mit Ernst zu einem Spaziergang im sonnenbeschienenen Tiergarten verabredet. Auf den kahlen Zweigen glitzerte Raureif. Wenn Ernst sich aufregte, war sein Hauch zu sehen. Nach einer ausgiebigen Auseinandersetzung haben wir uns geeinigt: Das satellitenartige, multiperspektivische Kreisen um die unergründliche Wirklichkeit von Winfried und Sabine war und ist unser gemeinsames Projekt. Meine Gespräche mit Sabine und die Vertiefung in die vielen neuen Akten sind etwas anderes. Ernst hat eingesehen, dass er uns nicht aufhalten kann. Und dass er selbst weder Lust noch Zeit hat, so viel Muße in die weitere Ergründung der Geschichte zu stecken. Aber ich müsse ihn weiterhin einbeziehen!

»Ich muss nicht! Ich kann. Wenn ich will.«

»Ich will aber, dass du willst.«

Schweigen.

»Kann ich nicht versprechen.«

Danach vertilgten wir in der brechend vollen Tiergartenquelle kleckernde Wild-Burger. Es ergab sich noch ein kleines Kickerturnier mit zwei taiwanesischen Studenten. Nur weil ich, die Tischkicker-Krücke, mit dem geschickteren der beiden zusammengelost wurde, konnte meine Mannschaft gegen die von Ernst ein Unentschieden erzielen: 6:4, 4:6, 5:5. Als ich mit der S-Bahn heimfuhr, dachte ich darüber nach, wie sehr wir über das Ballonprojekt zusammengewachsen sind! Ob wir unsere Freundschaft auch ohne das gemeinsame Vorhaben in dieser Intensität fortsetzen werden? Ich glaube nicht, aber die Erinnerung bleibt.

Der Gedanke ist naheliegend: Sabine und Winfried waren über das Ballonprojekt zusammengewachsen. Die Fluchtpläne, die

Heimlichkeit und die erstaunliche Leistung, zu zweit diesen riesigen Ballon zu bauen, muss eine unglaubliche Nähe zwischen den beiden geschaffen haben. Die Romantik ihrer Beziehung nährte sich aus dem Vorhaben, als Paar in den Himmel aufzusteigen. Sabine gestand in unserem gefilmten Interview, dass sie fürchtete, ihre Liebe werde zerbrechen, wenn sie aus dem Projekt aussteige. Unromantisch finde ich das nicht. Aber sie hat sicherlich recht, dass sie hätten verhandeln müssen, ob die Beziehung ohne die gemeinsamen Fluchtpläne noch in dieser intensiven Form Bestand haben konnte. Sabine ahnte, dass Winfried einer Zukunft im Westen den Vorrang gegeben hätte.

Tragisch ist, dass sie ihn mit dieser Entscheidung erst in letzter Sekunde konfrontiert hat. Man kommt auch um diese Überlegung nicht herum: Hätte sie sich rechtzeitig klipp und klar von dem Projekt verabschiedet, vielleicht sogar kurz vor Winfrieds Abreise nach Bad Pyrmont, wäre er wahrscheinlich im Westen geblieben. Ohne großes Aufsehen. Und würde heute noch leben.

Endlich ist Sabine da, mein Wein fast ausgetrunken. Umarmung. Ein Wasser für Sabine; Small Talk über Verkehr, Wohnen im Vorort, englische Speisekarten in Berlin-Mitte, warum manche Frauen aus der DDR sich immer noch nicht die Beine rasieren und ob wir Roastbeef oder gratinierten Ziegenkäse essen wollen. Sabine schlägt vor, dass wir beides nehmen: »Und teilen.« Finde ich super.

Wir werden von zwei Freunden unterbrochen, die mich von draußen erkannt haben. Mit großem Hallo schneien sie herein, wundern sich über die Fremde, mit der sie mich noch nie gesehen haben, und wollen uns überreden, nachher mit ihnen im Kino Central einen alten Chabrol-Film anzugucken. Sie haben keine Ahnung, dass wir uns gerade für ein längeres Interview aufwärmen.

»Äh, nee, wir arbeiten sozusagen.«

»Sieht man …« Grins, grins. Und weg.

Sabine lacht. Wir müssen anfangen. Ich weiß nur gerade gar nicht, wie ich einsteigen soll.

»Sag mal, Sabine. Wenn ich unsere Gespräche mit meinem kleinen Aufnahmegerät …«

»Das bitte nicht«, sagt sie und wird schon wieder nervös.

»Okay. Nee, ja, doof.«

Ich krame zwei Druckbleistifte aus meiner Tasche und arbeite meine Fragen ab: Wie und wo sie Winfried kennenlernte? Was sie damals anhatte, welche Musik lief, was sie tranken? Was sie unternahmen, um es sich gut gehen zu lassen? Wie ich mir Winfrieds Stimme vorstellen muss? Wie er so wirkte? Ich frage nach den Vernehmungen, dem Gefängnis, der Zeit danach; frage nach Gefühlen und Schlüsselereignissen, aber auch nach Details. Immer wenn ich anfange mitzuschreiben, stockt Sabine irritiert, insbesondere, wenn sie mir etwas scheinbar Nebensächliches erzählt, das ich aber für wichtig halte.

»Ach so. Das schreibst du jetzt mit?«

Ich lege den Stift weg und versuche, aus ihren Erinnerungsbausteinen Szenen zusammenzusetzen, die ich wie eigene Erinnerungen mit nach Hause nehmen kann. Ohne Papier. Dieses Vorgehen hilft uns beiden. Manche Erlebnisse und Details schildert sie so eindrücklich, dass ich sie förmlich vor mir sehe. Andere Dinge weiß sie nicht mehr so genau. Logisch. Wer meint, er könne sich nach fünfundzwanzig Jahren unfehlbar an Abläufe und Einzelheiten erinnern, kann nur irren. Erinnerungen sind unzuverlässig. Sie werden assoziativ überschrieben, Ereignisse mit anderen zu neuen Eindrücken verschmolzen.[123] Auch die Haltung ist schwer zu rekonstruieren. Schließlich ist Sabine heute – wissend, wie es weiterging – eine andere Person als damals. Wir stoßen an Grenzen, und ich verknüpfe ihre Erinnerungen mit dem, was ich in der Stasi-Akte gelesen habe. Wir drehen das Spiel um. Ich entwerfe die Szenen und erzähle sie ihr.

»Ungefähr so?«

Sabine entscheidet: »Ja. Ungefähr so.« Oder wirft sie über den Haufen. »Nee, so war's eben nicht.«

Wir verstehen uns gut. Sabine steigt von Vöslauer-ohne auf Rosé um; die Zeit fliegt dahin. Meine Freunde klopfen auf dem Rückweg vom Kino an die Scheibe – Daumen runter, der Film war schlecht – und winken uns fröhlich zu.

»Wenn wir jetzt noch mal zu dem Punkt springen, als ihr an der Abflugstelle standet …«, versuche ich vorsichtig.

»Muss das sein?«

Sie will nicht.

»Ich würde gerne ein Detail erfragen …«

»Ich wäre froh, wenn wir das verschieben könnten.«

Will nicht. Will nicht. Will nicht.

»Eine einzige Frage …«

Diese nervtötende Beharrlichkeit wurde mir schon als Kind vorgeworfen.

»Dann frag eben.«

»Weißt du noch, ob Winfried sich damals wirklich angeschnallt hat, bevor er losflog?«

»Ich denke schon.«

»Hast du das Bild vor Augen?«

»Das kann ich jetzt nicht sagen. Ich kann da nicht hingehen.«

»Zu einem anderen Zeitpunkt könntest du das?«

»Ich muss jetzt hier abbrechen. Weiß ich nicht. Tut mir leid.«

Am Nachbartisch wird wie bestellt ein Glas umgeworfen, und der ungeschickte Kellner muss noch unter unserem Tisch die Scherbensuppe zusammenschmoddern, während wir ungewollt zwei Minuten Bauchmuskeltraining einlegen, damit wir ihm nicht auf den Besen treten.

»I'm sorry.«

»Never mind.«

Überall ist Bier. Ich kriege das Bild nicht aus dem Kopf: Sabine tritt zum Zaun und kappt das Tau. Der Ballon schießt los, dreht sich einmal um sich selbst, knallt gegen die Stromleitung. Winfried, umwickelt und gefesselt von Seilen, befreit seinen Arm, schneidet Ballast ab und stößt sich ab nach oben. Ich sehe Sabine auf der Wiese stehen, lese Schuld in ihrem Gesicht. Sie weiß, dass sie ihn nicht wiedersehen wird.

»Was ganz anderes, Sabine …«

»Das ist jetzt ganz klebrig hier.«

»Bei mir auch. Was hast du gedacht, wo und wie ihr hättet landen können?«

»Ich glaube, ich wollte das gar nicht so genau wissen.«

»Wirklich?«

Sie guckt zu ihren Füßen, dann nach dem Kellner: »Vielleicht sollte man noch mal mit dem Lappen …«

»Ich verstehe das nicht, Sabine. Ich meine, du bist Naturwissenschaftlerin. Ich nicht. Und ich hake bei so vielen technischen Fragen nach, die du hundertmal besser verstehen müsstest.«

»Vielleicht habe ich es verdrängt. Ich weiß es nicht. Wir hatten beide nicht damit gerechnet, dass der Ballon so dicht ist. Ich glaube, wir dachten, das Gas entweicht durch die Nähte. Ja, davon sind wir wahrscheinlich ausgegangen.«

Sie schaut auf die Uhr, fühlt sich plötzlich nicht mehr wohl.

»Wie gesagt. Ich müsste jetzt auch wirklich …«

»Ja, stimmt. Entschuldigung!« Ich wedele Richtung Kellner – »Hallo … äh, hello« – und wische mit einer Fantasie-Geste durch die Luft, die den Bezahlwunsch andeuten soll. Der überforderte Kellner nickt unverbindlich. Sabine bedauert ehrlich, dass sie mich mit ihren Antworten so oft enttäuschen muss.

»Alles gut«, sage ich. »Ich danke dir sehr für deine Offenheit. Ich könnte so lange zurückliegende Erinnerungen und Gefühle niemals so treffend und ehrlich beschreiben, wie du es tust. Wirklich! Du bist toll.«

Ist sie. Manchmal ist mir unheimlich, wie sehr sie mir vertraut.

Es ist gut und richtig, wenn sie bei bestimmten Fragen zumacht: bis hierher und nicht weiter.

»Weißt du. Ich …«, setzt sie überraschend an und holt tief Luft, als wolle sie etwas Wichtiges sagen.

»Ja?«

Der Kellner ist doch kein Schussel. Er bringt mir die Rechnung. Gerade jetzt. Mit Bewirtungsbeleg. Und wegen der Bierpfütze gibt's zwei Getränke umsonst.

»It wasn't your fault!«, sage ich erstaunt.

»I know. They pay for it.«

Am Nachbartisch prosten uns drei betrunkene Sechzigjährige zu. Mit uns zusammen verdoppeln sie das Durchschnittsalter der Kneipe. Wir lachen. Dann wird Sabine wieder ernst.

»Ich habe dir bisher nicht gesagt, dass es ihm ums Geld ging.«

»Was? Wie?«

»Winfrieds Plan war, die Geschichte zu verkaufen.«

Also doch.

»Das sollte unser Startkapital in Westdeutschland sein.«

Wir hatten das längst vermutet. Trotzdem trifft es mich wie ein Schlag.

»Darüber habt ihr gesprochen?«

»Natürlich. Er dachte, eine Ballonflucht lässt sich am besten vermarkten.«

»Das war euer Plan? Auch deiner?«

»Ich habe das mitgetragen.«

Dass es tatsächlich so gewesen sein soll! Dass das wirklich die Hauptmotivation war, sich diesem immensen Risiko auszusetzen, ist plötzlich sehr schwer verdaulich für mich.

»Deswegen wäre er nicht in Bad Pyrmont geblieben.«

»Ja.«

»So oder so!«

»So oder so.«

»Darum gab's auch keine Alternative!«

»Für ihn nicht.«

»Das hast du dem Vernehmer von der Stasi nicht gesagt ...«

»Ich habe das niemandem gesagt.«

Mir wird ganz flau.

»Kannst du verstehen, wie schwer das ist?«, sagt sie. In ihren feuchten Augen glänzen die Lichter des Bartresens. »Dass ich das mitgemacht habe! Dass ich, als Wissenschaftlerin, die Augen davor zugemacht habe, was das für ein Wahnsinn ist. Nur für diese Geschichte. Für das Geld. Weißt du, wie sehr ich mir wünsche, das alles ungeschehen zu machen?«

31

Der Ballonexperte

Dass ich nicht vorher auf die Idee gekommen bin, im Internet seine Nummer zu ergoogeln und den Mann einfach anzurufen: Wilhelm Reichard*! *Der* Reichard, der 1989 dieses kryptische Ballongutachten für die West-Berliner Kripo gemacht hat. Wie die Kommissarin Teichmann ist er sogar noch berufstätig.

Es bedurfte keiner großen Überredungskünste. Das Café Villa Eden in Pankow ist der ideale Treffpunkt, denn sie liegt auf dem Weg zur Kleingartenanlage Blankenburg. Aus den Lautsprechern klimpert Chopin. Der Blick in den vernebelten Garten mit seinen riesigen alten Bäumen versöhnt mich damit, dass ich an diesem trüben Wintersonntag mein warmes Bett verlassen musste.

Reichard, ein voluminöser älterer Herr mit grauer Sturmfrisur, bestellt sich schon nach zehn Minuten einen zweiten Cappuccino.

»Sie auch?«

»Nein danke, da werde ich hibbelig.«

Auf meinem Laptop liegen Hunderte von Bildern aus Sabines Akte. Für Herrn Reichard habe ich eine Dokumentation der Gasreglerstation zusammengestellt: der Y-Schlauch, mit dem Winfried das Gas zweier Leitungen gleichzeitig in den Ballon strömen ließ; eine Rohrzange; ein Fußabdruck; die gerissene Stromleitung; der Zaun, an dem noch das abgeschnittene Halteseil des Ballons hängt; liegen gebliebener Ballast; eine Kamera, die Sabine während der Flucht in einen Komposthaufen warf; die verlorene Taschenlampe im Gebüsch; Sabines abgeschnittener Sitz, dessen Anblick mich sehr berührt hat. Während Winfrieds Sitz nur aus dem hölzernen Besenstiel bestand, hatte er Sabines Rundholz mit Schaumstoff gepolstert. Sie, die Frau, sollte weicher sitzen als er, wenn sie gemeinsam durch die Nacht schweben. Natürlich war das Liebe. Es ging darum, eine Story zu verkaufen, ja. Aber was für eine? Nicht die Geschichte vom Daniel Düsentrieb des Prenzlauer Berg. Das war eine Liebesgeschichte, die erst tatsächlich erlebt werden musste, bevor man sie im Westen verkaufen konnte. Die »wahre Geschichte« von Winfried und Sabine, wie sie mit vereinten Kräften in den Himmel steigen – und im Land der unbegrenzten Möglichkeiten glücklich landen. Zusammen.

»Die Stasi-Leute hatten keine Ahnung«, sagt Reichard, als ich mit ihm die Aufnahmen des Ballons durchklicke. »Von dem oberen Teil da bräuchten wir eine Nahaufnahme, damit man die Reißbahn sieht. Da war nämlich eine Reißbahn, das weiß ich noch ganz genau. Zu blöd, dass ich meine eigenen Aufzeichnungen nicht mehr gefunden habe. Wissen Sie, wo der Ballon jetzt ist?«

»Den haben sie geschreddert.«

In den Stasi-Unterlagen gab es ein Dokument mit Sabines handschriftlichem Einverständnis, dass der Ballon vernichtet werden darf. Wie eigentlich? Mit einem schönen Polyethylen-Feuerchen?

Das Einzige, was Herr Reichard in seinem Archiv hat finden können, ist eine piktogrammartige Skizze des Ballons mit Angaben zum Gewicht von Flugobjekt und Ballast: 38 plus 48 Kilo.

»Der war an sich gut gebaut. Ordentlich. Perfekt geklebt. Die Markierungen für die Krümmung, hat man alles gesehen. Der Mann konnte was.«

Stolz überreiche ich ihm das Gutachten aus der Polizeiakte: »Wenn Sie mich nicht hätten.«

Er überfliegt es mit grimmiger Miene. »Das ist nicht mein Gutachten.«

»Hä?«

»Das ist eine Zusammenfassung der Kripo. Und die haben offensichtlich nur die Hälfte verstanden.«

Herr Reichard nimmt sein Expertentum sehr ernst. Das darf er, er blickt inzwischen auf mehrere Tausend Fahrten als Ballonpilot zurück.

»Ich bin nicht gläubig, aber wäre ich's, dann hätte ich Gott jedes Mal gedankt, als ich wieder unten war.«

»Weil es immer gefährlich ist?«

»Ich sag's mal so: Unter Fliegern teilt man Flieger in Kamikaze- und Angstflieger ein, zu letzteren zähle ich. Das heißt aber nicht, dass ich ein ängstlicher Mensch bin …«

Hätt ich auch nicht gedacht, aber ich verstehe schon: Winfried war Kamikaze.

Reichard ist sehr selbstbewusst, erzählt gerne von sich, gerne etwas ausschweifend. Alles sehr interessant, aber in meinem Kopf ist gerade nur begrenzt Platz für Geschichten, in denen Heros Reichard seinen Mitmenschen – ob Unterwelt oder High Society – aus der Patsche hilft. Glücklicherweise ist er gleichzeitig voller Tatendrang. Sobald ich ihm ein Bild unter die Nase halte, ist er wieder bei der Sache.

»Ich war nur ein paar Stunden in der PTU, da, in Tempelhof. Unbezahlt. Ausgemessen habe ich den Ballon selber nicht. Ob die Daten stimmen, kann ich Ihnen nicht sagen. Wenn die den Ballon mit 11 mal 13 Metern ausgemessen haben, stellt sich die Frage, ob das der Durchmesser sein soll oder der platt gedrückte Ballon auf dem Boden. Wahrscheinlich irgendwas dazwischen. Einen Ballon auszumessen, ist nicht ganz einfach.«

»Sabine Freudenberg gibt in ihrer Vernehmung einen Durchmesser von 10 mal 11 Metern an.«

»Kommt hin. Das sollten wir als gegeben annehmen.«

Womit wir die erste Korrektur meiner laienhaften Berechnungen vornehmen: Nicht 824 Kubikmeter Erdgas fasste der Ballon, sondern maximal 576 Kubikmeter. Hieße, der Ballon konnte bei praller Füllung mit russischem Erdgas über den Daumen gepeilt eine Gesamtlast von 288 Kilo hochheben, minus Eigengewicht.

Dass der Ballon mit Erdgas flog, ist Reichard inzwischen bekannt. Daran hatte er damals schon gedacht, behauptet er jedenfalls, denn Erdgasballons – das wisse man aus der Fachliteratur – gebe es seit Langem.

»Aber Sie haben es dann doch verworfen?«, frage ich.

»Ich kann Ihnen nicht mehr sagen, warum.«

Ein bisschen ärgert er sich darüber, dass er seinerzeit nicht den Volltreffer gelandet hat. Dabei bin ich weit davon entfernt, seine Kompetenz infrage zu stellen.

»Hier im Gutachten heißt es übrigens, Sie hätten gesagt, dass man einen halb vollen Ballon nur schwer navigieren kann.«

»Das ist Blödsinn!«

Er erklärt mir, dass man einen Ballon zum Start grundsätzlich nicht ganz füllt, weil sich das Gas bei zunehmender Höhe, also abnehmenden Luftdruck, ausdehnt. Geschlossene Ballone platzen irgendwann.

Reichard ist clever. Am Kopf des Ballons, wo die spitz zulaufenden Bahnen sich treffen, hatte Freudenberg eine runde Fläche ausgespart und diese mit einem Stück Plane, das größer war als die Aussparung, verschlossen. Ein zweites rundes Stück hatte er auf der anderen Seite dagegen geklebt. Reichard hatte zunächst geglaubt, hier ein geniales Ventil entdeckt zu haben: Hätte Freudenberg an dem unteren der zwei Deckel eine Schnur befestigt, sodass man sie auseinanderziehen kann, und in jeden Deckel zueinander versetzte kleine Löcher geschnitten, hätte das Gas beim Herunterziehen der Schnur durch die beiden Löcher entweichen können. Nach Loslassen der Schnur hätte das Gas im Ballon die beiden Deckel wieder flach aufeinandergedrückt und die Öffnung verschlossen. Eine geniale Idee für ein extrem schlichtes, aber funktionierendes Gasballonventil. Nur: In den runden Deckeln waren keine Löcher. Diese geniale Idee hatte nur Reichard, als er den Ballon in Augenschein nahm, der gute Herr Freudenberg war leider nicht darauf gekommen. Winfried hatte die zwei Deckel nur deswegen von beiden Seiten aufgeklebt, damit ganz sicher keine Luft entweichen konnte.

Und damit ist Reichard schon beim Kern des Problems angelangt: Der Ballon hatte zwar eine Reißleine – er erinnere sich deutlich an die Öffnung der Reißbahn, aber der Ballon hatte kein Ventil. Das allein war schon ein schwerer Konstruktionsfehler, denn: Um einen Sinkflug einzuleiten, braucht man ein Ventil, mit dem der Abstieg sehr vorsichtig dosiert werden kann. Die Reißleine wird nur dann betätigt, wenn man kurz vor der Landung steht und aus besonderen Gründen rasch absinken muss, zum Beispiel wenn man auf ein Hindernis zufährt, das nicht mehr überflogen werden kann. Das Betätigen der Reißleine löst nämlich immer ein schnelles und höchst unangenehmes Absinken aus. Befindet man sich in großer Höhe, ist das extrem gefährlich.

Hilfreich für die Landung wäre übrigens auch ein Schlepptau gewesen, was Freudenberg durch das gründliche Studium der Ballon-Literatur hätte wissen sollen. Das ist ein schweres Seil, welches der Ballonfahrer während des Sinkflugs aus dreißig bis vierzig Metern Höhe herunterlassen kann, um das Sinken auszubremsen. Je mehr Seil man zu Boden lässt, desto leichter wird der Ballon, und er steigt wieder etwas nach oben. Holt man es ein, wird der Ballon wieder schwerer. So kann man die Höhe während des finalen Landevorgangs sehr genau kontrollieren. Aber selbst mit einem Schlepptau an Bord müsste man den Sinkflug durch das Öffnen eines wiederverschließbaren Ventils einleiten.

In dem Gutachten steht, dass Reichard einen »Verpuffungseffekt« durch das plötzliche Betätigen der Reißleine angenommen haben soll. Diesen Begriff habe er sicherlich nie verwendet, sagt Reichard, da es sich beim Verpuffungseffekt um die plötzliche Vermischung eines Gases mit viel Sauerstoff handelt, welche zur Explosion führen kann. Eine solche Gefahr bestand bei Freudenbergs Ballon nicht.

Reichard glaubt, dass Winfried Freudenbergs Situation hoch oben in der Luft aussichtslos war. Winfried hatte sich nicht ausreichend damit befasst, dass durch die Betätigung der Reißleine eine unkontrollierbare Gasmenge entweicht. Der Ballon plumpst letztlich mehr oder weniger herunter.

»Der sieht dann aus wie eine ausgedrückte Leberwurst.«

Wenn man einplanen will, dass der Ballon beim Absturz zu einem echten Fallschirm wird, muss man ihn grundsätzlich anders konstruieren, nämlich mit einer Reißbahn unterhalb des Ballon-Äquators. Nur dann besteht die Möglichkeit, dass sich die Ballonhülle beim Herabfallen pilzförmig zusammenfaltet.

Reichard denkt, dass der Ballon nach dem Betätigen der Reißleine heruntersauste und Freudenberg dadurch aus seiner Halterung katapultiert wurde. Und hier dreht sich das Detektivspiel wieder im Kreis: Gehen wir davon aus, dass Freudenberg angeschnallt war und mit der Jacke bekleidet losflog, hieße das, er löste sich freiwillig aus der Halterung und zog die in den Schnüren verheddert Lederjacke aus, wahrscheinlich um abzuspringen. Ist er aber freiwillig abgesprungen, ergibt es keinen Sinn, dass er die Reißleine zog.

»Vielleicht wollte er den Ballon erst absenken und dann über dem Waldsee abspringen, bevor er auf den Boden knallt«, schlägt Reichard vor.

Als ich meine Einwände gegen das Abspringen aus großer Höhe vortrage, berichtet er, dass er selbst nach Tausenden von Ballonfahrten die Flughöhe nur mithilfe eines Messgeräts bestimmen kann. Jahrelang habe er nicht einschätzen können, ob er gerade sinke oder steige. Es sei erstaunlich, wie leicht man eine Höhe von 150 Metern mit 1500 Metern verwechseln könne, da man keine Referenzen habe. In der Nacht sei das ungleich schwieriger. Es sei sehr gut möglich, dass Freudenberg nicht die geringste Ahnung hatte, in welcher Höhe er trieb.

Reichard drückt sich unmissverständlich aus: »Die Konstruktion des Ballons war gut, aber nicht fachgerecht bis zum Schluss durchdacht. Es fehlte das Ventil.«

Ich frage mich trotzdem: Wäre alles nach Plan gegangen, also der Ballon vollständig gefüllt worden und mit zwei Personen gestartet, wie wäre der Flug dann verlaufen? Vielleicht ganz anders.

Was sowohl mich als auch Reichard interessiert, ist, ob sich herausfinden lässt, wie schnell der Ballon beim Start nach oben schoss. War Sabines kurzfristiges Ausklinken wirklich die Ursache für den überproportional großen Auftrieb, der Winfried letztlich in den Tod fliegen ließ?

In meinem schrottigen alten Kombi – mit der hellblauen alten Trittleiter hinten drin – chauffiere ich Herrn Reichard zur Abflugstelle. Auf dem Beifahrersitz liegen peinlicherweise Kuchenkrümel von meiner Tochter, die ich zu spät entdecke.

»Vorsicht!«

»Ja, was?«

Er sitzt schon drauf.

»Öhm … nichts.«

Gemeinsam werden wir neue Parameter ausmachen, die eine Berechnung des Flugverlaufs ermöglichen. Die Stromleitung, gegen die er knallte, wurde seinerzeit wieder aufgerichtet und steht heute noch da. Die Windgeschwindigkeit am Boden kennen wir. Und auf den Stasi-Fotos erkennt man, wo auf der Wiese der Ballon startete, nämlich in der Nähe des Zauns, an dem er festgebunden war. Wir werden die Entfernung zwischen Startpunkt und Stromleitung messen und die Höhe der Leitung. Das ergibt ein Dreieck, den Startwinkel seines Abflugs. Mein Freund Larry, der Physiker, kann daraus Schlussfolgerungen ziehen, nämlich mit welcher Kraft der Ballon Winfried nach oben zog, und das wiederum gibt Aufschluss darüber, wie viel Gas ungefähr im Ballon gewesen sein müsste.

Hätten die Auftriebskräfte reichen können, zwei Personen zu tragen? Und welche Auswirkung hatte die Füllmenge des Ballons auf den gesamten Flug?

Der Zaun ist dank meiner Leiter schnell überwunden – der beleibte und nicht mehr ganz junge Herr Reichard springt mit tapferem »Uff« auf die trockene Wiese, die Daten sind mit seinem Lasermessgerät zu zweit schnell erhoben. Als ich Herrn Reichard zur S-Bahn bringen will, sind wir beide angenehm erschöpft.

»Mir ist noch etwas durch den Kopf gegangen«, sagt er, während er sich ein zweites Mal in die Kuchenbrösel setzt. »Wenn Ihr Physikerfreund seine Rechnung gemacht hat, können Sie mit einem Höhenmediziner sprechen, was so ein Flug überhaupt für Auswirkungen auf den menschlichen Körper hat.«

Machen wir. Reichard ist spitze.

»Vielen Dank!«, rufe ich, als er an der roten Ampel rausspringt. »Und kommen Sie gut heim!«

Irgendwie passt mir nicht, was er so gesagt hat, auch wenn es völlig plausibel klingt. Gab es wirklich keine Chance, diesen Flug zu überleben?

32

Die Physik

Betreff: Fwd: new calculations …

Lieber Ernst, lieber Robert,
anbei zur Kenntnisnahme Larrys Berechnungen samt Anhängen:
analysis of trajectory, discussion, Fig 1–5, map. Vielleicht mal ein
Gläschen Wein, zu dritt – irgendwo zwischen Mitte und Wilmersdorf?
LG, C.

Von: <Prof. Dr. Larry Boyle>
Betreff: new calculations concerning Winfried Freudenberg's bal-
loonflight***

Liebe Caroline,
ich habe ein Programm geschrieben und die von dir aktualisierten
(ungefähren) Daten eingesetzt (Distanzen, Startzeit, Landezeiten
Mann und Ballon, Gewichtsangaben, Ballastverlust, Wetterdaten).
Es bleibt eine Vielzahl von Parametern, die wir nicht kennen. Ich
freue mich, dass ich trotzdem ein in sich selbst konsistentes Bild
erhalte. Es ergibt sich eine hohe Wahrscheinlichkeit für folgenden
(neuen!) Verlauf:
Freudenbergs Ballon stieg in der ersten Phase seines Fluges mit
einer (geringen) Vertikalgeschwindigkeit von durchschnittlich 0,5 Metern pro Sekunde auf. Die Tragkraft war demzufolge mit 168–169
Kilogramm nur wenig größer als das anfängliche Gewicht des gesamten Gefährts (Ballon + Mann + Ballast + die später verlorenen

Taschen = etwa 168 Kilogramm). Es ergibt sich eine Füllung von knapp 317 Kubikmetern Gas (55 % des Fassungsvermögens). Infolge des flachen Starts blieb er in einer mehr als 30 Meter entfernten Stromleitung hängen.

Nachdem der Mann sich durch Abwurf von einigen Kilogramm Ballast aus der Stromleitung hatte befreien können, verlief der Flug wie folgt:

Abflug in Berlin Blankenburg um 2:00 Uhr. Von dort aus trieb er mit einer Vertikalgeschwindigkeit von etwa 1 m/s und einer abnehmenden Horizontalgeschwindigkeit von anfänglich 8 km/h Richtung Westen. Eine Stunde später, also gegen 3:10 Uhr, überquerte er auf einer Höhe von etwa 1600 Metern die Grenze. Weil der Auftrieb mit steigender Höhe abnimmt, stieg der Ballon bis auf eine Höhe von etwa 1700–2000 Metern. In dieser Höhe soll es beinahe windstill gewesen sein. Der Ballon bewegte sich daher in den folgenden Stunden nur noch langsam westwärts (Temperatur ca. 0 Grad Celsius). Gegen 6:00 Uhr dürfte er den Flughafen Tegel überflogen haben. Wir wissen nicht warum, aber fest steht, dass Freudenberg über Tegel eine Tasche verlor. Der Gewichtsverlust muss zu einem dramatischen Anstieg des Auftriebs geführt haben. Der Ballon, der sich zu diesem Zeitpunkt auf 1700–2000 Meter befand, stieg wieder höher, diesmal mit 2 m/s. Der Ballon änderte während dieses Aufstiegs die Flugrichtung und trieb Richtung Süden. Diesmal endete der Höhenflug erst in 5000 Metern Höhe (weil dann erst Gasdichte und Luftdichte im Gleichgewicht waren). Dass der Mann in dieser Höhe einer geringeren Sauerstoffkonzentration ausgesetzt war, dürfte ihn allenfalls leicht beeinträchtigt haben, jedoch muss er nun aufgrund seiner leichten Bekleidung sehr mit den sinkenden Temperaturen zu kämpfen gehabt haben. Die Außentemperatur in 3000 Metern war etwa minus 6, in 4000 Metern minus 14 und in 5000 Metern minus 23 Grad Celsius. In dieser Phase (80 Minuten) war ein Absinken der Körpertemperatur nicht mehr zu verhindern. Ein Kollege der medizinischen Fakultät beschreibt mir, dass die Aufrechterhaltung der Körpertemperatur durch äußerliches Zittern nach einiger Zeit versagt. Die äußeren Extremitäten kühlen so stark aus, dass die Leitfähigkeit der Nerven herabgesetzt wird. Die Hände zum Beispiel können eine beabsichtigte Bewegung nicht mehr umsetzen. Schließlich sinkt auch die innere Körpertemperatur, und das Gehirn wird unterversorgt. Die Betroffenen werden in einen schläfrigen Zustand (bis zur Bewusstlosigkeit) versetzt. Lawinenopfern etwa wird nachgesagt, dass sie in einen Dämmerzustand geraten, in denen ihnen »alles egal« ist. Im Zuge dieser Symptomatik scheint es mir völlig plausibel, dass der Mann sich um 7:30 Uhr nicht mehr halten konnte oder wollte und herunterfiel. Wir dürfen davon ausgehen, dass er das Ende seines Sturzes nicht mehr bewusst erlebt hat.

Nachdem der Mann heruntergefallen war, schoss der Ballon nach oben und dürfte auf etwa 9000 Metern geplatzt sein. Dass dein Ballonexperte eine geöffnete Reißbahn beschreibt, steht dazu nicht im Widerspruch, denn beim »Platzen« öffnet sich die Haut an der schwächsten Naht. Das wird die Reißbahn gewesen sein. Das Gas entwich durch die nun geöffnete Reißbahn. Eigengewicht und verbleibender Ballast zogen den Ballon zu Boden.

Du fragst, ob der Mann jemals eine Chance hatte, heile in West-Berlin zu landen. Es ließe sich natürlich immer ein günstiges Zusammenspiel von Zufällen konstruieren, das zu einem anderen Verlauf geführt hätte. Ein Teil seiner Berechnungen (Ballongröße, Flugverhalten, Füllzeit etc.) und die Ausführung des Ballons waren grundsolide. Der Landevorgang bleibt ein Problem, auch in Theorie. Der Ballon hatte kein Ventil, nur eine Reißbahn. Den Ballon über das Öffnen der Reißbahn absinken zu lassen, ist ihm nachweislich nicht gelungen. Warum, wissen wir nicht. Hätte er die Reißbahn rechtzeitig öffnen können, wäre er mit hoher Geschwindigkeit nach unten gestürzt. Wäre er angeschnallt gewesen und hätte er die zweite Tasche nicht verloren, wäre er immerhin irgendwann von alleine gesunken, möglicherweise sogar sanft gelandet (wenn auch wahrscheinlich nicht zwingend dort, wo beabsichtigt).

Die Antwort auf deine Frage, ob die Frau theoretisch zum Startzeitpunkt hätte mitfliegen können, hat sich von selbst beantwortet: nein! Eine Viertelstunde später wäre es durch vollständiges Abschneiden des Ballasts möglich gewesen. Der Flug wäre dann ähnlich verlaufen. Wenn er alleine nicht sicher landen konnte, hätte er es mit ihr auch nicht gekonnt. Als Physiker bin ich kein Experte für Wunder. Es gibt viele Menschen, die denken, dass es sie gibt. Vielleicht hat ein solches die Ehefrau davor bewahrt mitzufliegen.

Ich wünsche dir und ihr alles Gute.
Sonnige Grüße aus dem fernen Südafrika.
Larry

33

Endlos

Sabine stemmte sich tapfer gegen die Kraft des Seils, das an ihrem Brustgurt zog, und schaute auf die Uhr. Noch achtundzwanzig Minuten. Der Sekundenzeiger sprang unaufhaltbar weiter. Sie sah nach oben in den schwarzen Himmel. Richtung Westen konnte sie Sterne erkennen. Dorthin schob der Wind den flatternden Ballon. Von einer Bö angestoßen, bäumte er sich auf wie ein Pferd, das davongaloppieren will. Sabine griff mit beiden Händen nach dem Seil und presste ihre Füße breitbeinig auf den Boden. Wenn das Tau am Zaun jetzt zersprang, würde der Ballon sie mitreißen, gegen den Schuppen schleudern und in den Himmel ziehen. Wo war Winfried? Sein Seil hing herunter, der Sitz lag auf der Wiese. Sie stellte sich kurz vor, wie der Start verlaufen könnte. Wenn Winfried aufsaß, sich festschnallte, das Tau kappte und der Ballon sie beide hochriss, würden sie nicht gegeneinanderschlagen? Sie hörte seine Schritte. Er trug den letzten Beutel Kies zu seinem Seil und knotete ihn fest. Als er damit fertig war, sah er kurz zu ihr auf. Seine Gefasstheit beruhigte sie. Er verschwand wieder in der Reglerstation.

Am Boden war der Wind nicht zu spüren. Die kahlen Bäume standen still. Sabine starrte auf ihre Uhr. Der Zeiger kreiste weiter und weiter. Sechsundzwanzig. Irgendwann würde der Zeitpunkt gekommen sein, an dem das alles hinter ihnen liegt, dachte sie.

In den letzten Wochen hatten sie und Winfried nur einen einzigen unbeschwerten Abend erlebt, das war ihre kleine Geburtstagsfeier. Der Ballon hatte zusammengerollt im Schlafzimmer gelegen. Seit er fertiggestellt war, konnten sie nichts anderes mehr tun, als die Wetterlage zu verfolgen. Am Tag vor ihrem Geburtstag war Ostwind angekündigt worden, aber mit hoher Regenwahrscheinlichkeit. Am Samstag hatte der Wind wieder gedreht. Ostwind war selten. Es war sehr gut möglich gewesen, dass eine günstige Witterung bis zum Beginn der Gartensaison nicht eintrat. Dann hätten sie sich bis zum Ende des Herbstes gedulden müssen.

Am Samstag war es ihr gelungen, die Gedanken an ihr Vorhaben beiseitezuschieben. Der Vater hatte einen Ableger des Elefantenohrs mitgebracht, den Winfried ihm im Sommer gezogen und zum Geburtstag geschenkt hatte. »Das Baby meines Elefantenohrkinds«, hatte Winfried das wohlgeratene Pflänzchen in dem dunkelgrünen Übertopf kommentiert. Der Vater hatte seinen Schwiegersohn schulmeisterlich korrigiert: »*Haemanthus albiflos*«; Winfried daraufhin lachend salutiert. Eines Tages würden sie doch noch miteinander warm werden, war es ihr durch den Kopf gegangen. Günther und Paula hatten kalten Krimsekt aufgemacht, der Korken flog bis zur Decke. Dazu aßen sie Mutters kalte Platte mit sauren Gurken, Silberzwiebeln, bunten Käse- und Hackspießen. Es war lange her gewesen, dass sie und Winfried Alkohol getrunken hatten. Wahrscheinlich war das der Grund dafür, dass beide schnell ausgelassen wurden. Winfried war so gelöst, dass er vorschlug, Sockenraten zu spielen. Die Mutter war rot geworden, Sabine auch. Und hatte schnell den Würfelbecher geholt: »Wir spielen Mäxchen!«

Winfried hatte gewonnen, weil er unter allen Anwesenden der mutigste Hochstapler war. Fröhlich hatten Winfried und sie die Gäste nach unten bis zur Straße begleitet und waren danach Hand in Hand die Treppen hinaufgestiegen, um sich beinahe glücklich ins Bett fallen zu lassen.

Die darauf folgenden Tage waren sonderbar leer und unwirklich gewesen. Das Warten kam zurück. Sie bereiteten die Wohnung vor, räumten auf, packten die Ballasttüten noch einmal um. Die Möglichkeit, rasch aufbrechen zu müssen, stand wieder im Raum. Heute Morgen, kurz vor Sonnenaufgang, verkündete die Radiosprecherin, dass es so weit war. Die Unausweichlichkeit nahm ihr die Angst. Alles, was sie von da an tat, verlief mechanisch. Wenn Winfried bei ihr war, wusste sie, was zu tun war. Sie würden das durchstehen.

Mit einem Ruck wurde Sabine nach vorne gezogen. Beinahe wäre sie gefallen. Ihr Herz raste. Es war nichts passiert. Das Tau am Zaun hielt den Ballon fest. Den Blick nach oben wagte sie kein zweites Mal. Wo blieb Winfried? Er war nicht zu sehen, nicht zu hören, dafür ein Motorengeräusch. Oder war es der Wind? Es kam von der Heinersdorfer Straße und verschwand wieder. Eine Einbildung. Oder kam es näher? Ihr Herz schlug so laut, dass sie nichts anderes mehr hörte. Sie schaute auf die Armbanduhr, deren Ziffernblatt vor ihren Augen verschwamm.

Sabine hatte Angst. Große Angst. War das, was sie hier vorhatten, nicht der helle Wahnsinn?

Das Geräusch wurde lauter. Ja. Das war ein Auto. Wieder sah sie auf die Uhr, konnte die Zeit aber nicht mehr ablesen, weil sie nur noch den hellgrün phosphoreszierenden Sekundenzeiger erkannte.

Er schien langsamer zu werden. Immer langsamer.

Und langsamer.

Dann blieb er stehen.

Anmerkungen

1, 14, 22: Berliner Morgenpost, 11.03.1989

2, 4: taz, 9.03.1989

3, 5, 7: Tagesspiegel, 10.03.1989

6, 8, 27: B.Z., 9.03.1989

9: Morgenpost, 10.03.1989

10, 11, 31: Berliner Morgenpost, 9.03.1989

12: Bild, 9.03.1989

13, 28: Bild, 11.03.1989

15, 18: Die Welt, 10.03.1989

16: dpa im Tagesspiegel, 10.03.1989

17, 21, 25, 29: Berliner Morgenpost, 10.03.1989

19, 26: Berliner Morgenpost, 12.03.1989

20: Berliner Morgenpost, 13.03.1989

23, 30: B.Z., 11.03.1989

24: Tagesspiegel, 11.03.1989

32: Berliner Morgenpost, 10.03.1989; Neues Deutschland, 10.03.1989

33: Polizeihistorische Sammlung: Gescheiterte Ballonflucht, A23, 2302, 8.03.1989, Tätigkeitsnummer 451/89

34: Polizeihistorische Sammlung: Gescheiterte Ballonflucht, c14/36 150, 8.03.1989

35: Polizeihistorische Sammlung: Gescheiterte Ballonflucht, Meldung 534, 10.03.1989

36: Polizeihistorische Sammlung: Gescheiterte Ballonflucht, 8.03.1989, 7.57, Fubz

37: Rummler, Toralf 2000): Die Gewalttaten an der deutsch-deutschen Grenze vor Gericht. Berlin: Berlin Verlag

38: Polizeihistorische Sammlung: Gescheiterte Ballonflucht, Bericht von Werner Wehry, 13.03.1989

39, 40: Polizeihistorische Sammlung: Gescheiterte Ballonflucht, Gutachten Ballonbau, 14.03.1989

41, 42: Polizeihistorische Sammlung: Gescheiterte Ballonflucht, BKA Wiesbaden, pr 1 (tb 21–13/16 091/3/89)

43: Sensch, Jürgen (2007): Die Kriminalitätsentwicklung in der ehemaligen DDR anhand ausgewählter Daten der amtlichen DDR-Kriminalstatistik. Köln: GESIS Datenarchiv, ZA8268

44: Bauernkämpfer, Arnd: Von der Bodenreform zur Kollektivierung (1994), in: Hartmut Kaelble, Jürgen Kocka und Hartmut Zwahr (Hrsg.): Sozialgeschichte der DDR. Stuttgart: Klett-Cotta, S. 119–143

45: Schöne, Jens (2005): Frühling auf dem Lande? Die Kollektivierung der DDR-Wirtschaft. Berlin: Ch. Links Verlag

46: ADN, in: Neues Deutschland, 10.03.1989

47: Geißler, Gerd (2015): Schule und Erziehung in der DDR. Erfurt: Bundesstiftung Aufarbeitung und Landeszentrale für politische Bildung Thüringen 48, 49, 50, 51, 55, 56, 57, 58, 66, 67, 69, 71, 73, 76, 78, 80, 82, 115, 116, 117, 118, 119, 120, 121: BSTU: MFS BV Berlin AU 3901/89, Band 2

52: Hertle, Hans-Hermann, und Maria Nooke (2009): Die Todesopfer an der Berliner Mauer 1961–1989. Berlin: Ch. Links Verlag

53: von Bentheim, Ursula (4.03.1990): »Mit dem Wind in den Tod«. Berliner Morgenpost

54, 60, 61, 63, 64, 65, 68, 70, 72, 74, 75, 77, 79, 81, 105: BSTU: MFS BV Berlin AU 3901/89, Band 3

59, 62, 99, 100, 101, 108, 109: BSTU: BV Berlin AOP 5119/89, Band 1

83: Müller-Enbergs, Helmut (2008): Inoffizielle Mitarbeiter des Ministeriums für Staatssicherheit. Berlin: BSTU

84, 85, 87: Urteil in der Strafsache Sabine Freudenberg vom 26.07.1989, Aktenzeichen 19 S 209/89 211–101–89

86: Engelmann, Roger (2015): Staatssicherheit und Strafjustiz. In: Daniela Münkel (Hrsg.): Staatssicherheit. Berlin: BSTU

88, 89: Anklageschrift der Generalstaatsanwaltschaft Berlin gegen Sabine Freudenberg vom 25.05.1989, AZ 211–101–89

90: BSTU: BVFS Berlin AU 5302/89, Band 2

91: BSTU: AOP 5119/89 und 5302/89, Band 1 und 2

92, 93, 94, 95, 96, 98: BSTU: BVFS Berlin AU 5302/89, Band 1

97: Kohli, Martin (1994): Die DDR als Arbeitsgesellschaft? Arbeit, Lebenslauf und soziale Differenzierung. In: Hartmut Kaelble, Jürgen Kocka und Hartmut Zwahr (Hrsg.): Sozialgeschichte der DDR. Stuttgart: Klett-Cotta, S. 32–61

102: BSTU: MFS BV Berlin Abt. XIV Nr. 752
103: BSTU: BVFS Berlin 5119/89, Band 1
104: BSTU: MFS Sekretariat Neiber Nr. 498
106, 107: BSTU: MFS HA VIII Nr. 2615
110, 111, 112, 113, 114: BSTU: MFS BV Berlin AU 3901/89, Band 1
122: BSTU: MFS BV Berlin AU 3901/89, Band 4
123: Gudehus, Christian, Eichenberg, Ariane, und Harald Welzer (Hrsg.) (2010): Gedächtnis und Erinnerung. Stuttgart: J. B. Metzler

* Alle mit Sternchen gekennzeichneten Namen und Daten wurden geändert. Die verdichtete Schilderung der Rahmenhandlung bildet die tatsächlichen Interaktionen mit den entsprechenden Vorbildern der jeweiligen Figuren nicht dokumentarisch ab.

** Der Regisseur Robert Kratochvil ist eine fiktive Figur und nur im weitesten Sinne an den beteiligten Regisseur Julian Klein angelehnt, der einen großen Teil der diesem Buch zugrunde liegenden Recherchen (auch Zeitzeugenbefragungen) gemeinsam mit Caroline Labusch und Ernst Schmid für eine Theaterproduktion des Instituts für künstlerische Forschung Berlin (!KF) durchgeführt hat: *Der Ballon – ein deutscher Fall* (2015). Regie: Julian Klein, Konzept: Julian Klein, Caroline Labusch, Ulf Pankoke, Alexander Schmid, Text: Caroline Labusch. Nach einer Idee von: Ernst Schmid. www.artistic-research.de
Hörspieladaption: *Der Ballon* (RBB, 2016). Buch: Caroline Labusch, nach einer Idee von: Ernst Schmid. Regie: Julian Klein und Caroline Labusch, Musik: Julian Klein, Ulf Pankoke, Kristina Lösche-Löwensen. Redaktion: Regine Ahrem.

*** Physikalische Berechnungen: Prof. Dr. Terence B. Doyle, UKZN Durban, Südafrika

Bildnachweis

Berliner Morgenpost, Donnerstag, 09.03.1989
Berliner Morgenpost, Sonntag, 12.03.1989

Behörde des Bundesbeauftragten
für die Stasi-Unterlagen / www.bstu.de

Bildteil I
S. 1 *BZ*, 09.03.1989, Titelseite
S. 2 Rondholz/Ullstein Bild
S. 3 Otto Stark/Ullstein Bild
S. 4 *Berliner Morgenpost*, 09.03.1989, Titelseite
Der Tagesspiegel, 11.03.1989, Seite 9
Bild, 10.03.1989
S. 5 *Neues Deutschland*, 10.03.1989, via Behörde des Bundesbeauftragten
für die Stasi-Unterlagen/www.bstu.de
S. 6 und 7 Polizeihistorische Sammlung Berlin
S. 8 Privatbesitz Familie Freudenberg

Bildteil II
Alle Motive: Behörde des Bundesbeauftragten für die Stasi-Unterlagen/
www.bstu.de

Dank

Die Autorin dankt

Julian Klein und Ernst Schmid
Prof. Dr. Terence B. Doyle
Dr. Maria Nooke
Dr. Sarah Bornhorst
dem Team der Stiftung Berliner Mauer
Wilhelm Reichard*
Prof. Dr. Hans-Christian Gunga
Prof. Dr. Wolfgang Schröter
den Mitarbeitern und Mitarbeiterinnen der BStU
den Mitarbeiterinnen der Kriminalpolizei Berlin
dem gesamten Team der Theaterproduktion »Der Ballon« (!KF
Berlin)
Regine Ahrem

den Lektorinnen Anna Mezger, Martina Pfitzner
dem engagierten Team des Penguin Verlags
Regina Carstensen
Kaspar Gessner
Claudia Mutze
ihrem Agenten Jörn Morisse

Reinhold Freudenberg
Helmer Ostwald und Familie

Winfried Freudenbergs Freunden
Heidrun Freudenberg und Ulrike Freudenberg
allen anderen Zeitzeugen und Zeitzeuginnen, die mit uns gesprochen haben

besonderen Dank an:
Sabine Freudenberg

»Ein wunderbares Buch.
Eine Historie unserer Zeit.«
Christoph Hein

Regina Scheer spannt in ihrem beeindruckenden
Roman den Bogen von den 30er-Jahren über den
Zweiten Weltkrieg bis zum Fall der Mauer und in
die Gegenwart. Sie erzählt von den Anfängen der DDR,
als die von Faschismus und Stalinismus geschwäch-
ten linken Kräfte hier das bessere Deutschland
schaffen wollten, von Erstarrung und Enttäuschung,
von dem hoffnungsvollen Aufbruch Ende der
80er-Jahre und von zerplatzten Lebensträumen.

PENGUIN VERLAG

Das Mixtape
zur deutschen Geschichte

Popsongs erzählen Geschichten: von der ersten Liebe, dem ersten Rausch und der ersten eigenen Wohnung. Und manchmal auch die Geschichte eines ganzen Landes und seiner Bewohner, ihrer Ängste und Sehnsüchte. Maik Brüggemeyer hat zehn Songs ausgewählt, in denen sich die wichtigsten Momente der deutschen Geschichte spiegeln. Sie erzählen von der Italiensehnsucht der Fünfzigerjahre über die 99 Luftballons des Kalten Krieges bis hin zu der sommermärchenhaften Erkenntnis, dass dieser Weg wohl kein leichter sein wird. Und damit zugleich von Schuld und Rebellion, Tanz und harter Arbeit, Terror und einer friedlichen Revolution.

Jetzt reinlesen auf www.penguin-verlag.de